Beck-Wirtschaftsberater

Aktienanalyse für jedermann

dtv

Beck-Wirtschaftsberater

Aktienanalyse für jedermann

Praktische Tipps für
Ihre Anlageentscheidungen

Von Dipl.-Kfm. Heiko Aschoff

Deutscher Taschenbuch Verlag

Im Internet:

dtv.de

beck.de

Originalausgabe
Deutscher Taschenbuch Verlag GmbH & Co. KG,
Friedrichstraße 1a, 80801 München
© 2005. Redaktionelle Verantwortung: Verlag C.H. Beck oHG
Druck und Bindung: Druckerei C.H. Beck, Nördlingen
(Adresse der Druckerei: Wilhelmstraße 9, 80801 München)
Satz: Hoffmann's Text Office, München
Umschlaggestaltung: Agentur 42 (Fuhr & Partner), Mainz,
unter Verwendung einer Abbildung von Mauritius Bildagentur
ISBN 3 423 50880 9 (dtv)
ISBN 3 406 52726 4 (C.H. Beck)

Vorwort

Meinen ersten Kontakt mit dem Börsengeschehen hatte ich als Schüler. Die japanische Wirtschaft florierte und der Tokioter Aktienmarkt eilte von einem Hoch zum anderen. Was lag da näher, als sein Glück mit japanischen Optionsscheinen zu versuchen, die mit riesigen Gewinnchancen lockten. Die schmerzhafte Erfahrung, dass sich schnelle Gewinne genauso schnell wieder in Luft auflösen können, ließ nicht lange auf sich warten. Doch das ist eine andere Geschichte.

Vor zwanzig Jahren galten Optionsscheine noch als exotisch. Heute kann der Anleger aus einer unüberschaubaren Vielfalt von Produkten und Handelsinstrumenten wählen. Mit der fortschreitenden Computertechnologie und der Verbreitung des Internets hat heute jeder Privatanleger Zugang zu Informationsquellen und Analysewerkzeugen, die damals nur für Profis erschwinglich waren.

Während es früher einen chronischen Mangel an relevanten Informationen gab, ist heute die Nachrichtenflut ein großes Problem. Wir werden täglich mit einer Unmenge von Analysen, Empfehlungen und Börsennachrichten überhäuft. Es besteht die Gefahr, dass „man den Wald vor lauter Bäumen nicht mehr sieht".

Die Kunst, Wesentliches von Unwesentlichem zu trennen, entscheidet immer häufiger über den Börsenerfolg. Je mehr Experten konsultiert werden, desto größer ist die Bandbreite der Empfehlungen. Letztendlich muss sich jeder Anleger seine eigene Meinung bilden. Entwickeln Sie Ihre persönliche Anlagestrategie, die am besten zu Ihnen passt, und handeln Sie danach!

Mit diesem Buch möchte ich in anschaulicher Form praktische Ratschläge und Denkansätze für eine erfolgreiche Anlagestrategie vermitteln. Jeder Leser bekommt ein Instrumentarium zur Investmentanalyse an die Hand, um die wichtigen Marktsignale rechtzeitig erkennen zu können. Die vorgestellten Methoden und Techniken sind universell anwendbar auf Aktien, festverzinsliche Wertpapiere, Fonds, Edelmetalle, Rohstoffe, Währungen und Zinsmärkte. Unabhängig davon, ob gerade eine Börsenflaute oder ein Wirtschaftsboom vorherrscht, jeder Anleger kann so von allen Marktsituationen profitieren. Ein konsequentes Money-Management minimiert die Risiken, ohne auf die Gewinnchancen zu verzichten.

Der Ratgeber ist schwerpunktmäßig aus dem Blickwinkel der technischen Analyse verfasst worden. Dennoch fließen Aspekte der Fundamentalanalyse mit ein, da ich davon überzeugt bin, dass sich beide Denkrichtungen gut ergänzen. Die Kunst besteht darin, beide Methoden in angemessener Weise zum richtigen Zeitpunkt miteinander zu kombinieren, in der so genannten rationalen Analyse.

Verlieren Sie bei allen Details nie den Überblick. Behalten Sie immer den gesamten Markt oder Sektor im Auge, anstatt sich ausschließlich auf ein Wertpapier zu konzentrieren. Probieren Sie alles aus und verwenden Sie nur das, was bei Ihrer persönlichen Anlagestrategie am besten funktioniert. Sie werden erstaunt sein, wie sich bei der richtigen Anwendung die Erfolgschancen erhöhen.

Es gibt mittlerweile eine ganze Reihe von erschwinglichen Softwareprogrammen, die einen bei der täglichen Arbeit unterstützen. In diesem Buch verwende ich überwiegend Market Maker. Die Software bietet vielfältige Analysemöglichkeiten, angefangen bei den Standardindikatoren über die verschiedenen Einstellungs- und Gestaltungsmöglichkeiten bis hin zur Definition und zum Test von eigenen Indikatoren und Handelssystemen.

Sie sind jederzeit herzlich eingeladen, meine Webseiten valuestocks.de und heikoaschoff.de zu besuchen. Dort finden Sie aktuelle Themen zum Börsengeschehen und interessante Investitionsmöglichkeiten. Ich würde mich freuen, wenn Sie mich über Ihre Erfahrungen und Ideen informieren würden. Ihre E-Mails sind bei kontakt@heikoaschoff.de jederzeit willkommen. Ich kann Ihnen zwar leider keine Antwortgarantie geben, verspreche aber, alle E-Mails zu lesen.

Danken möchte ich meiner Freundin Susanne für ihre Unterstützung und unendliche Geduld, die sie mir bei der Fertigstellung des Buches entgegengebracht hat. So manche Stunde hat sie mir mit Rat und Tat verständnisvoll zur Seite gestanden.

Meinen Eltern, die mich bei meiner Ausbildung tatkräftig unterstützt haben und dazu beigetragen haben, auf einem soliden Fundament berufliche Freiräume zu erschließen. Danke auch für ihr Verständnis, dass ich in den letzten Jahren nicht immer so viel Zeit für sie hatte, wie es von meiner Seite wünschenswert gewesen wäre.

Ich wünsche Ihnen viel Erfolg bei Ihren Investmententscheidungen!

Steinfurt, im Oktober 2004   *Heiko Aschoff*

Inhaltsverzeichnis

1. Warum eigene Analyse?

„An der Börse ist eine halbe Wahrheit eine ganze Lüge.“
André Kostolany

1.1 Wall Street im Klartext

Seit Beginn der Börsenbaisse im Jahr 2000 stehen die Anlageempfehlungen der Analysten, Banken und Broker verstärkt im Kreuzfeuer der Kritik. Vom Vorwurf, dass es stets mehr positive Kaufurteile als Verkaufsurteile gebe, bis hin zu unfairen Aktienzuteilungen und fehlender Objektivität – die Palette ist breit gestreut.

In einer Studie der University of California untersucht Professor Barber Anlageempfehlungen der US-Investmentbanken. In den Jahren 2000 und 2001 schneiden die empfohlenen Aktien schlechter ab als der Vergleichsmarkt. Im Gegenzug entwickeln sich die Verkaufskandidaten deutlich besser. Im Klartext: Hätte man die Verkaufskandidaten geordert (entgegen dem Ratschlag der meisten Institute), so hätte man den Markt geschlagen! Professor Barber kommt zu dem wenig überraschenden Ergebnis, dass die Trefferquoten der Analysten in einem Bärenmarkt besonders schlecht sind, während sie in einer Hausse etwas besser abschneiden.

Jeder Anleger muss sich über die Rolle der Analysten bewusst werden. Aufgabe der Sellside-Analysten ist es, möglichst publikumswirksam für Anlageideen zu werben und Kunden anzulocken. Die Studien und Empfehlungen werden kostenlos angeboten. Verdient wird über Handelsprovisionen.

Einige Institute beschäftigen Buyside-Analysten, die nur interne Research-Dienste erfüllen. Deren Studien sind nicht öffentlich – allenfalls für einen erlauchten Kreis. Warum leistet man sich den Luxus dieser relativ teuren Doppelstrukturen? Ein Schelm, wer Böses dabei denkt.

Aktienresearch ist für Investmentbanken ein gängiges Mittel, um das Geschäft anzukurbeln. Darum gibt es fast nur positive Urteile in Form von Kaufempfehlungen. Nach Auskunft des Finanzdienstes Thomson/First Call lauten nicht einmal 2 % aller Beurteilungen in Amerika auf „Verkaufen" – zu Beginn der Börsenbaisse im Jahr 2000! Bei der Interpretation der Empfehlungen ist der gesunde Menschenverstand gefordert. Fondsmanager und Profis sind sich dieser Problematik wohl bewusst. Ein unkritisches Befolgen der Empfehlungen ist riskant. Ich berücksichtige zwar Analystenmeinungen und ziehe daraus meine eigenen Schlüsse – aber ich befolge die Empfehlungen nur selten.

Die folgenden Charts sind Beispiele, die symptomatisch für die Investmentbranche sind. Sie zeigen, dass Analysten viel zu spät auf Trendwenden an den Börsen reagieren. Klare und rechtzeitige Verkaufsempfehlungen werden nur selten ausgesprochen. Pessimismus schadet dem Geschäft. Die Beispiele sind rein zufällig ausgewählt und dienen allein Anschauungszwecken.

Abbildung 1 zeigt den Aufstieg und Fall der Aktie des Börsenstars EM.TV & Merchandising. Der allgemeine Chor der Investmenthäuser war sehr optimistisch und geizte nicht mit Kaufempfehlungen – in der Nähe des Allzeit-Hochs (Kreis). Ich kann mich sehr gut an die Worte des Firmengründers Thomas Haffa erinnern, der in einem Vortrag in Duisburg die rosigen Unternehmensperspektiven schilderte. Die anstehende Expansion in Richtung Amerika würde neue Wachstumsimpulse bringen und manche Investmenthäuser hielten Kurziele über 200 € für möglich. Der Vortrag war zu Jahresbeginn 2000 (Kreis). Auf dem Chart sind die angekündigten „Wachstumsimpulse" nicht zu erkennen. Später stellt sich heraus, dass die Firmengründer in diesem Zeitraum massiv eigene Aktien verkauft haben.

Auch bei Telegate (Abbildung 2) sieht es dramatisch aus. Nur die Analysten sind da anderer Meinung und überschlagen sich mit Kaufempfehlungen (Kreis).

Geradezu kriminell wird es, wenn „Börsengurus" in aller Öffentlichkeit Aktien empfehlen, vor denen sie hausintern warnen! So geschehen beim damaligen „Internet-Papst" Henry Blodget. Und das ist nur die Spitze des Eisbergs! Viele Machenschaften werden nie aufgedeckt. Wer kommt für die Millionenschäden der gutgläubigen Anleger auf? Verfolgen Sie die Empfehlungen der Branche kritisch und überprüfen Sie die Resultate. Die Diskussion wird hoffentlich in der Öffentlichkeit und den Medien weiter geführt, um auch zu ei-

Abb. 1: Aufstieg und Fall der Aktie des Börsenstars EM.TV & Merchandising

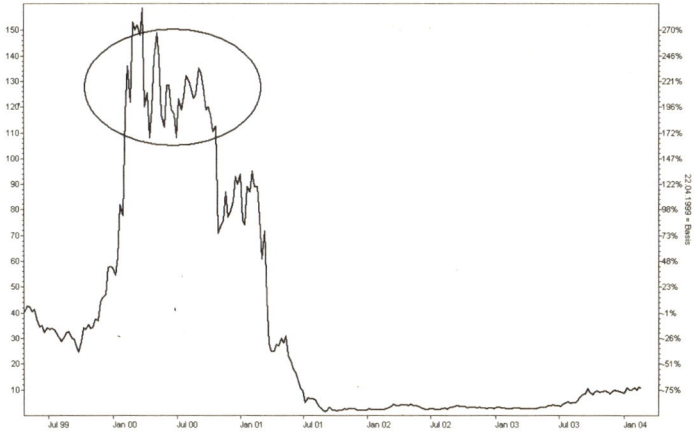

Abb. 2: Telegate-Aktie 1999–2004

nem besseren Ergebnis für geschädigte Privatanleger zu gelangen. Ich erwarte keine gravierenden Verbesserungen, sondern nur „große Worte" und „ehrenhafte Beteuerungen". Hoffentlich irre ich mich!

Fakt ist: Empfehlungen gibt es reichlich. Nur, welche sind wirklich nützlich? Es gibt kaum eine Aktie, die nicht schon einmal irgendwo empfohlen wurde. Wer verfolgt die Entwicklung weiter und gibt rechtzeitig eine Verkaufsempfehlung? Wo liegen die Kursziele? Wird ein Risikomanagement betrieben? Ist ein Kursrückgang ein Warnzeichen oder eine günstige Nachkaufgelegenheit?

Brauchbare Empfehlungen sollten sich wenigstens durch folgende Kriterien auszeichnen – neben der nachgewiesenen Prognosequalität und Unabhängigkeit des Analysten:
- Definition eines Gewinn-/Verlustpotenzials
- Kursziel
- Stop Loss-Marken
- Timinghilfen beim Ein-/Ausstieg
- Zukunftsgerichtete Daten zum Unternehmen
- Wettbewerbssituation
- Stärken/Schwächen des Unternehmens/der Branche
- Kurs-Gewinn-Verhältnis (KGV)
- Kurs-Umsatz-Verhältnis (KUV)
- Verschuldungsgrad
- Freier Cash Flow
- Produktportfolio/Cash Cow
- Wettbewerbsvorteile
- Beteiligungsverhältnisse
- Vergleich mit ähnlichen Unternehmen (Peer Group)
- Prämissen für verwendete Kennzahlen und Prognosen

Kritisch sind folgende Punkte:
- Trotz guter Nachrichten steigt der Kurs nicht
- Es wird sich nur auf die Vergangenheit bezogen
- Keine Nennung von Risiken
- Fehlende Begründung für Kennzahlen und Empfehlungen
- Interessenkonflikte des Analysten

- Fehlende Aussagen zur Prognosequalität
- Fehlende Expertise
- Keine Referenzen
- Empfehlungsgeber wird nicht explizit genannt
- Phrasen wie „unterbewertet" oder „bestens positioniert" statt Nennung von Fakten
- Zahlreiche Tipps (Empfehlungsinflation)
- Geringe Marktliquidität der Aktien
- Modeaktie bzw. In-Branche („bereits in aller Munde")
- Todsicherer Geheimtipp (möglichst exotisch)
- Keine skeptischen Gegenstimmen
- Markttechnische Warnsignale liegen vor
- Keine (starke) Kaufempfehlung, sondern nur „Halten" oder „Akkumulieren"

Es gibt eine Flut von Börsenzeitschriften und Börsenbriefen. Doch nur wenige können einen echten Mehrwert für den Anleger bieten. Wenn die Seiten Woche für Woche immer wieder gefüllt werden müssen oder nur unkritisch Analystenmeinungen und PR-Artikel der Unternehmen peppig als Empfehlung aufbereitet werden, wo bleibt da der Nutzen für den Leser? Die Darstellung des „jetzt" hilft auch nicht weiter, da die Börsen die Zukunft handeln. Ist es nicht so, dass sich Zweckoptimismus und Durchhalteparolen besser verkaufen lassen als negative Einschätzungen?

Seien Sie kritisch – auch bei der Auswahl Ihrer Börsenlektüre! Welche Anforderungen sollte ein Börseninformationsdienst erfüllen, um von Nutzen zu sein? Er sollte mindestens folgenden Kriterien genügen:

Unsere Leitlinien:
(1) Wir wollen dabei helfen, Entscheidungen zu treffen – private oder berufliche, wirtschaftliche oder finanzielle. Ziel ist allein die Hilfestellung zur Kapitalvermehrung bzw. die Wahrung des Vermögens in schlechten Zeiten.
(2) Eines unserer Hauptanliegen ist das Aufspüren und Erkennen von mittelfristigen bis langfristigen Trends, die über das hektische Tagesgeschäft an der Börse hinausgehen. Dabei ist unser Denkansatz von der technischen Analyse geprägt. Wir bedienen uns der gesamten Klavia-

tur technischer Modelle und Analysewerkzeuge: Von Trendfolgemo-
dellen, Indikatoren oder Handelssystemen bis hin zum antizyklischen
Denken – entscheidend ist für uns der Erfolg. Fundamentale Überlegungen runden unsere Überlegungen ab.

(3) Wir werden uns einer kritischen Auseinandersetzung mit unseren Prognosen dadurch stellen, dass wir unterschiedliche Musterdepots führen. Diese dienen nicht dazu, Werte zu pushen oder branchenübliches
Marketing zu betreiben. Die Musterdepots sollen allgemeine Invest-
mentideen aufzeigen. Das oberste Gebot für uns lautet Gewinne bei
kalkulierbarem Risiko.

(4) Wir setzten auf eigenes Research und bilden uns eine unabhängige
Meinung. In knapper und prägnanter Form stellen wir diese als Essenz unserer Überlegungen dar. Wir werden nicht in den allgemeinen
Chor der allseits bekannten Marktmeinung einstimmen, sondern werden diese immer wieder kritisch hinterfragen – auch „allgemeingültige" Börsenweisheiten werden von uns auf den Prüfstand gestellt.

(5) Wir sind keine Publikation für Pflichtveröffentlichungen und erst recht
kein unkritischer Hofberichterstatter. Einen Fast Food-Journalismus
wird man bei uns vergeblich suchen. Es ist nicht unser Anliegen, permanent viele Seiten zu füllen und sich gut verkaufenden Zweckoptimismus oder Durchhalteparolen zu verbreiten. Wenn wir der Auffassung
sind, dass die Börsen oder einzelne Aktien fallen werden, so bringen
wir das klar zum Ausdruck. Wir können unverblümt unsere eigene Meinung sagen, die andere so nicht bringen dürfen oder sogar verhindern
wollen.

Auf den amüsanten Artikel „Der Aktien-Code" von Sven Scheff-
ler in der Financial Times Deutschland vom 24.9.2002 möchte
ich noch hinweisen und daraus folgenden Auszug zitieren:

Wall Street im Klartext

Ahnungslos: „Der Markt wird durch technische Faktoren gedrückt":
Wir haben keine Ahnung, warum die Aktien fallen.

Tröstlich: „Auf relativer Basis ist die Aktie billig": Sie ist schon teuer,
aber andere Titel sind noch viel höher bewertet.

Optimistisch: „Wir sind Langzeitanleger": Die Aktie ist im Keller,
aber wir hoffen, dass sie mittelfristig wieder in den grünen Bereich
kommt.

Entschlossen: „Die Aktie ist fair bewertet": Wenn sie noch weiter
steigt, verkaufen wir.

> **Pessimistisch:** „Die Aktie wird langfristig attraktiv": Das nächste Jahr wird auf jeden Fall hart.
> **Ungläubig:** „Die Aktie ist überverkauft": Wir hätten nie gedacht, dass sie so weit fallen könnte.
> (Quelle: Financial Times Deutschland vom 24.9.2002)

1.2 Statistiken: Eine Frage der Perspektive

Ein altes Sprichwort besagt, dass Statistiken nur so gut sind, wie man sie selbst gefälscht hat. Das ist etwas übertrieben, sollte aber zur Vorsicht mahnen. Es ist schon verwunderlich, wie zum gleichen Sachverhalt unterschiedliche Zahlen präsentiert werden können. Das fängt bei einfachen Kennzahlen wie dem Kurs-Gewinn-Verhältnis (KGV) an.

Um Statistiken und Kennzahlen richtig einordnen zu können, müssen die darin verwendeten Prämissen bekannt sein. Nur so ist eine sinnvolle Interpretation möglich. Wer das versäumt, läuft Gefahr, falsche Schlüsse zu ziehen! Dieser Sachverhalt wird am Beispiel der US-Konjunkturzahlen und der KGV-Berechnung deutlich.

Die offiziellen US-Konjunkturdaten werden auf Basis des hedonistischen Ansatzes berechnet. Dabei fließen im Gegensatz zur europäischen Ermittlung weitere Annahmen mit ein, die mehr als fragwürdig sind.

Bei Investitionen werden nicht nur die tatsächlichen Aufwendungen berücksichtigt, sondern auch „angenommene" Qualitätsverbesserungen. Das geschieht über einen Preisindex auf US-Dollarbasis. Aus einem Dollar werden so schnell zwei Dollar.

Die hedonistische Methode wirkt sich bei der Berechnung der Konjunkturdaten auch auf die Produktivitätskennziffern und Inflationsraten aus. Die amerikanischen Wirtschaftsdaten weisen höhere Werte aus, als es bei der europäischen Methode der Fall ist. Grob geschätzt können vom US-Produktivitätszuwachs und US-Bruttoinlandsprodukt rund 1 % abgezogen werden, während die tatsächliche Inflationsrate etwa 1 % höher liegt.

Auch bei der KGV-Bewertung von identischen Märkten und Aktien findet man erhebliche Diskrepanzen. Eine Ursache ist in den unterschiedlichen Gewinnschätzungen zu sehen. Das ist legitim und eine Folge der Marktunsicherheiten.

Ganz genau hinsehen muss man, wenn von „pro forma" Ergebnissen gesprochen wird. Bei dieser Berechnungsmethode werden nur die operativen Kosten berücksichtigt. Abschreibungen, Verluste aus Beteiligungen, Stock Options und andere Kostenfaktoren werden dabei nicht eingerechnet. So verwandelt sich schnell ein Verlust in einen „pro forma" Gewinn.

Möchte man möglichst hohe Gewinne ausweisen, bieten sich die operativen Kosten als Verrechnungsgröße an. Besser ist die Verwendung der tatsächlichen Ergebnisse. Alles andere ist Schönfärberei. Es lohnt sich genau hinzuschauen, ob die gewichtete Bewertung der Unternehmen im Index bei einem KGV von 15 (pro forma) oder bei 35 (tatsächliche Ergebnisse) liegt. Lassen Sie sich nicht an der Nase herumführen!

Abb. 3: Durchschnittliches Kurs-Gewinn-Verhältnis des Dow Jones Industrial Index

Abbildung 3 zeigt die durchschnittlichen KGVs des US-Börsenbarometers Dow Jones. Besonders markant sind die Jahre 1990 bis 1992. Erst durch eine stark verbesserte Gewinnentwicklung sinken die KGVs wieder. Dieses Kursmuster ist typisch für Rezessionen. Die Gewinne brechen erst stark ein und die Firmen schrumpfen sich in einem harten Ausleseprozess gesund. Kommt es dann zu einer wirtschaftlichen Erholung, explodiert das Gewinnwachstum förmlich, da die Ausgangsbasis sehr niedrig ist.

1.3 Der Fall Enron & Co.

Auf der Suche nach einer interessanten Anlagemöglichkeit ist so mancher Investor auf die folgenden drei Unternehmen gestoßen, deren Namen ich gleich verrate:

Die **US-Technologiefirma** ist einer der größten Kommunikations- und Internetdienstleister der Welt. Die aggressive und sehr erfolgreiche Expansionsstrategie des Firmenlenkers haben dafür gesorgt, dass es in über siebzig Ländern vertreten ist. Bereits heute werden mehr als 80 Prozent des Gesamtumsatzes aus den wachstumsstarken und margenträchtigen Bereichen Internet und Datenübertragung erwirtschaftet. Seit Jahren kontinuierlich steigende Gewinne sind die Konsequenz. Über 82 Prozent des Internet Traffics in den USA laufen über seine Systeme. Während Cisco Systems im übertragenen Sinne die Kreuzungen für den Verkehrsfluss im Internet stellt, sorgt dieses Unternehmen für die Autobahnen. Die Chancen stehen gut, mit dieser Aktie weiterhin überproportional durch die technologischen Veränderungen profitieren zu können.

Der **schwedische Mobilfunkriese** wurde bereits 1870 gegründet und ist mittlerweile weltweit vertreten. Ob Europa, Amerika oder Russland – der Schwede verdient glänzend am Mobilfunkboom. Zwar wurde die Marktführerschaft im Handybereich an den Wettbewerber abgegeben, jedoch hat sich die Firma als Weltmarktführer im Bereich Mobilfunk-Netzwerke etabliert. Dieses Geschäftsfeld gilt als sehr lukrativ. Man denke nur an Internetanwendungen per Handy oder Taschencomputern. Das interessante Geschäftsfeld sowie das gute Management und die Kooperation mit Microsoft verleihen der Aktie weitere Kursphantasie.

Das **deutsche Unternehmen** konzentriert sich auf die Beratung und Betreuung von Akademikern. Die Gewinnung von Kunden erfolgt direkt an den Universitäten. Mittlerweile wird jeder drit-

te Hochschulabsolvent Kunde. Die jungen Kunden werden frühzeitig an das Unternehmen gebunden. Mit fortschreitendem Alter
wächst in der Regel auch deren Einkommen überproportional.
So gelingt es dem Unternehmen, sich ein langfristig interessantes Kundenpotenzial aufzubauen.

Die Beratung und Betreuung umfasst alle Fragen in den Bereichen Geldanlage, Absicherung und Vorsorge sowie Finanzierung
und Existenzgründung. Die Berater verfügen fast alle über ein
Studium oder kommen aus der Finanzbranche. So kann durch
den guten Ausbildungsgrad ein entsprechendes Beratungsniveau
garantiert werden. Neben dem Hauptstandort in Deutschland
ist man bereits in Österreich und der Schweiz präsent. Weitere
Standorte in England und den Niederlanden sind in Vorbereitung. Weiteres Wachstumspotenzial ergibt sich aus der geplanten
Internetstrategie: Die Kunden sollen künftig die ganze Angebots-
palette online erhalten können.

Das klingt alles sehr verlockend! Hand aufs Herz: Hätte man
da nicht gerne selber zugegriffen? Leider haben sich die Hoffnungen der Anleger nicht erfüllt: Das erste Unternehmen ist in
Konkurs gegangen, das zweite hat den Anschluss an die Wettbewerber verpasst und das dritte kommt wegen zweifelhafter Bilanzpraktiken ins Gerede.

Sie haben die Unternehmen vielleicht schon erkannt: Es handelt sich um die Firmen MCI Worldcom, Ericsson und MLP. Bevor die Aktienkurse unter die Räder gekommen sind, wurden sie
als solide Favoriten an der Börse gehandelt. Die meisten Analysen lauteten wie oben beschrieben – vor dem tiefen Fall!

Der Highflyer MCI Worldcom (Abbildung 4) kommt ins Tru-
deln durch aggressive Zukäufe und zweifelhafte Bilanzpraktiken.
Dabei handelt es sich um keine exotische Aktie. MCI Worldcom ist eines der größten Telekommunikationsunternehmen der
Welt.

Der US-Energiehändler Enron (Abbildung 5) gerät durch kri-
minelle Bilanzpraktiken und Geschäfte unter die Räder. Die Aktie gehörte zu den Top Ten des Standard & Poor's Aktienindex.
Auf Deutschland übertragen wäre es so, als wären E.ON und
RWE gleichzeitig betroffen.

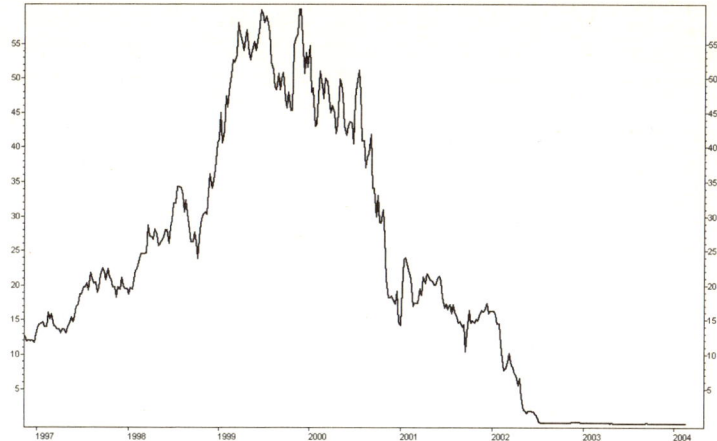

Abb. 4: Aufstieg und Fall der MCI Worldcom-Aktie 1997–2004

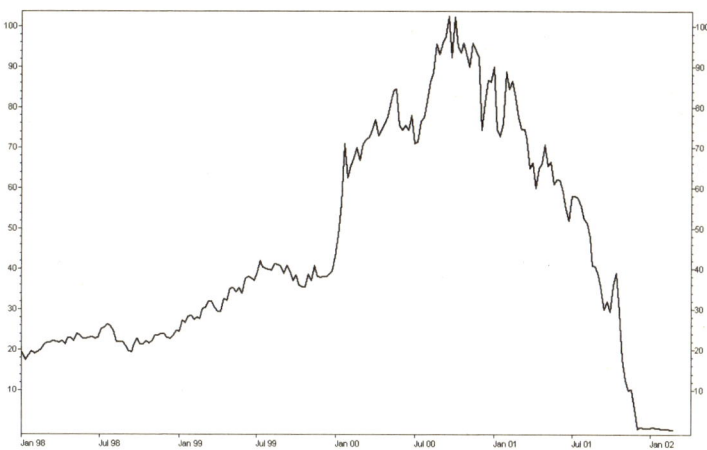

Abb. 5: Enron-Aktie 1998–2002

Auch Deutschland bleibt von Skandalen nicht verschont. Zweifelhafte Bilanzierungsmethoden und Vorwürfe des Magazins Börse Online setzten dem Aktienkurs der Finanzdienstleisters MLP (Abbildung 6, S. 12) stark zu.

Abb. 6: MLP-Aktie 1996–2004

Die Essenz dieser Geschichte ist, dass man selbst bei international bekannten Aktiengesellschaften nicht vor bösen Überraschungen sicher sein kann. Die genannten Unternehmen stehen stellvertretend für weitere Problemfälle, die wir jetzt noch nicht kennen, die aber in der Zukunft für Schlagzeilen sorgen.

Wie kann man sich vor solchen Katastrophen schützen, wenn sich die Fundamentaldaten als falsch herausstellen oder Analysten sich irren? Leider gibt es keinen hundertprozentigen Schutz! Nur durch eine besonnene Anlagestrategie und konsequentes Money Management lassen sich solche Katastrophen im eigenen Depot zumindest begrenzen. Eine Möglichkeit ist die Verwendung von Stoppkursen. Damit sind klar definierte Kursniveaus gemeint, ab dem eine Aktie kompromisslos verkauft wird, unabhängig von der persönlichen Einschätzung.

Stoppkurse sind kein Allheilmittel. So kann es passieren, dass nach Unterschreiten des Limits sich der nächstmögliche Verkaufskurs mit tatsächlichen Umsätzen deutlich tiefer bildet und die Ausführung weit unter dem gesetzten Stopp erfolgt. Noch ärgerlicher ist es, wenn man ausgestoppt wird und die Aktie anschließend wieder deutlich anzieht. „Mentale" Stoppkurse können Abhilfe schaffen.

Bei dem amerikanischen Speicherspezialisten EMC (Abbildung 7) hätte die Verwendung des gleitenden 200-Tage-Durchschnitts als Stop Loss-Marke den Anlegern einigen Kummer erspart. Mit dem Fall unter den Durchschnitt gegen Jahresende 2000 setzte eine Talfahrt ein. Erst im Jahre 2003 hat die Aktie wieder über dem 200-Tage-Durchschnitt geschlossen.

Abb. 7: EMC-Aktie und 200-Tage-Durchschnitt

1.4 Der Traum von ewig steigenden Aktien

Langfristig sind Aktien unschlagbar, heißt es. Im Schnitt sollen pro Jahr zweistellige Renditen erwirtschaftet werden. Auf Sicht von zehn Jahren oder mehr könne man mit einem gut diversifizierten Portfolio nichts verkehrt machen. Hauptsache Qualitätsaktien, die Zeit wird es schon richten. In einer Studie des US-Investmenthauses Paine Webber wurden Kunden, die seit fünf Jahren in Aktien engagiert waren, befragt, welche Rendite sie in den kommenden zehn Jahren erwarten würden. Da die Befragung vor dem Börsencrash 2000 durchgeführt wurde, ist die genannte Durchschnittsrendite von jährlich 22,6 % (!) nicht überraschend. Investoren mit einer 20jährigen Aktienerfahrung waren da mit durchschnittlich 12,9 % bescheidener.

Die tatsächliche Performance des Dow Jones betrug in diesen fünf Jahren gut 11 %. Wohlgemerkt, in einer Boomphase für Aktien! Die häufig von Anlageberatern zitierten „sicheren" 12 % bis 15 % (oder mehr) sind nicht die Regel. Wie würde die Befragung wohl heute ausfallen?

Abbildung 8 offenbart die Fieberkurve des US-Aktienmarktes: Die beeindruckende Entwicklung des Dow Jones Industrial Average Index seit 1970. Die Baisse ist im Verhältnis zum vorangegangenen Anstieg minimal.

Abb. 8: Dow Jones Industrial Average Index seit 1970

Bill Gates' Software-Imperium Microsoft: Die Aktie (Abbildung 9) hat eine beeindruckende Performance hingelegt und den Dow Jones Industrial Average Index weit hinter sich gelassen.

Getreu nach André Kostolanys Motto: Kaufe Aktien, nehme ein Schlafmittel und erfreue dich nach Jahren über einen schönen Gewinn. Auch der Dax hat sich in diesem Zeitraum prächtig entwickelt. Selbst der Crash 1987 konnte den Dax (Abbildung 10) auf dem Weg nach oben nicht lange aufhalten!

Im Jahr 2000 war dann Schluss mit der Herrlichkeit. In der Baisse schmolzen die stolzen Gewinne dahin. Wenn Kostolany die Euphoriephase an der Börse noch erlebt hätte, so wäre sein

Ratschlag sicherlich gewesen, langsam aufzuwachen und seine Schäfchen ins Trockene zu bringen.

So geht es nach dem Dax-Höchststand im März 2000 (Abbildung 11, S. 16) rasant abwärts. Drei Jahre Baisse vernichten im

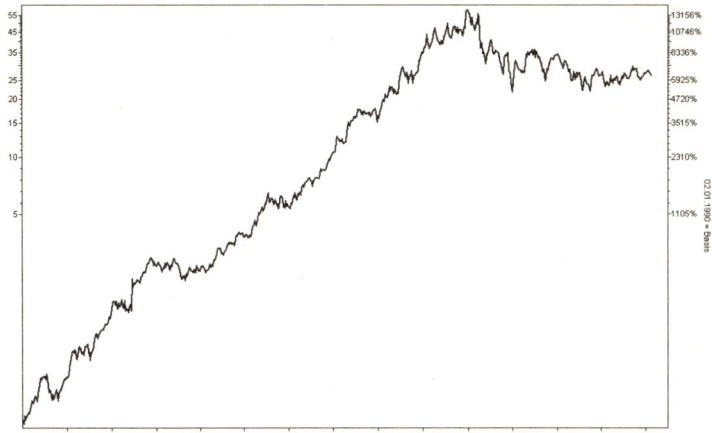

Abb. 9: Beeindruckende Entwicklung der Microsoft-Aktie seit 1990

Abb. 10: Dax-Index von 1997 bis zum Höhepunkt der Hausse in 2000

15

Dax die Gewinne der letzten sieben Jahre. Genauso dramatisch sieht es bei vielen Aktien aus. Top Performer vom Schlage einer Microsoft sind die Ausnahme. Im Gegenteil! Die Mehrzahl der Aktien beschert den Anlegern langfristig eine sehr bescheidene Rendite.

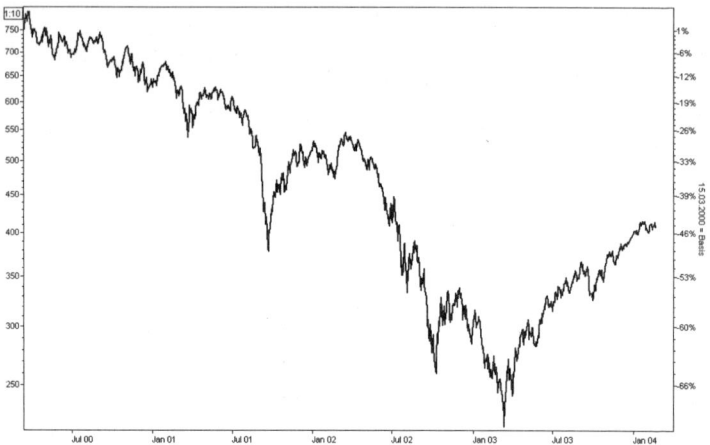

Abb. 11: Dax-Index nach dem Hoch im Jahr 2000

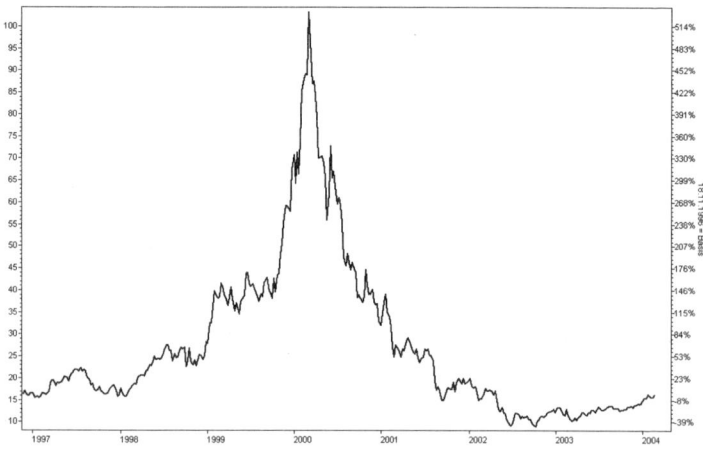

Abb. 12: Aufstieg und Fall der „Volksaktie" Deutsche Telekom

Nicht alle Aktien sind vom Schlage einer Microsoft: Es kann auch so laufen wie bei der „Volksaktie" Deutsche Telekom (Abbildung 12) oder der Allianz (Abbildung 13): Nach einem atemberaubenden Anstieg folgt der freie Fall!

Abb. 13: Allianz-Aktie – zwölf Jahresgewinne in drei Jahren wieder vernichtet

Der ewige Turnaround-Kandidat Bremer Vulkan (Abbildung 14, S. 18) hat den Langfristanlegern bis heute noch keine Freude bereitet.

Bärenmärkte kennen keine Gnade – auch nicht vor scheinbar krisensicheren Top Global Playern. So verloren auch diese im Bärenmarkt von 1973 bis 1974 über 50 % ihres Wertes:

- Coca-Cola   –70 Prozent
- General Electric –60 Prozent
- General Motors   –66 Prozent
- PepsiCo   –67 Prozent
- Philip Morris   –50 Prozent
- Walt Disney   –85 Prozent

Keine Frage, der Mythos „Aktien schlagen Renten" hat Risse bekommen. Nach Angaben des Fondsverbandes BVI kann ein geduldiger Investor mit einem Ansparplan in einen internationalen Rentenfonds nach 30 Jahren per Ultimo März 2003 eine Rendite von 7,7 % jährlich erzielen.

Internationale Aktienfonds rentieren im gleichen Betrachtungszeitraum mit „nur" 6,1 %. Über eine Zeitspanne von zehn Jahren verbuchen sie ein Minus von –3 %, deutsche Aktienfonds sogar –7,1 %.

Die Behauptung, dass mit einer Kaufen-und-Halten-Strategie (Buy & Hold) nicht viel falsch gemacht werden kann, ist äußerst fahrlässig.

Hinter den wohlklingenden Aussagen mancher Banken, Börsenmedien und TV-Spots verbergen sich leider oft nur werbewirksame Halbwahrheiten, die kritisch hinterfragt werden sollten.

Die durchschnittliche Renditeerwartung muss nach den ausgezeichneten Jahren (1982 bis 2000) reduziert werden. Nur durch ein gutes Timing, geschickte Titelauswahl und konsequentes Money Management besteht die Chance auf überdurchschnittliche Erträge. Die eigenständige Analyse und die unabhängige Meinungsbildung sind unentbehrlich für einen langfristigen Erfolg an der Börse.

Abb. 14: Pleiteaktie Bremer Vulkan 1988–2004

1.5 Es gibt immer Chancen

Der versierte Anleger kann heute aus einer Vielfalt von Produkten die geeigneten Handelsinstrumente für jede Marktsituation auswählen. Unabhängig davon, ob die Börsen steigen, fallen oder sich seitwärts bewegen, mit der richtigen Strategie kann jeder Privatanleger schon fast wie ein Hedgefonds agieren und von allen Marktsituationen profitieren: Discountzertifikate, Turbos, Waves, Mini-Index-Futures, Short-Zertifikate, Rohstoffe, Gold, Devisen, Volatilitäten, Aktienanleihen, Optionsscheine, Indexaktien, Swaps – der Kreativität sind keine Grenzen gesetzt!

In jeder Marktphase sind mit der richtigen Einschätzung überdurchschnittliche Erfolge möglich. Die Kenntnis der Intermarket-Korrelationen ist hilfreich bei der Umsetzung profitabler Handelsstrategien. Während die Aktienmärkte im Jahre 2000 zu einem Sturzflug ansetzen, kann mit Gold und Minenaktien bereits gut verdient werden.

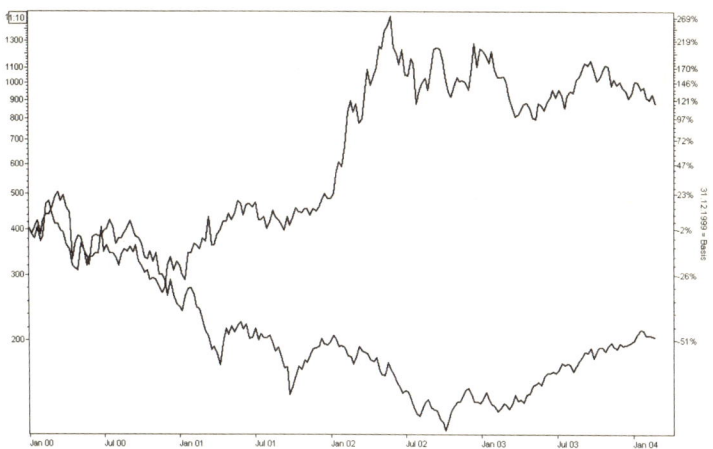

Abb. 15: Nasdaq Index und Gold Fields-Aktie (oben) im Vergleich

Während die US-Technologiebörse Nasdaq fällt (Abbildung 15), setzen Goldminen-Aktien zum Höhenflug an. Gold Fields verdoppelt sich im Kurs. Die Aktien der Minengesellschaften reagieren umso stärker auf Veränderungen des Goldpreises, je weniger deren Produktion – wie hier bei Gold Fields – per Termin verkauft wird.

Goldminen-Aktien sind wie eine Option auf den Goldpreis. Da dort die Zukunft des Goldes gehandelt wird, haben sie eine Vorläuferfunktion gegenüber dem gelben Metall. Das erkennt man sehr schön auf dem Vergleichschart Gold (London)/Gold Bugs Index. Der Gold Bugs Index enthält ungesicherte Goldproduzenten (Goldpreisänderungen schlagen sich sofort im Kurs nieder, da es keine Terminverkäufe gibt).

Der Gold Bugs Index in Abbildung 16 reagiert überproportional auf die Zukunft des Goldes. Entsprechend groß sind die Kursschwankungen. Der Goldpreis verläuft relativ gleichmäßig.

Abb. 16: Gold Bugs Index schlägt Gold

Aber auch mit der richtigen Einschätzung der Wechselkurse bieten sich Gelegenheiten. So hat sich beim Euro ein tragfähiger Boden gegenüber dem US-Dollar gebildet (Abbildung 17). Seitdem befindet sich der Euro im Aufwärtstrend.

Abbildung 18 zeigt, dass selbst mit „langweiligen" US-Anleihen respektable Kursgewinne bei geringem Risiko möglich sind.

Darf es ein wenig Kakao sein? Brauchen die Anleger in der

Baisse Schokolade als Nervennahrung? Der Kursverlauf in Abbildung 19 (S. 22) deutet darauf hin.
Auch die Immobilienmärkte profitieren von der Aktienbaisse (Abbildung 20, S. 22).

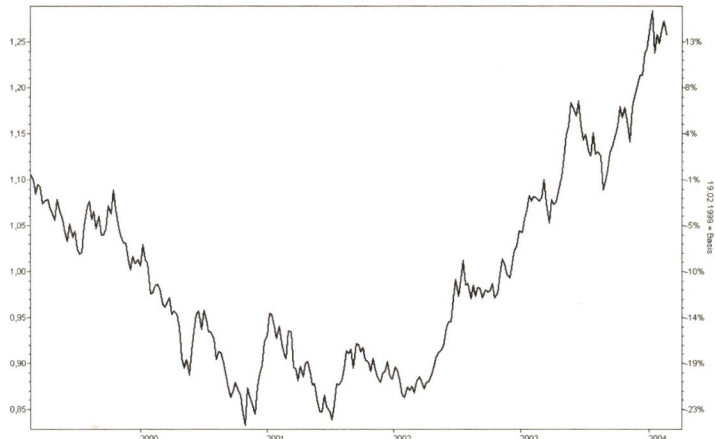

Abb. 17: Bodenbildung des Euro zum US-Dollar

Abb. 18: US-Anleihen 1994–2004 im Aufwärtstrend

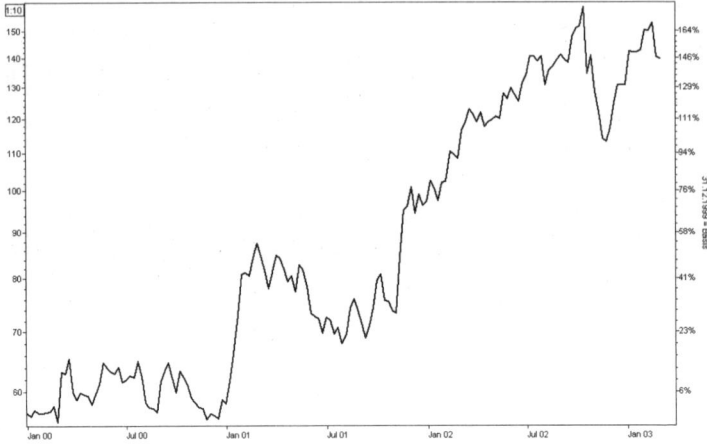

Abb. 19: Kakao-Kontrakte in London

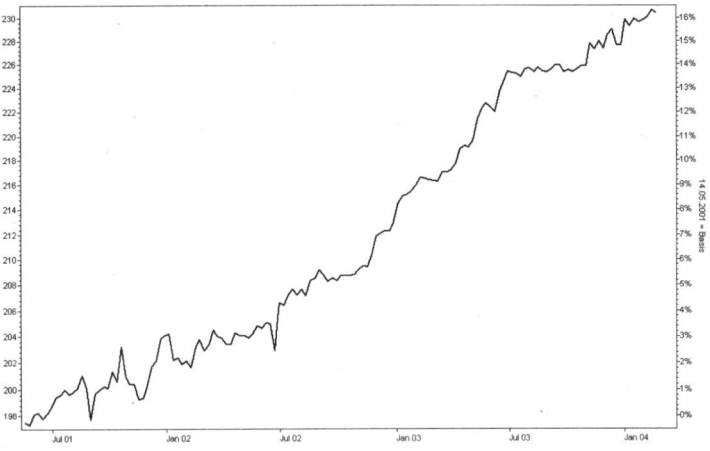

Abb. 20: Immobilien-Index 2001–2004 im Aufwärtstrend

Es gibt auch Aktienmärkte, die von der Baisse verschont geblieben sind, z. B. Russland (Abbildung 21).

Sogar einzelne Aktien stellen sich gegen den Abwärtstrend. Von Baisse keine Spur – der Traditionskonzern Dräger (Abbildung 22).

Abb. 21: Russischer ATX-Index 1999–2004 mit fantastischen Kurssteigerungen

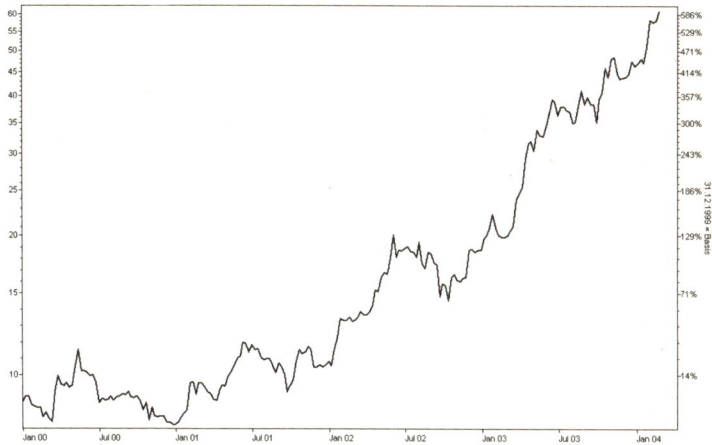

Abb. 22: Dräger-Aktie 2000–2004 mit stabilem Aufwärtstrend

Die Beispiele zeigen, dass es weltweit immer interessante Anlagemöglichkeiten gibt. Der Investor muss nur entsprechend flexibel sein und ein Gespür für Gelegenheiten entwickeln. Der Mut, auch abseits der ausgetretenen Pfade Ideen zu verfolgen und Chancen zu ergreifen, kann äußerst lukrativ sein.

2. Grundzüge der technischen Analyse

2.1 Technische oder fundamentale Analyse?

Die **Fundamentalanalyse** befasst sich mit den grundlegenden Dingen des wirtschaftlichen Handelns wie Umsatz, Gewinn, Cash Flow oder Unternehmensperspektiven. Darin spiegelt sich die Annahme wider, dass ökonomische Fakten letztendlich die Kursentwicklung bestimmen. Die **technische Analyse** geht dagegen von der Prämisse aus, dass sich alle relevanten Daten bereits in den Kursen widerspiegeln.

Abbildung 23 zeigt die Industrieproduktion in Deutschland. Der Indikator basiert auf fundamentalen Daten.

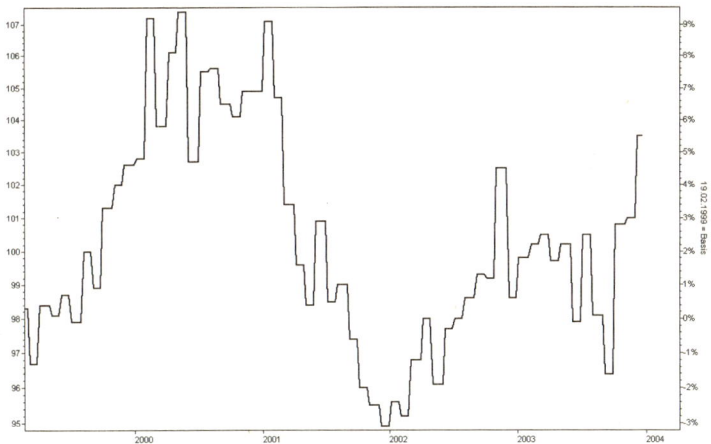

Abb. 23: Industrieproduktion in Deutschland

Die wachsende Popularität der technischen Analyse ist eine erfreuliche Entwicklung. Gleichzeitig steigt damit die Gefahr einer unsachgemäßen Anwendung. Gerade die visuelle Charttechnik verleitet dazu, einfach ein Lineal anzulegen und daraus Prognosen abzuleiten, ohne auf die wichtigen Details zu achten. Jeder technische Analyst sollte sich durch entsprechende Ausbildungsnachweise und Referenzen als Profi ausweisen.

Die technische Analyse und die Fundamentalanalyse schließen sich scheinbar gegenseitig aus. Ist das jedoch wirklich der Fall? Bevor diese Frage beantwortet wird, gestatten Sie mir die folgenden Ausführungen.

Jeder Anleger muss sich daran gewöhnen, dass die Märkte starken Schwankungen unterliegen. Nach einem Kursaufschwung folgt zwangsläufig ein Kurssturz. Hausse und Baisse sind untrennbar miteinander verbunden. Die Fachliteratur erklärt diese Bewegungen durch monetäre Bedingungen, Zinsentwicklungen sowie volkswirtschaftliche und unternehmensspezifische Daten. Diese Faktoren beschreiben die Börsenzusammenhänge jedoch nur ungenau. Die Erklärung liegt in dem subjektiven Verhalten der Individuen. Emotionen und massenpsychologische Faktoren haben einen nicht zu unterschätzenden Einfluss.

Keiner kann die Zukunft vorhersehen – auch die so genannten Börsengurus nicht. Es ist schon eine Kunst, die entscheidenden Trends aufzuspüren und daraus die richtigen Schlüsse zu ziehen. Selbst scheinbare Gesetzmäßigkeiten in der Vergangenheit sind zu relativieren, da menschliche Verhaltensweisen im Zeitablauf schwanken.

Kursbewegungen hängen primär von der subjektiven Wahrnehmung und Interpretation der relevanten Daten durch die Marktteilnehmer ab. So ist es möglich, dass völlig unterschiedliche Einschätzungen zu einem Unternehmen existieren können, selbst wenn von einer identischen Datenbasis zur Beurteilung ausgegangen wird.

Häufig wird propagiert, dass die fundamentale wirtschaftliche Situation eines Unternehmens ausschlaggebend sei für die Kursentwicklung. Zur Beurteilung werden etwa die Gewinnentwicklung oder die Marktposition herangezogen. Wie lassen sich dann die Kurssteigerungen bei Internetaktien erklären? Die meisten Internetfirmen erwirtschaften keine Gewinne und sind hoffnungslos überbewertet. Selbst mit dem ersten Sprung in die Gewinnzone eilen die Kurse der Realität weit voraus. Dennoch kann jeder Anleger mit solchen Aktien viel Geld verdienen.

Die Beteiligungsgesellschaft CMGI (Abbildung 24) gilt als der Inbegriff der Internetspekulation. Das japanische Pendant ist die Holding Softbank. Mit dem Zusammenbruch der Internetaktien im Jahr 2000 fallen die Geschäftsgrundlagen für CMGI weg. Die Firma kann keine jungen Unternehmen mehr an der Börse platzieren. Der Aktienkurs bricht ein.

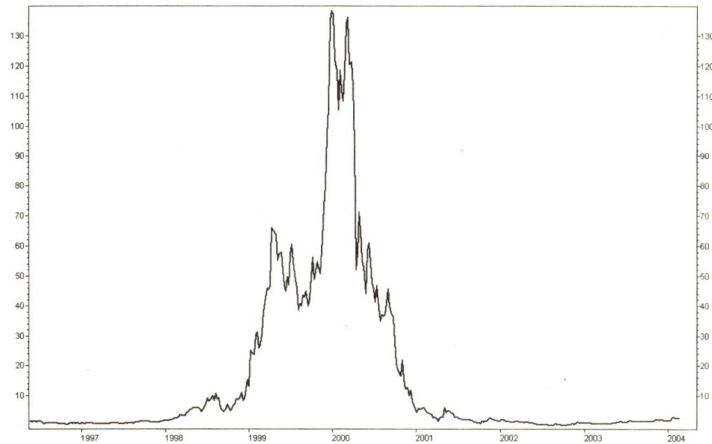

Abb. 24: CMGI-Aktie 1997–2004 als Spiegelbild der Internetaktien

Das Internetportal Yahoo (Abbildung 25, S. 28) gehört zu den wenigen Überlebenden des Internetbooms. Die Aktie hat ihr Allzeit-Hoch noch nicht wieder erreicht. Das Internet-Auktionshaus Ebay (Abbildung 26, S. 28) hat sich zum Weltkonzern entwickelt. Die Aktie erklimmt bereits neue Hochs.

Die Erklärung liegt darin, dass es eine stillschweigende Übereinkunft unter den beteiligten Marktteilnehmern gibt: bestimmte Bewertungskriterien gelten als anerkannt. Sind die Aktien (oder andere Handelsobjekte) nach diesen Kriterien unterbewertet, so werden den Titeln Kurschancen eingeräumt. Je mehr Anleger daran glauben, desto stärker ist die Nachfrage – der Kurs steigt. Das gleiche Spiel funktioniert in der umgekehrten Richtung, wie man es zu einem späteren Zeitpunkt ebenfalls bei den Internetaktien sehen kann.

Abb. 25: Yahoo-Aktie 1997–2004 als Überlebender des Internetbooms

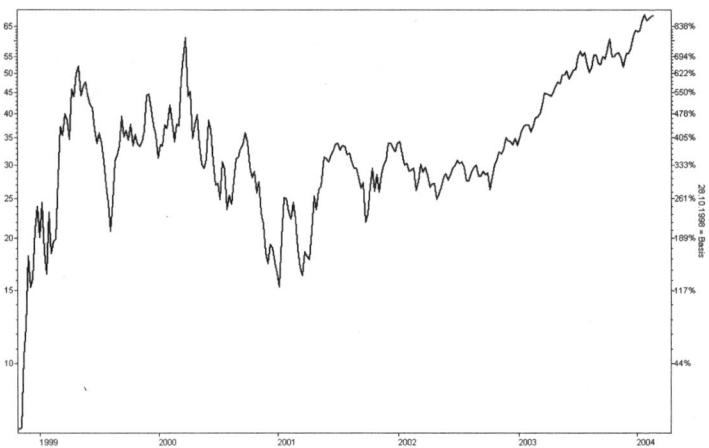

Abb. 26: Ebay-Aktie 1999–2004 mit neuem Allzeithoch

Diese allgemein anerkannten Bewertungskriterien stecken somit den Rahmen für mögliche Kursschwankungen ab. Leider sind die menschlichen Verhaltensweisen nicht stabil und die Bewertungsmaßstäbe schwanken. Neue Trends entstehen mit neuen „Favoriten", die nach den ursprünglichen Bewertungsmethoden inakzeptabel sind – bis das Pendel in die alte Richtung zurück schlägt.

Der Anleger muss bereit sein, temporäre Veränderungen im menschlichen Verhaltensmuster bei seiner Anlagestrategie zu berücksichtigen. Ein starres Festhalten an gewohnten Bewertungsregeln beeinträchtigt die Rendite.

Ein weiteres bezeichnendes Phänomen erklärt die Massenpsychologie. Wenn 50 kluge Menschen in einem engen Raum eingeschlossen sind, dann werden diese Personen nicht vom Verstand, sondern durch Emotionen geleitet. Jeder einzelne für sich wird auf sich allein gestellt eine rationale Entscheidung treffen, in der Masse jedoch nicht.

Steigen die Kurse, laufen viele Anleger den Notierungen hinterher und springen auf den fahrenden Zug auf. Solange der Zug rollt, zieht er immer mehr Investoren an. Die Hausse nährt die Hausse.

Die Psychologie ist der entscheidende Faktor für die kurz- bis mittelfristige Börsentendenz. Neben der Psychologie ist für die kurzfristige Tendenz die technische Verfassung des Marktes von Bedeutung. Hier gilt es zu analysieren, ob sich die Wertpapiere in den Händen nervenstarker Anleger oder in den Händen der Zittrigen befinden. Die Wirtschaftslage hat kurzfristig keinen Einfluss auf die Kurse, sondern nur die Reaktion der Marktteilnehmer auf bestimmte Nachrichten.

Bei der mittelfristigen Börsentendenz ist neben der Psychologie und Liquiditätsversorgung die Zinsentwicklung von Bedeutung. Der Zins entscheidet, wie sich die Nachfrage und das Angebot entwickeln. Wenn die Rendite der festverzinslichen Wertpapiere steigt, fließt weniger Geld an die Börse.

Die Zinsentwicklung wirkt sich erst mit einer gewissen Zeitverzögerung aus. Steigende Zinsen sind nicht zwangsläufig Gift für die Börse, sondern ein hohes Zinsniveau. Bei steigenden Zinsen erleiden die Käufer von Anleihen Kursverluste. Erst wenn der Zinsgipfel erreicht ist, fließt massiv Kapital in die Anleihemärkte. Das ist ein kleiner, aber wesentlicher Unterschied bei der Betrachtung der Auswirkungen der Zinsentwicklung auf die Kapitalmärkte.

Die langfristige Börsentendenz wird primär durch fundamentale Daten geprägt. Die Bedeutung der psychologischen Verfassung des Marktes tritt dabei in den Hintergrund. Die allgemeine Wirtschaftslage, die Branchenkonjunktur und die Qualität des jeweiligen Unternehmens sind maßgeblich für die Kursentwicklung. Die technische Analyse hilft bei der Identifikation der wichtigen Trends.

Der Börsenaltmeister André Kostolany beschreibt die zyklische Bewegung an der Börse in drei Phasen: Korrektur, Stimmungsumschwung und Übertreibung.

In einer beginnenden Aufwärtsbewegung wird in der ersten Phase (Korrektur) der Kurs, der zu tief gestürzt ist, auf ein höheres Niveau korrigiert. In der nächsten Phase (Stimmungsumschwung) entwickelt sich der Kurs parallel zu den relevanten Nachrichten.

Bei guten Nachrichten steigt der Kurs, bei schlechten fällt er. Bedingt durch viele positive Ereignisse kann automatisch in die dritte Phase (Übertreibung) übergegangen werden. In dieser Phase springen die Kurse rasant nach oben. Die Hausse nährt die Hausse.

Die gestiegenen Kurse locken immer mehr Investoren an. Die Stimmung schlägt schließlich in eine grenzenlose Euphorie um, in der die Kurse nur noch steigen können. Eine neue Ära scheint angebrochen zu sein, in der die alten Maßstäbe keine Gültigkeit mehr besitzen. In dieser Phase ist der Zeitpunkt des plötzlichen Stimmungsumschwunges nicht mehr fern. Zunächst bröckeln die Kurse trotz guter Nachrichten langsam ab, um dann (oftmals bedingt durch ein negatives Ereignis) plötzlich zu fallen. Von dieser Entwicklung werden die Anleger einschließlich der Experten völlig überrascht.

Stark fallende Kurse bei hohen Umsätzen und panikartiger Stimmung deuten auf ein Auslaufen der Korrekturbewegung nach unten hin. Nachdem die Kurse in der Übertreibungsphase gefallen sind, beginnen sie trotz fehlender guter Nachrichten bei geringen Umsätzen wieder zu steigen. Dann ist ein idealer Kaufzeitpunkt gekommen.

Angebot und Nachfrage bestimmen den Preis. Ist die Nachfrage größer als das Angebot, so steigt der Kurs. Kommt es dagegen zu einem Angebotsüberhang, fällt er. Entscheidend ist die Frage, nach welchen Gesichtspunkten die Börsenteilnehmer ihre Kauf- bzw. Verkaufsentscheidungen treffen.

Mancher Anleger verkauft seine Aktien, weil er die Zukunfts- aussichten des Unternehmens für schlecht erachtet. Hier spielen wirtschaftliche Überlegungen eine Rolle. Ein anderer muss ge- rade sein Darlehen zurückzahlen und benötigt Geld. Ein weite- rer möchte seinen Urlaub finanzieren. Es gibt viele individuel- le Gründe.

Wenn sich nun der erste Anleger in der wirtschaftlichen Ein- schätzung des Unternehmens irrt und die Perspektiven tatsäch- lich hervorragend sind, was passiert mit dem Aktienkurs? Er fällt trotzdem, da die Mehrheit der Aktionäre (Angebotsüberhang) aus privaten Gründen verkauft.

Wem ist es nicht schon mal so ergangen, dass man die guten Perspektiven eines Unternehmens erkannt hat und der Aktien- kurs trotzdem fällt?

Die Ursachen vieler Fehleinschätzungen liegen in der starken Betonung allein wirtschaftlicher Zusammenhänge bei der Akti- enauswahl.

Psychologische Faktoren werden fast vollständig vernachläs- sigt. Emotionale Aspekte und veränderte Anlegermentalitäten fließen viel zu selten in die Entscheidungsfindung mit ein. Bedau- erlich, denn gerade solche Aktien sind phänomenal gestiegen, die nach den (damals) üblichen Kriterien als nicht kaufenswert ein- gestuft wurden. Genauso wichtig ist es, sich von seinen Favori- ten wieder trennen zu können, wenn die Prämissen nicht mehr erfüllt sind, die zu der Anlageentscheidung geführt haben.

Hier muss man anerkennen, dass zumindest teilweise ein Um- denken stattfindet – nur was hilft es, wenn sich die Spielregeln wieder ändern. Viele Anleger haben den ersten Internet- und Biotechnologieboom verpasst, weil sie auf den Rat der Analys- ten gehört haben, die zum falschen Zeitpunkt vor einem Crash warnten.

Als die Kurse bis zum Frühjahr 2000 steigen und steigen, ha- gelt es zahlreiche Kaufempfehlungen – auf dem Höhepunkt der Hausse! Was dann passiert, ist den meisten Anlegern noch schmerzlich bewusst. Wo waren die Verkaufsempfehlungen der Analysten, Broker, Investmenthäuser und Vermögensverwalter? Erst im Jahr 2002 – als die Märkte schon dramatisch gefallen sind – kommen vereinzelte Verkaufsempfehlungen.

Es ist offensichtlich, dass sich die fundamentale und technische Analyse hervorragend ergänzen. Verbindet man die Vorteile beider Denkrichtungen, so ergibt sich eine höchst effektive Methode – die rationale Analyse.

Die rationale Analyse steigert die persönliche Erfolgsquote – wenn eine geschickte Kombination aus fundamentalen und technischen Verfahren zum richtigen Zeitpunkt angewendet wird. Sie hat viele Vorzüge, aber auch ihre Schwächen. Das liegt in der Natur der Sache, da die Realität viel zu komplex ist, um vollständig erfassbar zu sein.

In den folgenden Kapiteln stelle ich zunächst die Grundlagen der technischen Analyse vor. Chartformationen, gleitende Durchschnitte, Oszillatoren, Gesamtmarktindikatoren und verschiedene Möglichkeiten der Kurszielermittlung werden erläutert. Das Volumen liefert als sekundärer Indikator weitere Ansatzpunkte.

Die psychologische und emotionale Seite der Märkte findet in den Kapiteln „Sentiment und Contrary Opinion" sowie „Marktsignale" eine angemessene Würdigung. Nahezu emotionslos geht es dann mit einer Besprechung von Handelssystemen weiter.

Die Analyse der Beziehungen der Märkte zueinander ist ein weiterer Schlüssel für die Erkenntnis der gesamtwirtschaftlichen Zusammenhänge. Spezialauswertungen und besondere Marktsignale führen zu einem tieferen Verständnis.

In den letzten Kapiteln folgen Ratschläge und praktische Beispiele für einen systematischen Analyse- und Investmentprozess. Anschließend widmen wir uns den wünschenswerten Eigenschaften eines erfolgreichen Börsianers, den elementaren Kennzahlen der Fundamentalanalyse und den Kriterien eines idealen Vermögensverwalters. Ein Überblick der wichtigsten Handelsinstrumente rundet unseren Spaziergang durch die Welt der technischen Analyse ab.

2.2 Prinzipien

Die technische Analyse ist so alt wie die Börse selbst. Ihr Ursprung liegt im 17. Jahrhundert in Japan. Überlieferungen zufolge benutzten dort bereits Gold- und Reishändler Charts zur Preisprognose. Populär geworden ist sie erst in den USA zu Beginn des 20. Jahrhunderts. John Murphy, einer der bekanntesten technischen Analysten in den USA, definiert den Begriff der technischen Analyse als das Studium von Marktbewegungen – in erster Linie durch den Einsatz von Charts – um zukünftige Kurstrends vorherzusagen. Die technische Analyse beruht auf drei wesentlichen Annahmen:

• Der Markt diskontiert alles.
• Die Kurse bewegen sich in Trends.
• Die Geschichte wiederholt sich.

Der Markt diskontiert alles

Den Preis eines Wertpapiers bestimmen zahlreiche Faktoren wie Gewinnwachstum, Produktsortiment, Wettbewerbssituation oder Verschuldung. Es ist praktisch unmöglich, alle Faktoren zu berücksichtigen und richtig zu interpretieren. Wenn Neuigkeiten bekannt werden, hat die Börse diese längst eingepreist. An den Märkten wird die Zukunft gehandelt und nicht die Gegenwart. Wenn alles, was die Marktpreise bewegt, bereits in den Kursen enthalten ist, dann ist nur die Analyse der Marktpreise notwendig.

Die Kurse bewegen sich in Trends

Die Erfahrung zeigt, dass sich Kurse in Trends bewegen. Aufgabe der technischen Analyse ist es, diese möglichst frühzeitig zu erkennen und die vorherrschende Richtung festzustellen. Es gibt nur drei Möglichkeiten: Aufwärts, abwärts oder seitwärts. Es wird unterstellt, dass die Wahrscheinlichkeit einer Fortsetzung des bisherigen Trends größer ist, als dass er sich ändert. Wer nicht davon überzeugt ist, dass Trends existieren, braucht sich nicht weiter mit der technischen Analyse zu befassen.

Der Euro Stoxx 50 (Abbildung 27) verlässt im Jahr 2002 den langjährigen Aufwärtstrend nach unten. Bereits Mitte 2001 signalisiert er Schwäche und durchbricht die steile Trendgerade (gestrichelt). Die Aktie General Electric (Abbildung 28) fällt nach einer mehrjährigen Übertreibungsphase auf den langfristigen Aufwärtstrend zurück.

Abb. 27: Euro Stoxx 50 verlässt den mehrjährigen Aufwärtstrend

Abb. 28: General Electric-Aktie testet den langfristigen Aufwärtstrend

Die Geschichte wiederholt sich

Die Überschrift ist nicht wörtlich zu nehmen. Gemeint ist damit, dass sich menschliche Verhaltensweisen ähneln und im Zeitablauf kaum verändern. So wiederholen sich bestimmte Kursformationen deswegen, weil sich darin psychologische Muster menschlichen Verhaltens wieder finden.

Auch wenn einige Gegner die technische Analyse gerne als Kaffeesatzleserei oder Hokuspokus verspotten, bietet sie eine Reihe von handfesten Vorteilen: Während die Fundamentalanalyse sehr zeitaufwändig ist und der Gegenwart stets hinterherhinkt, basiert die technische Analyse auf aktuellen Marktdaten. Sie ist anpassungsfähig an jede Zeitdimension: Jahre, Monate, Tage, Stunden oder Minuten. Es können Prognosen für Optionen, Futures, Devisenmärkte, ja jeden Handelsgegenstand erstellt werden! Die Vielfalt der Anwendungsmöglichkeiten ist fast unbegrenzt.

2.3 Dow-Theorie

Die Dow-Theorie ist ein grundlegender Baustein für das Verständnis der technischen Analyse. Fast alle technischen Methoden und Modelle leiten sich aus ihr ab. Entwickelt wurde sie von Charles Dow um die Jahrhundertwende. Am 3. Juli 1884 veröffentlichte Charles Dow den ersten Aktienindex, der sich überwiegend aus Eisenbahngesellschaften zusammensetzte. Im Jahre 1897 entwickelte er einen Industrieaktien-Index und einen Index aus Eisenbahnaktien. Der Industrieaktien-Index wurde erweitert auf 30 Aktien. Er bildet das Fundament für den heute noch existierenden Dow Jones Industrial Index.

Die Dow-Theorie beruht auf folgenden Prämissen:

(1) Die Indizes reflektieren alle relevanten Informationen und haben diese bereits eingepreist.

(2) Märkte bewegen sich in Trends. Ein Aufwärtstrend ist gekennzeichnet durch sukzessiv steigende Hoch- und Tiefpunkte. Bei einem Abwärtstrend verhält es sich genau umgekehrt. Es gibt drei Arten von Trends: Der übergeordnete Primärtrend dauert mindestens vier Monate. Er wird durch mittel-

fristige Korrekturen eines Sekundärtrends unterbrochen. Diese belaufen sich auf etwa drei bis zwölf Wochen. Schließlich gibt es noch einen untergeordneten kurzfristigen Trend, der weniger als drei Wochen anhält. Abbildung 29 zeigt eine vereinfachte Darstellung unterschiedlicher Trendphasen des Dow Jones Industrial Index.

Abb. 29: Trendphasen des Dow Jones Industrial Index

(3) Charles Dow unterteilte den langfristigen Primärtrend in drei verschiedene Phasen. In einer Akkumulationsphase kaufen die cleveren Investoren („smart money"). Wenn die Kurse an Dynamik gewinnen, wird die Öffentlichkeit aufmerksam und springt auf den fahrenden Börsenzug auf. Die Phase der öffentlichen Beteiligung hat begonnen. In der letzten Phase beginnen die cleveren Investoren ihre Engagements zu veräußern. In dieser Distributionsphase wandern die Aktien von ruhigen Händen in zittrige Hände. Ein dramatisches Ereignis könnte nun zu einem weiter fortgeschrittenen Zeitpunkt den Börsenzug zum entgleisen bringen, und die „zittrigen" Hände veranlassen, ihre Aktien um jeden Preis zu veräußern.

(4) Die Indizes müssen sich in ihrer Entwicklung gegenseitig bestätigen. Ein Hoch im Dow Jones Industrial Index sollte durch ein Hoch im Dow Jones Transport Index bestätigt

werden. Diese Aussage zieht sich wie ein roter Faden durch die gesamte technische Analyse: Das Prinzip der Konvergenz und Divergenz ist von zentraler Bedeutung für die Kursprognose. Divergenz beschreibt eine Situation in der verschiedene technische Indikatoren oder Signale voneinander abweichen und sich nicht gegenseitig bestätigen.

Divergenzen sind als Warnsignale für einen möglichen Trendwechsel zu interpretieren, während Konvergenzen den ursprünglichen Trend bestätigen. Abbildung 30 verdeutlicht das Prinzip der Bestätigung am Beispiel des Dow Jones Transport Index und Dow Jones Industrial Index.

Abb. 30: Dow Jones Transport Index und Dow Jones Industrial Index im Gleichlauf

Im 1-Jahres-Chart (Abbildung 31, S. 38) erkennt man eine Divergenz zwischen dem Dow Jones Transport Index und dem Dow Jones Industrial Index (Kreis). Wenn sich die Divergenz ausweitet, droht eine Korrektur im DJ Industrial.

(5) Der Umsatz bzw. das Volumen sollte in Richtung des Trends zunehmen. Auch diese Erkenntnis ist elementar für die technische Analyse von Märkten und Kursen.

Die Aktie Rambus (Abbildung 32, S. 39) bricht nach einer

mehrmonatigen Seitwärtsphase über dem 200-Tage-Durch-
schnitt regelkonform unter hohem Volumen (Kreis) nach
oben aus. Je länger solche Konsolidierungsphasen andauern,
desto stärker ist der spätere Ausbruch.

Abb. 31: Divergenz zwischen Dow Jones Transport Index und Dow Jones
Industrial Index

(6) „The trend is your friend." Es ist wahrscheinlicher, dass sich
eine vorherrschende Trendbewegung fortsetzt, als dass sie
sich ändert. Dow folgerte daraus, dass ein Trend solange Be-
stand hat, bis es klare Signale einer Umkehr gibt. In dem
MAN Chart liefert ein Dreifach-Hoch Warnsignale, dass der
Primärtrend gefährdet ist. Es bilden sich drei fallende Hochpunkte. Ein Anstieg wird nicht durch zunehmendes Volumen
bestätigt. Es fehlt die Kraft, neue absolute Hochs zu erklim-
men. Schließlich gewinnen die Abwärtskräfte an Dynamik
und der Kurs durchbricht mit hohem Volumen die Aufwärts-
gerade.

In Abbildung 33 (S. 40) kündigt ein Dreifach-Hoch den Kurssturz der MAN-Aktie an. Unter hohem Volumen durchbricht
die Aktie den Aufwärtstrend und fällt unter den 200-Tage-
Durchschnitt. Es gelingt ihr in den nächsten Monaten nicht,
wieder darüber zu schließen. Schließlich dreht der 200-Tage-

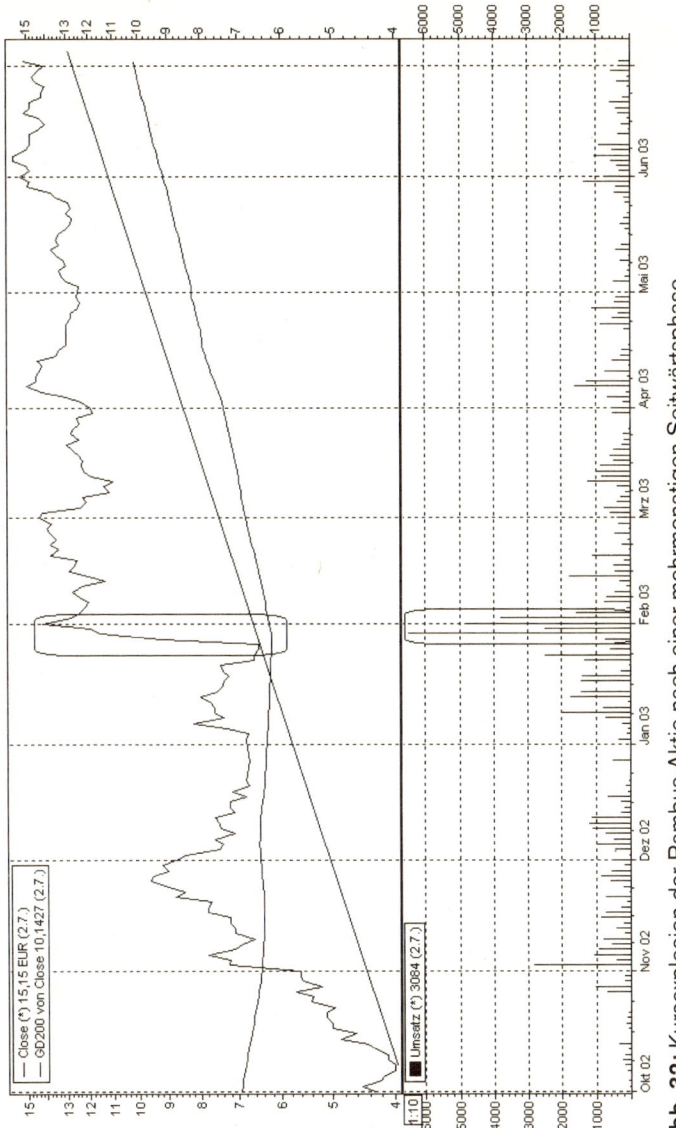

Abb. 32: Kursexplosion der Rambus-Aktie nach einer mehrmonatigen Seitwärtsphase

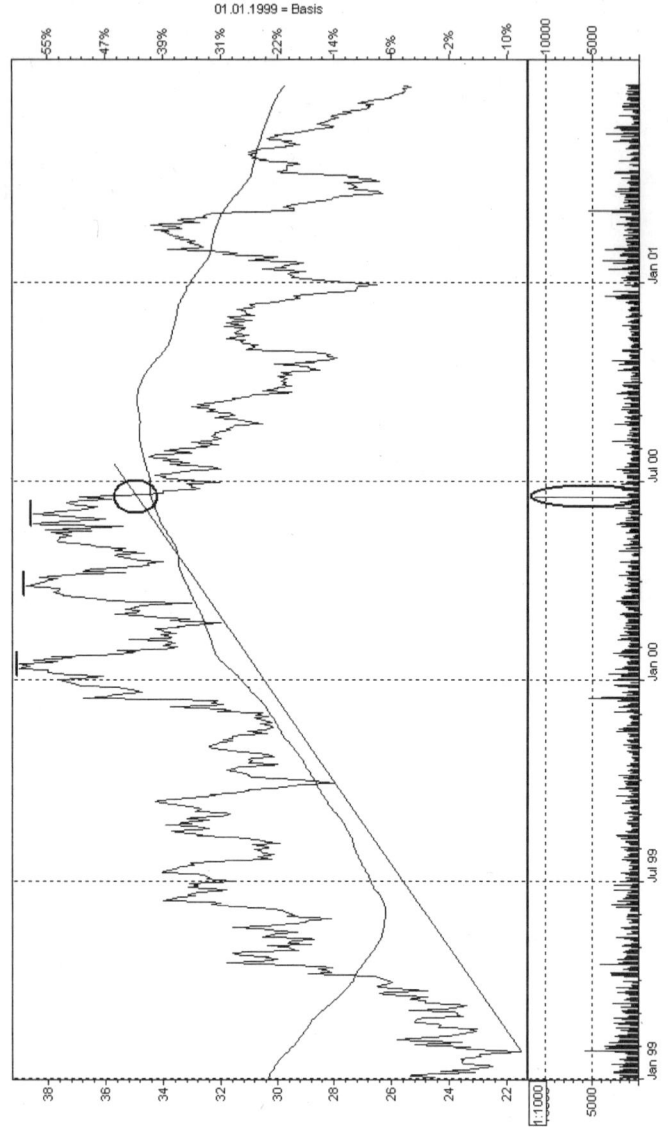

Abb. 33: MAN-Aktie mit Dreifach-Hoch und Trendwechsel

Durchschnitt im August nach unten und wird somit zu einem starken Widerstand. Der Ausflug im Januar 2001 über diesen wichtigen Durchschnitt ist nur kurz. Der Abwärtstrend ist intakt.

Charles Dow benutzte für seine Analysen ausschließlich Schlusskurse. Er war davon überzeugt, dass Intraday-Trendverletzungen nicht wichtig sind. Ein genereller Kritikpunkt an der Dow-Theorie ist, dass Kauf- bzw. Verkaufssignale erst relativ spät kommen.

Charles Dow hat mit seinen Analysen und Berichten einen bedeutenden Beitrag zur Entwicklung der technischen Analyse geleistet.

2.4 Chartarten

Linien-, Balken-, Kerzen-, Point & Figure-Charts gehören zu den gebräuchlichsten Darstellungsformen in der visuellen Charttechnik. In den letzten Jahren erfreuen sich besonders die japanischen Kerzencharts einer zunehmenden Beliebtheit. Je nach Betrachtungszeitraum werden tägliche, wöchentliche oder monatliche Einstellungen verwendet.

Der logarithmische Chart (Abbildung 34, S. 42) verwendet identische Abstände für gleiche prozentuale Veränderungen. Ein Kursanstieg von 10 auf 20 hat den gleichen vertikalen Abstand wie von 50 auf 100. Beide Bewegungen bedeuten für den Anleger einen Kurszuwachs von 100 %. Die linke Skala wird „gestaucht". SAP durchbricht die Trendgerade bei 103 €.

In der linearen Chartdarstellung (Abbildung 35, S. 42) sind die absoluten Abstände auf der linken Achse identisch. Zeichnet man nun eine Trendgerade mit den gleichen Berührungspunkten ein, so unterschreitet SAP die Linie erst bei einem Kurs von 86 €.

Die gebogene Trendgerade resultiert aus der logarithmischen Darstellung. Dieser Effekt ist umso gravierender, je dynamischer die Aktie ist und je länger der betrachtete Zeitraum gewählt wird.

Abb. 34: SAP-Aktie mit logarithmischer Skalierung

Abb. 35: SAP-Aktie mit linearer Skalierung

Der Linienchart

Beim Linienchart (Abbildung 36, S. 43) werden nur die Schluss-kurse auf der vertikalen Achse des Charts in Abhängigkeit von der Zeit eingetragen. Es entsteht eine Linie, die den Verlauf der Schlusskurse wiedergibt. Der Linienchart wird angewendet, wenn Eröffnungs-, Höchst- und Tiefstkurse nicht benötigt werden. Der Vorteil des Liniencharts liegt in seiner übersichtlichen Darstellungsform.

Abb. 36: 6-Monats-Linienchart der Deutschen Bank

Der Balkenchart

Der Balkenchart (Abbildung 37, S. 44) ist eine Weiterentwicklung des Liniencharts. Er berücksichtigt die grafische Darstellung der Eröffnungs-, Höchst-, Tiefst- und Schlusskurse. Für jede Zeiteinheit wird der höchste mit dem tiefsten Kurs der Periode verbunden, wodurch ein Balken entsteht. An diesem Balken kann durch seitliche Striche der Eröffnungskurs (links) und der Schlusskurs (rechts) markiert werden. Je größer der Balken, desto höher ist die Schwankungsbreite.

Der Point & Figure-Chart

Der Point & Figure-Chart (vgl. Abbildung 38, S. 44) stellt das Wechselspiel von Angebot und Nachfrage dar. Der Zeitbezug fehlt völlig. Die Kursbewegungen trägt man – so lange sie in eine Richtung gehen – in einer senkrechten Reihe übereinander mit einem gleich bleibenden Symbol ein. Kehrt sich die Richtung um, so wird mit einem anderen Symbol eine neue senkrechte Reihe begonnen, bis sich die Richtung wieder umkehrt.

Abb. 37: 6-Monats-Balkenchart der Deutschen Bank

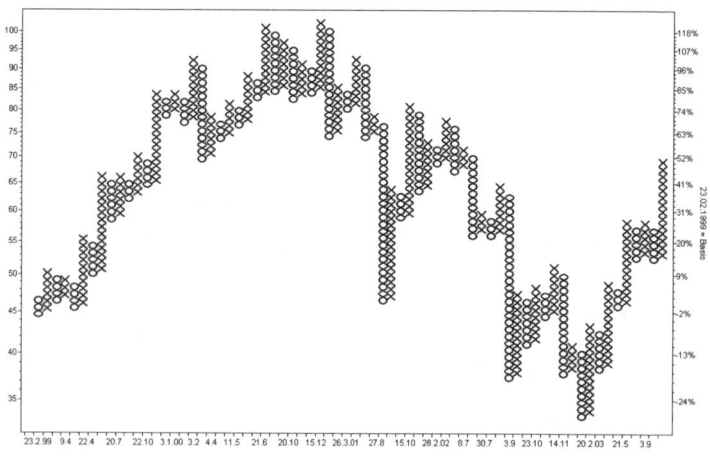

Abb. 38: 5-Jahres-Point & Figure-Chart der Deutschen Bank

Aufwärtsbewegungen werden üblicherweise mit einem „×"
markiert, Abwärtsbewegungen mit einem Kreis. Eine neue Spalte wird erst eingezeichnet, wenn die gegenläufige Kursbewegung
eine volle Einheit auf der Kursachse ausmacht. Die Festlegung
des Umkehrminimums beeinflusst die Sensitivität des Charts.
Wenn man langfristige Trends analysieren möchte, empfiehlt sich
eine Grobeinstellung.

Der Kerzenchart

Die Methode der Kerzencharts (Abbildung 39) reicht in das
Japan des achtzehnten Jahrhunderts zurück. Sie sind vergleichbar mit Balkencharts. Ein breiter Balken misst den Abstand zwischen Eröffnungs- und Schlusskurs, auch Körper genannt. Liegt
der Schlusskurs oberhalb des Eröffnungskurses, so ist der Körper weiß. Im umgekehrten Fall dagegen schwarz. Eine dünne Linie (Schatten) zeigt den Abstand zwischen Hoch- und Tiefkurs.
Der Schatten oberhalb des Körpers wird Docht genannt, unterhalb als Lunte. Der große Vorteil der japanischen Kerzencharts
liegt in deren prägnanten Darstellungsform und unkomplizierten
Transformation in Handelssysteme.

Abb. 39: 6-Monats-Kerzenchart der Deutschen Bank

45

Der Kagi-Chart

Der Kagi-Chart (Abbildung 40) besteht aus vertikalen Linien, die abwechselnd dünner und dicker gezeichnet werden. Die Linien werden solange verlängert, wie die Kurse ihre Bewegungsrichtung fortsetzen. Erst wenn der Kursverlauf die Richtung wechselt, beginnt in der nächsten Spalte eine neue Reihe. Eine dicke Linie wird eingezeichnet, wenn der heutige Schlusskurs gleich oder höher ist als der Anfangskurs am Vortag. Eine dünne Linie wird eingezeichnet, wenn der aktuelle Schlusskurs gleich oder kleiner ist als der Anfangskurs des Vortages. Der Kagi-Chart wird unabhängig von der Zeitachse dargestellt.

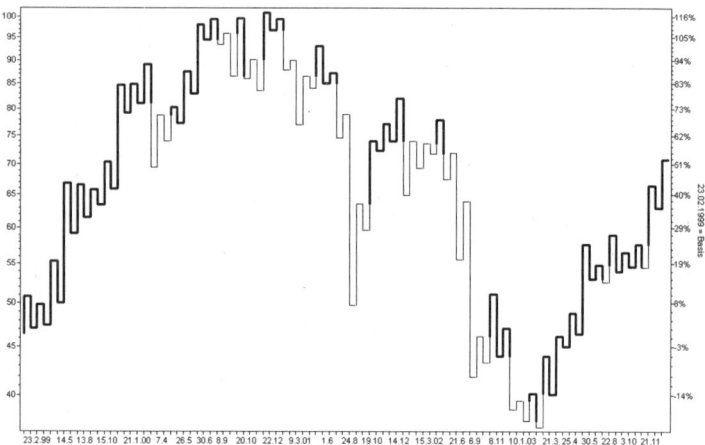

Abb. 40: 5-Jahres-Kagi-Chart der Deutschen Bank

Der Three Line Break-Chart

Der Three Line Break-Chart (Abbildung 41) besteht aus vertikalen Kästchen, die auf Kursänderungen basieren. Bei der Zeichnung der Blöcke wird der aktuelle Schlusskurs mit dem Hoch und Tief des Vortages verglichen. Der Zeitbezug fehlt dabei.

Ein neues helles Kästchen wird in eine neue Reihe gezeichnet, wenn der aktuelle Schlusskurs den Höchstkurs des Vortages übertrifft. Ein neues dunkles Kästchen wird eingetragen, wenn der aktuelle Schlusskurs unter dem Tiefstkurs des Vortages liegt. Befindet sich der Schlusskurs nicht innerhalb der Spanne des vorherigen Kästchens, wird die Zeichnung nicht fortgeführt.

Um ein dunkles Kästchen zu zeichnen, müssen drei aufeinander folgende helle Kästchen erst den tiefsten Schlusskurs dieser drei Kästchen unterschritten haben. Umgekehrt muss bei drei dunklen Kästchen zunächst der höchste Kurs der letzten drei Kästchen übertroffen werden, um eine neues helles Kästchen zu beginnen.

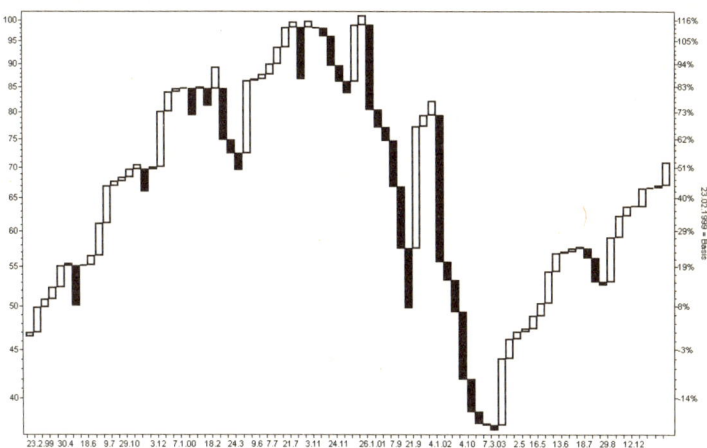

Abb. 41: 5-Jahres-Three Line Break-Chart der Deutschen Bank

Der Renko-Chart

Beim Renko-Chart (Abbildung 42, S. 48) haben alle aneinander gereihten Kästchen die gleiche Größe. Bei steigenden Kursen werden die Kästchen weiß, bei fallenden Kursen dunkel eingezeichnet. Der aktuelle Schlusskurs wird mit dem Höchst- bzw. Tiefstkurs des Vortages in Relation gesetzt.

Solange die Kurse die ursprüngliche Richtung fortsetzen, werden die Spalten verlängert. Wechselt der Kursverlauf die Richtung, beginnt eine neue Reihe. Der Renko-Chart ist unabhängig von der Zeitachse.

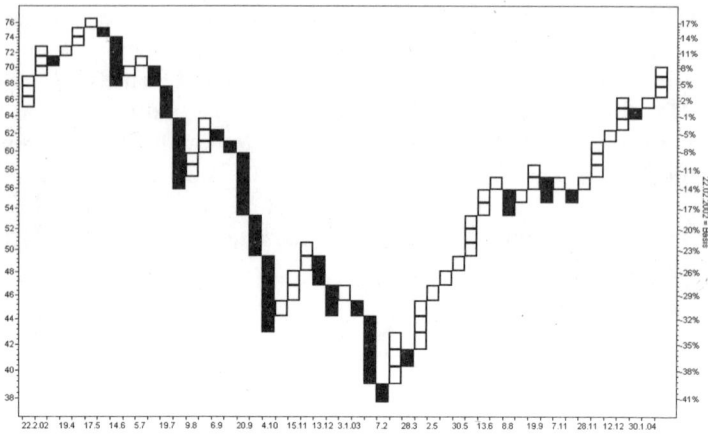

Abb. 42: 2-Jahres-Renko-Chart der Deutschen Bank

2.5 Trend, Unterstützung und Widerstand

Trends haben in der technischen Analyse eine zentrale Bedeutung. So ist es das erklärte Ziel, diese rechtzeitig zu erkennen und Trendwenden zeitnah aufzuspüren. Unterschieden wird dabei in Aufwärtstrends, Seitwärtstrends und Abwärtstrends. Manchmal spricht man bei Seitwärtstrends auch von einer Seitwärtsbewegung oder trendlosen Phase. Je nach Anlagehorizont können unterschiedliche Trends (etwa bei der Dow-Theorie) betrachtet werden.

Krones (Abbildung 43) befindet sich trotz Baisse in einem intakten mehrjährigen Aufwärtstrend.

Charts liefern auf allen Zeitebenen wichtige Hinweise. Ein Aufwärtstrend ist gekennzeichnet durch sukzessiv steigende Hoch- und Tiefpunkte. Bei einem Abwärtstrend verhält es sich genau umgekehrt. Bei einem Aufwärtstrend müssen mindesten zwei signifikante Tiefpunkte vorhanden sein, um eine Trendlinie zeichnen zu können. Je mehr Tiefpunkte durch eine Trendlinie verbunden werden können, umso stabiler ist sie. Bei einem Abwärtstrend werden die Hochpunkte miteinander verbunden.

DaimlerChrysler (Abbildung 44) gelingt der Ausbruch aus dem

Abwärtstrend. Einziger Wermutstropfen: Die Umsätze sind nicht überzeugend. Wenn der Trend sehr gleichmäßig verläuft, können sowohl die untere als auch obere Grenze der Kursbewegungen als Trendkanal eingezeichnet werden.

Abb. 43: Krones-Aktie in einem intakten mehrjährigen Aufwärtstrend

Abb. 44: Ausbruchsversuch der DaimlerChrysler-Aktie

49

Aixtron (Abbildung 45) bewegt sich seit drei Jahren in einem Abwärtstrend. Im Sommer 2003 gelingt endlich der Ausbruch bei steigendem Volumen.

Durchbrechen die Kurse eine Trendgerade, so ist der bisherige Trend in Gefahr. Hier stellt sich die Frage, ab wann ein Trendbruch definitiv vorliegt. Reicht schon eine Intraday-Verletzung aus, obwohl der Schlusskurs des gleichen Tages wieder im Rahmen des bisherigen Trends schließt? Sofern man nicht eine sehr spezielle Handelsstrategie fährt, sollten die Schlusskurse als Entscheidungsparameter verwendet werden.

Der Euro (Abbildung 46, S. 52) durchbricht im Tageschart Intraday die Trendgerade. Der Schlusskurs rettet sich wieder über die Gerade. Der Euro bleibt gegenüber dem japanischen Yen trotz Intraday-Verletzung im Aufwärtstrend.

Ein Blick auf den Wochenchart (Abbildung 47, S. 53) bestätigt den Aufwärtstrend des Euro. Die Wochenschlusskurse (linke und mittlere Ellipse) schließen wieder über der Trendgeraden. Erst als die Wochenschlusskurse im Sommer 2003 (rechter Kreis) die Trendgerade nicht mehr zurück erobern können, geht es steil abwärts. Die Analyse des identischen Handelsobjektes in unterschiedlichen Zeitfenstern auf Tages-, Wochen- und Monatsbasis gibt wertvolle Hinweise auf die Signifikanz einer Kursbewegung. Die unterschiedlichen Zeitebenen können auf Bestätigungen oder Divergenzen untersucht werden. Wird ein Signal auf allen Ebenen bestätigt, umso aussagekräftiger ist es.

Schlusskurse sind von größerer Signifikanz, da sie in verschiedene Indexberechnungen und Handelssystemen Berücksichtigung finden. Diese dienen wiederum als Basis für Kauf- und Verkaufsentscheidungen. Manche Profis warten die letzten Minuten des Börsenhandels bewusst ab, um möglichst viele Daten sammeln zu können und dann in letzter Minute noch aktiv zu werden.

Der Einsatz von Kursfiltern reduziert Fehlsignale. Eine Möglichkeit ist die Drei-Prozent-Regel. Sie besagt, dass die Trendgerade um mindestens 3 Prozent auf Schlusskursbasis verletzt werden muss. Eine andere Variante ist die Zwei-Tage-Regel. Die Kurse müssen dann mindestens zwei Tage hintereinander die Trendge-

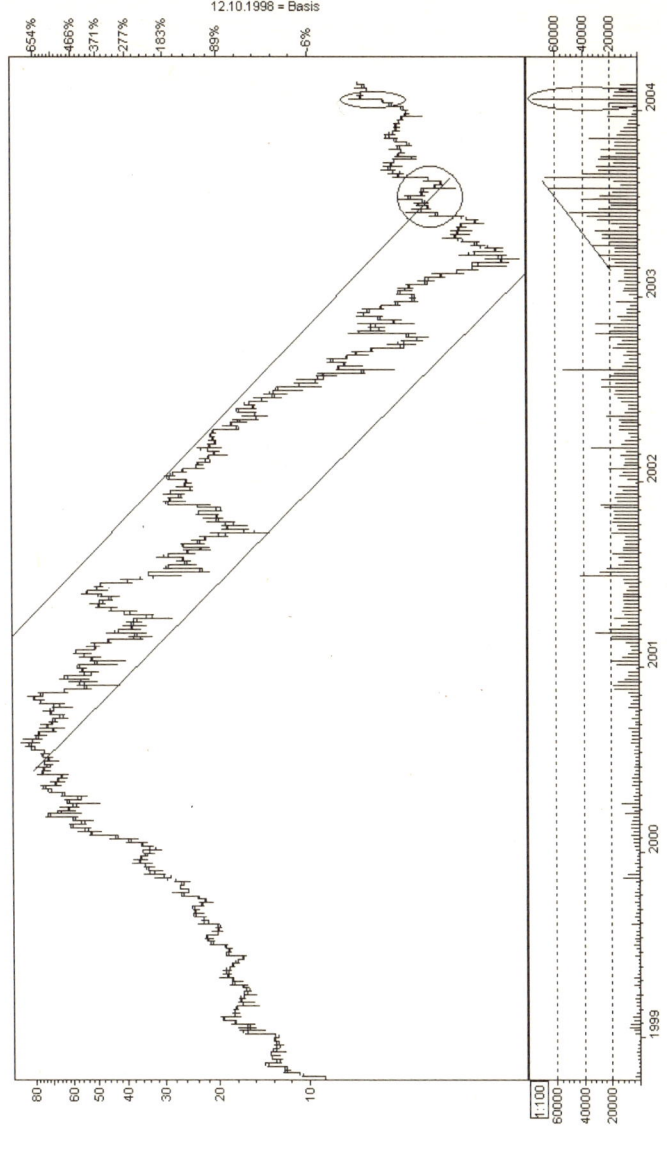

Abb. 45: Aixtron-Aktie verlässt zweijährigen Abwärtstrend

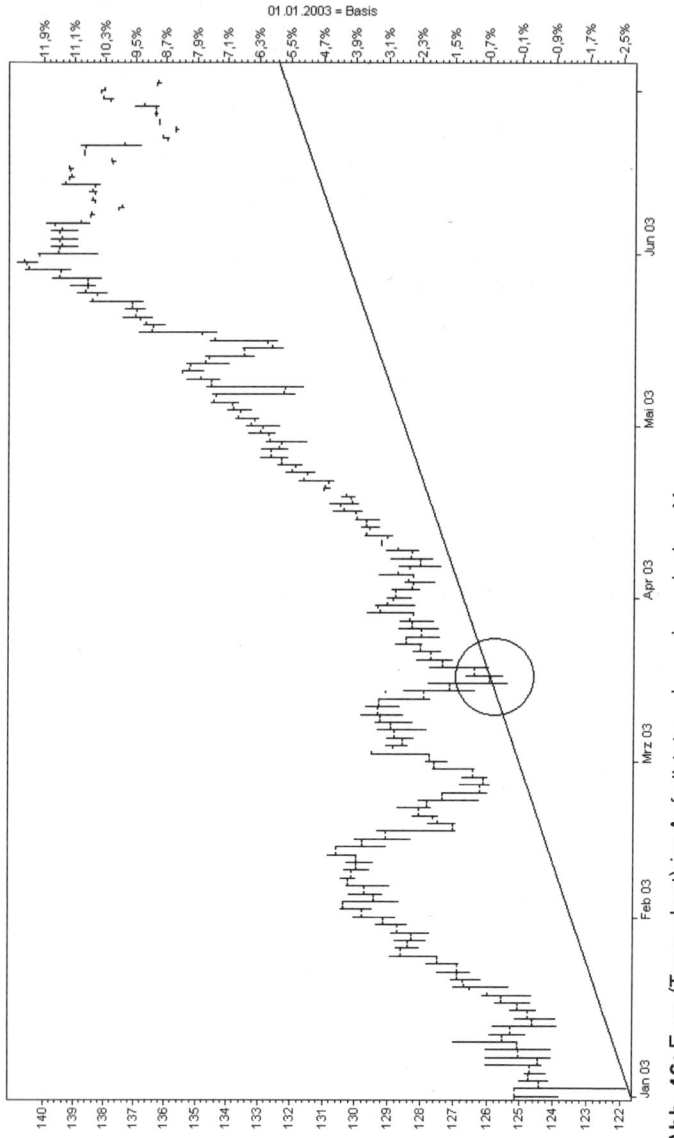

Abb. 46: Euro (Tageschart) im Aufwärtstrend zum japanischen Yen

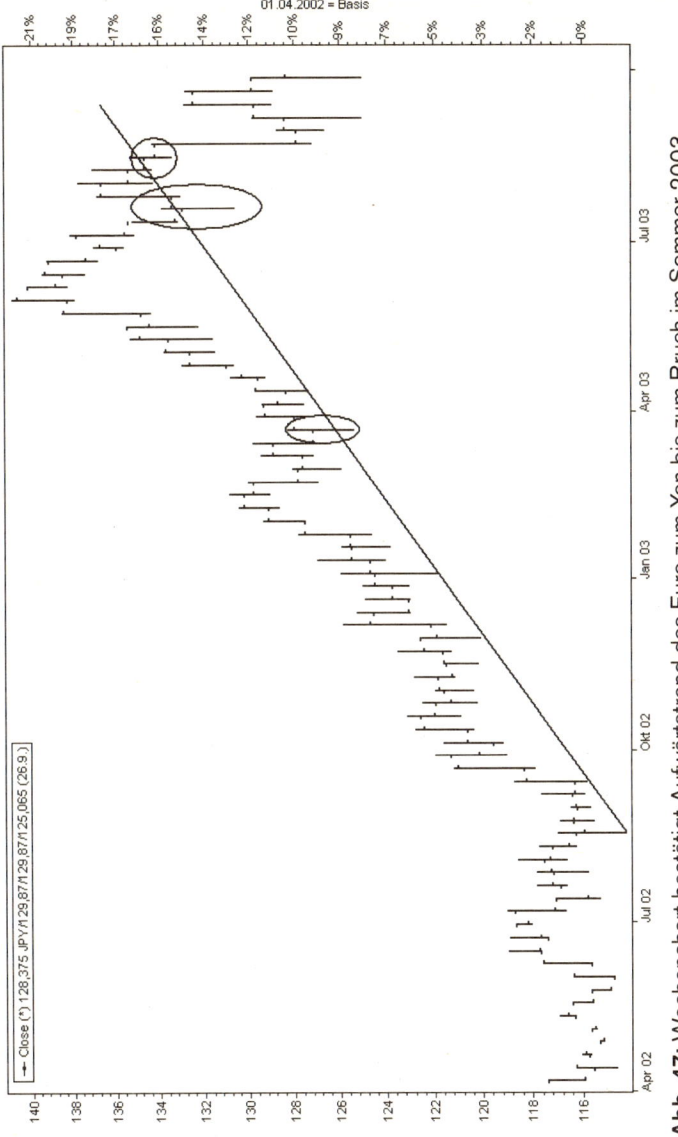

Abb. 47: Wochenchart bestätigt Aufwärtstrend des Euro zum Yen bis zum Bruch im Sommer 2003

rade (Schlusskurse) durchbrochen haben. Kombinieren Sie verschiedene Regeln miteinander. Der maßvolle Einsatz von Filtern erhöht die Trefferquote.

Sobald ein Aufwärtstrend verletzt ist, mutiert die ursprüngliche Trendgerade zum Widerstand. Häufig kommen die Kurse noch einmal von unten zurück (Pull Back), schaffen es aber nicht mehr, sie zu durchbrechen. Der alte, gebrochene Trend wird zur bestätigten Widerstandslinie. Bei einem verletzten Abwärtstrend verhält es sich genau umgekehrt. Dort mutiert der alte, gebrochene Trend zur Unterstützung. Gleiches gilt für einen verletzten Seitwärtstrend.

BMW (Teil 1): Nach dem signifikanten Durchbruch der Aufwärtstrendlinie Mitte August (Abbildung 48) kommt es im September noch zu einer Rückkehrbewegung (Pull Back), bevor die Kurse richtig abtauchen.

BMW (Teil 2): Erweitert man nun den Zeithorizont des BMW-Charts (Abbildung 49, S. 56), so ist der alte Aufwärtstrend auch später noch von Bedeutung. Er stellt für die BMW-Aktie jetzt eine starke Widerstandszone dar, die erst nach mehreren Anläufen zum Frühjahr 2002 überwunden werden kann. Doch die Freude ist nur kurz: Nach Ausbildung eines zweiten Kursgipfels im Sommer und anschließendem Bruch der Trendgeraden geht es wieder steil abwärts.

Eine Bemerkung zum Volumen (Umsatz): Je stärker das Volumen bei einer Kursbewegung zunimmt, umso bedeutender ist diese Bewegung. Wenn eine Trendlinie unter hohen Umsätzen verletzt wird, umso wahrscheinlicher ist ein Trendbruch. Das Volumen begegnet uns noch an mehreren Stellen als wichtiger sekundärer Indikator.

Bei der Allianz-Aktie (Abbildung 50, S. 57) wird der einjährige Abwärtstrend idealtypisch mit zunehmenden Volumen durchbrochen.

2.6 Kursziele

Kurse neigen dazu, nach einer Marktbewegung um einen bestimmten Teil zu korrigieren, bevor die ursprüngliche Trendrich-

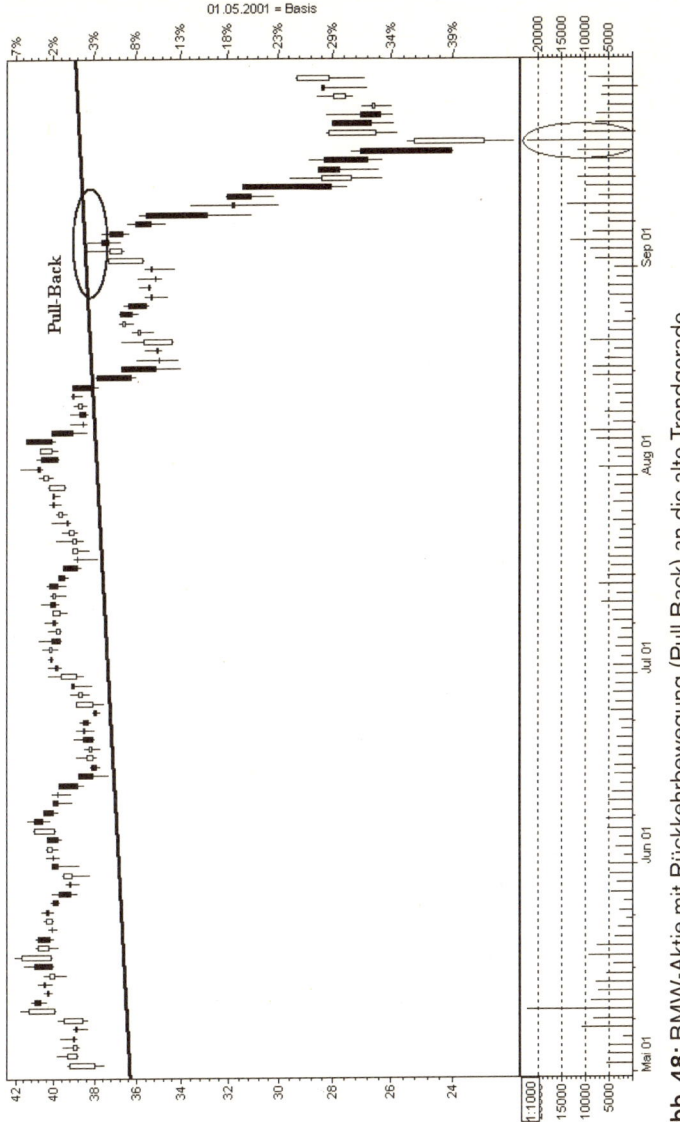

Abb. 48: BMW-Aktie mit Rückkehrbewegung (Pull Back) an die alte Trendgerade

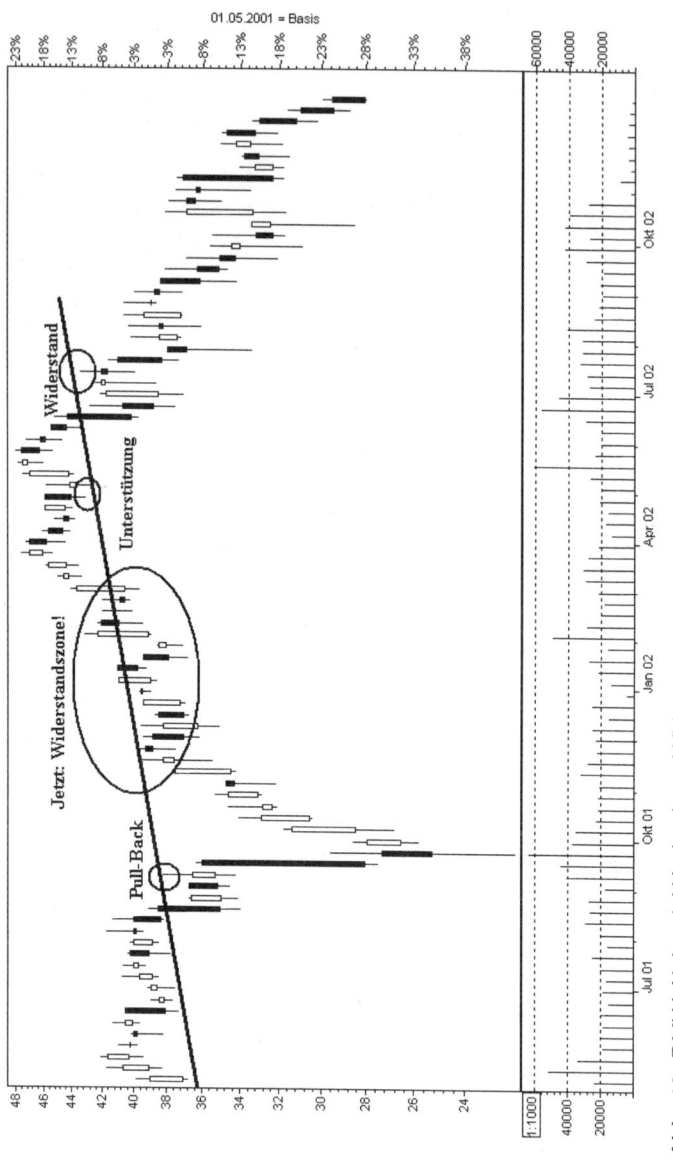

Abb. 49: BMW-Aktie mit Wechsel von Widerstand und Unterstützung

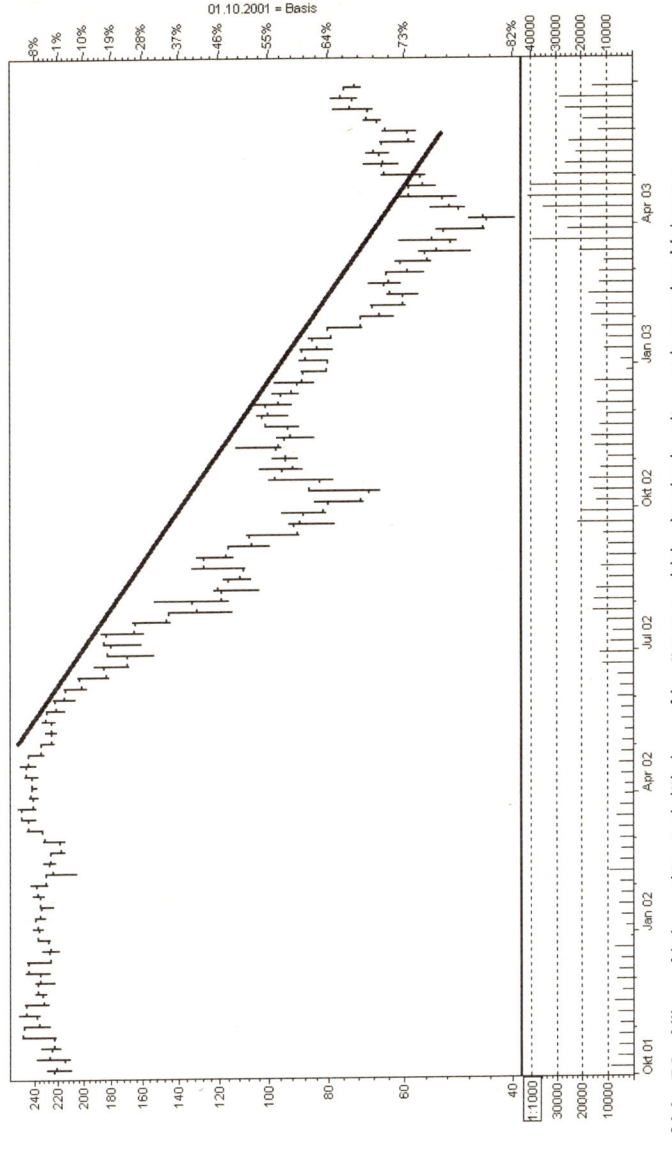

Abb. 50: Allianz-Aktie verlässt einjährigen Abwärtstrend idealtypisch mit zunehmenden Volumen

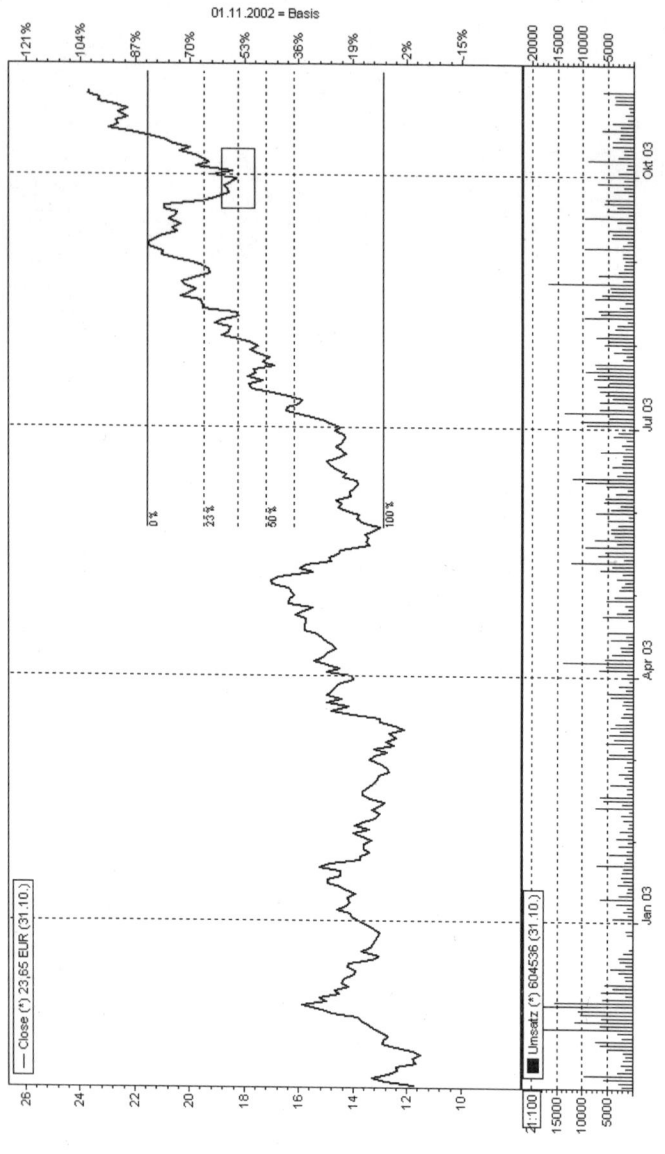

Abb. 51: MAN-Aktie mit Fibonacci-Retracements im Aufwärtstrend

tung wieder aufgenommen wird. Gewöhnlich beträgt eine Korrektur mindestens ein Drittel, häufig die Hälfte, aber maximal zwei Drittel. Je schwächer der Trend ist, desto ausgeprägter ist die Gegenbewegung.

Der Anleger kann diese Korrekturniveaus – auch Retracements genannt – für sich nutzen, um in einem Aufwärtstrend seine Positionen aufzustocken. Überschreitet die Gegenbewegung das maximale Retracement-Niveau, so ist der ursprüngliche Trend in Gefahr.

Gemäß der Dow-Theorie belaufen sich prozentuale Retracements auf 33 %, 50 % oder 66 %. Auf Basis der Fibonacci-Zahlen, die in der Elliot-Wellen-Theorie eine große Bedeutung haben, liegen die Niveaus bei 38 %, 50 % und 62 %.

MAN (Abbildung 51) korrigiert am 33 % Retracement, bevor das mittelfristige Hoch übertroffen wird.

Ein weiteres Phänomen sind ausgeprägte Kursbewegungen, die sich nahezu parallel wiederholen. Im Idealfall sollte die vorausgegangene Marktbewegung deutlich erkennbar sein. Diese Bewegungen werden auch als Measured Move (gemessene Bewegung) bezeichnet.

3. Klassische Chartformationen

Kursbewegungen neigen dazu, zeitweise seitwärts zu tendieren. Seitwärtsbewegungen sind nur eine Unterbrechung oder Konsolidierung im vorherrschenden Trend. Es gibt aber auch Phasen, da solche Unterbrechungen in eine Trendumkehr münden. Die Chartanalyse befasst sich mit solchen Kursmustern und leitet aus Formationen Wahrscheinlichkeiten über den weiteren Kursverlauf ab. Im Prinzip geht es immer um die Frage, ob sich der ursprüngliche Trend fortsetzen oder umkehren wird.

Zu den bekannten Umkehrmustern gehören die Schulter-Kopf-Schulter-Formation, der dreifache Boden (dreifache Spitze), die M-Formation (W-Formation), der Diamant, die Untertassen- und V-Formation.

Bei den Fortsetzungsformationen betrachten wir Dreiecke, Wimpel, Flaggen, Keile und Rechtecke. Einige der Chartmuster können sowohl als Umkehrformation wie auch als Fortsetzungsformation auftreten. Auf diese Besonderheiten gehen wir dann im Einzelfall ein.

Zunächst beginnen wir mit einigen allgemeingültigen Hinweisen zu den Umkehrformationen:

- Die Voraussetzung für eine Umkehr ist die Existenz eines Trends und der Bruch einer bedeutenden Trendlinie (meistens der Primärtrend).
- Je größer die Formation, umso stärker ist die folgende Bewegung.
- Das gilt sowohl für die Höhe der Formation als auch für deren zeitliche Ausdehnung.
- Topformationen sind normalerweise kürzer und volatiler als Bodenformationen. Kurse neigen dazu, schneller zu fallen als zu steigen.
- Bodenformationen weisen in der Regel geringere Handelsspannen auf und brauchen länger für ihre Ausbildung.
- Die Umsatzentwicklung ist bei Trendwechseln nach oben von größerer Bedeutung. Die Umsätze sollten in Richtung des

Trends zunehmen. Ausnahme: Bei einer Trendumkehr nach unten ist das Volumen anfangs nicht so wichtig. Die Märkte fallen durch ihr „Gewicht".

- Je höher der Umsatz des Umkehrtages und je größer seine Bandbreite, desto bedeutsamer ist die Bewegung.
- Maximales Kursziel: Gesamtes Ausmaß der vorangegangenen Bewegung.
- Umkehrformationen sind auf Balken- bzw. Kerzencharts (Wochen- oder Monatsbasis) besonders gut zu erkennen.

Die folgende Einteilung in Umkehr- und Fortsetzungsformationen ist nicht als absolute Definition zu verstehen, sondern als Tendenz.

3.1 Umkehrformationen

Schulter-Kopf-Schulter-Formation

Die Schulter-Kopf-Schulter-Formation (SKS; Abbildung 52) ist eines der am häufigsten vorkommenden Muster. Sie gilt als sehr zuverlässig. Sie ist gekennzeichnet von einem ersten Hoch (die linke Schulter), das nach einer Korrektur gefolgt wird von einem neuen, höheren Hoch (der Kopf). Ein erneuter Rückgang bis auf das Niveau der vorherigen Korrektur folgt, um dann noch einmal ein drittes Hoch (die rechte Schulter) zu bilden. Die rechte Schulter sollte niedriger als der Kopf sein. Verbindet man nun die Korrekturtiefs, so erhält man die Nackenlinie. Sie ist oft nach oben oder unten geneigt.

Der Umsätze sollten bei der linken Schulter und der anschließenden Rallye zum Kopf ansteigen. Bei der rechten Schulter sind die Umsätze deutlich geringer als Zeichen der fehlenden Auftriebskräfte.

Nach Ausbildung der rechten Schulter und anschließendem Bruch der Nackenlinie unter starken Umsätzen, wird die Formation (fast) vollendet. Im Idealfall kommt es noch einmal zu einer Rückkehrbewegung von unten an die Nackenlinie, bevor es dann richtig (mit zunehmenden Volumen) abwärts geht. Die untere SKS-Wendeformation (Abbildung 53, S. 64) funktioniert

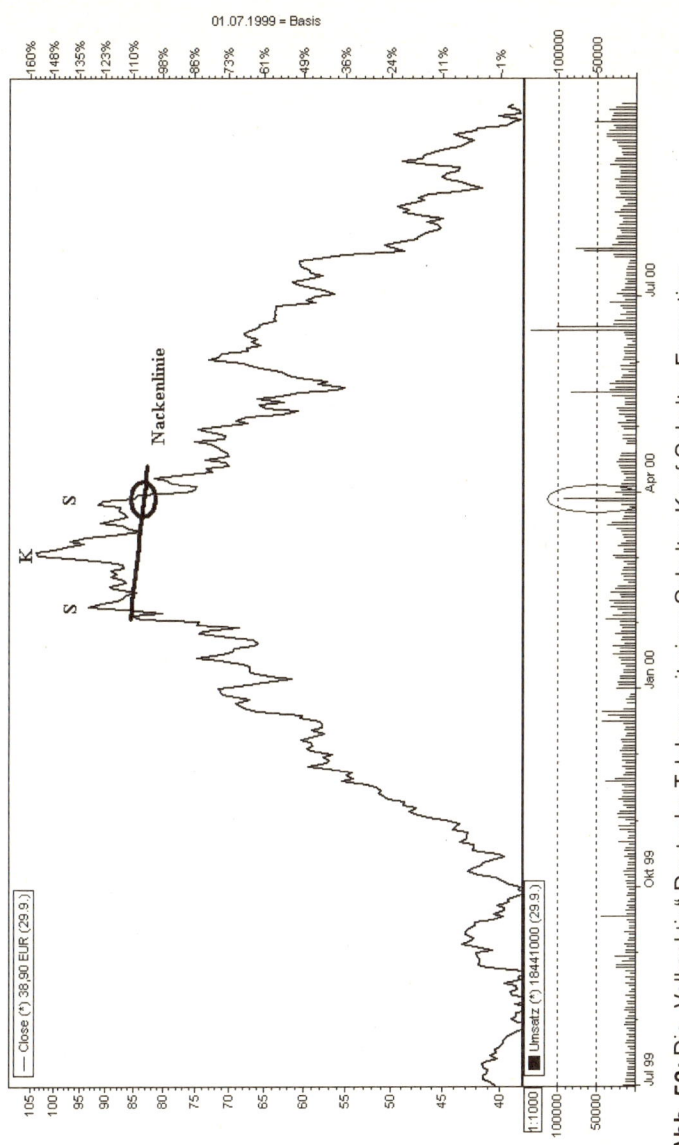

01.07.1999 = Basis

Abb. 52: Die „Volksaktie" Deutsche Telekom mit einer Schulter-Kopf-Schulter-Formation

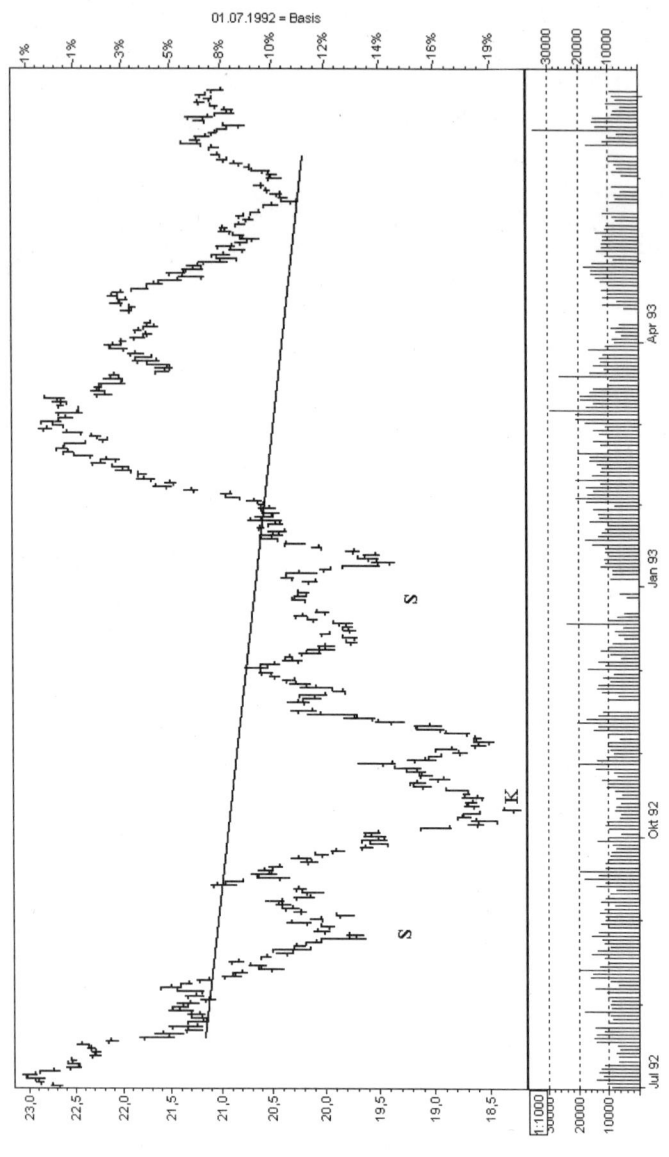

Abb. 53: Siemens-Aktie mit einer inversen Schulter-Kopf-Schulter-Formation

01.07.1992 = Basis

analog. Ein markanter Unterschied sind die geringeren Umsätze im Bereich der Tiefs. Gelegentlich kommt die SKS auch als Fortsetzungsformation vor.

Dreifach-Spitze (Triple Top) und Dreifach-Boden (Triple Bottom)

Die Dreifach-Spitze (Abbildung 54, S. 66) ist ein Spezialfall der Schulter-Kopf-Schulter-Formation. Der wesentliche Unterschied besteht darin, dass alle Hochs auf ungefähr gleichem Niveau enden. Der Umsatz wird mit jedem Hoch geringer, bis die Kurse letztendlich mit zunehmenden Volumen durch die Verbindungslinie der Korrekturtiefs fallen. Der dreifache Boden bildet sich analog.

M- und W-Formation

Die M- bzw. W-Formation (Abbildung 55, S. 67 und Abbildung 56, S. 68) kommt nach der Schulter-Kopf-Schulter-Formation am häufigsten vor. Ihre Eigenschaften sind vergleichbar den dreifachen Spitzen bzw. dreifachen Böden und der Schulter-Kopf-Schulter-Formation. Diese Formation wird erst nach Durchbruch der Korrekturgeraden (hohe Umsätze!) vollendet. Oftmals wird schon vorher von einer W- bzw. M-Formation gesprochen, die sich dann als Fehlsignal entpuppt.

V-Umkehr

Die V-Formation ist eine „explosive" Umkehrformation. Explosiv deswegen, weil sie nach einer schärferen Korrektur schnell und überraschend auftaucht, so dass sie erst im nachhinein erkannt werden kann. Die V-Formation kann deshalb nur mit Glück gehandelt werden. Sie wird von einem deutlichen Umsatzanstieg begleitet. Für eine obere Umkehr (Abbildung 57, S. 69) gelten die gleichen Charakteristika.

Kommen wir nun zu den Fortsetzungsformationen. Fortsetzungsformationen sind zeitlich von kürzerer Dauer und betreffen den sekundären (etwa ein bis drei Monate) oder tertiären Trend

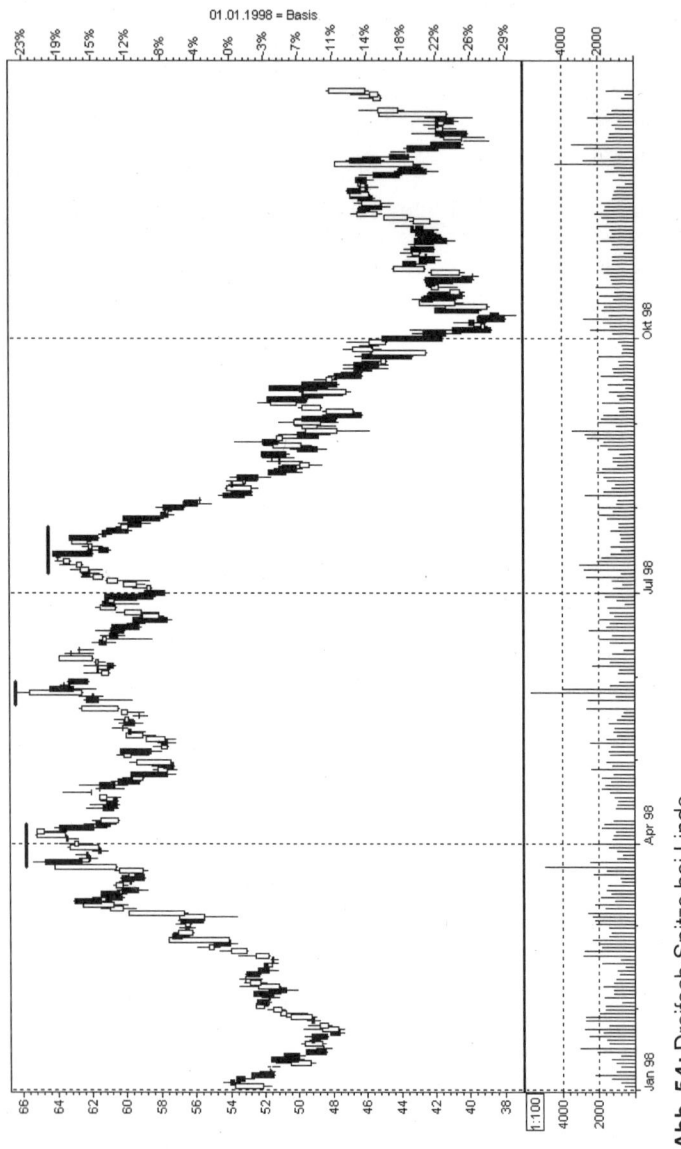

Abb. 54: Dreifach-Spitze bei Linde

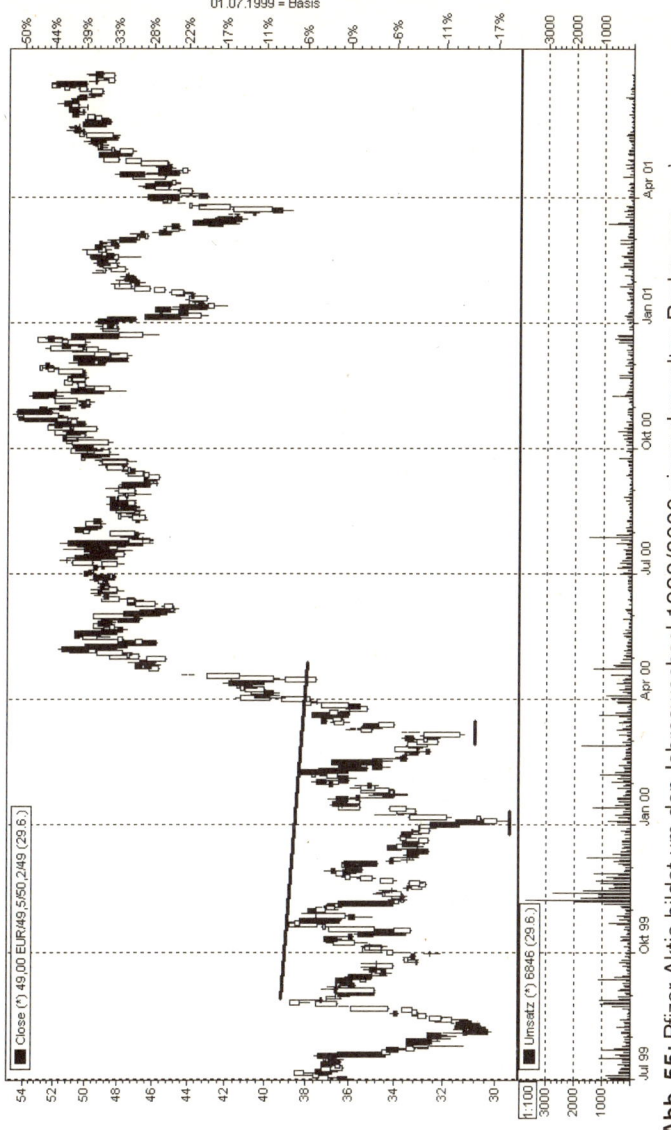

Abb. 55: Pfizer-Aktie bildet um den Jahreswechsel 1999/2000 einen doppelten Boden aus

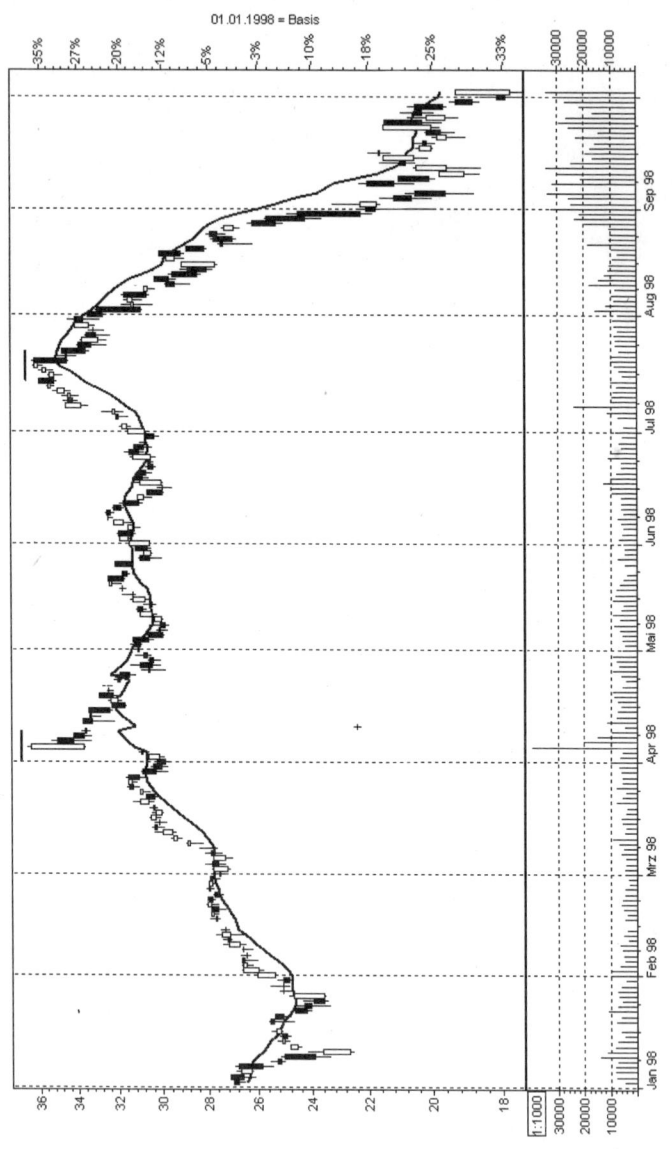

Abb. 56: Citigroup-Aktie mit Doppelspitze

(bis zu einem Monat). Umkehrformationen stellen dagegen den Primärtrend (mindestens vier Monate) in Frage. Doch es gibt keine Regel ohne Ausnahme. Diese Aussagen geben nur eine Tendenz wieder, die es im Einzelfall zu überprüfen gilt.

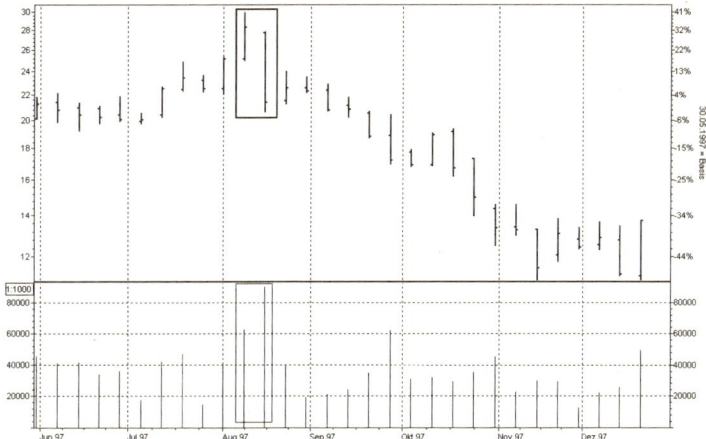

Abb. 57: Umgekehrte V-Formation bei der Aktie von Micron Technology

Untertasse (Rounding Bottom oder Rounding Top)

Die Untertassen-Formation verläuft recht flach und ausgedehnt. Sie braucht schon mal mehrere Jahre für ihre Vollendung. In der letzten Phase der Umkehr bildet sich auf höherem Niveau ein „Henkel". Daher rührt auch der passende Name. Als Rounding Top wird die obere Umkehrformation bezeichnet.

Beachten Sie bitte den zunehmenden Umsatz bei Puma (Abbildung 58, S. 70) ab Juli 2002. Das niedrige Volumen seit Mitte 2000 ist typisch für eine ausgedehnte Bodenformation.

Diamant

Der Diamant ist die einzige Formation, die (fast) nur zum Ende eines Aufwärtstrends auftritt. Ausbrüche nach oben treten sehr selten auf.

Der Diamant spiegelt über Monate hinweg den Kampf zwi-

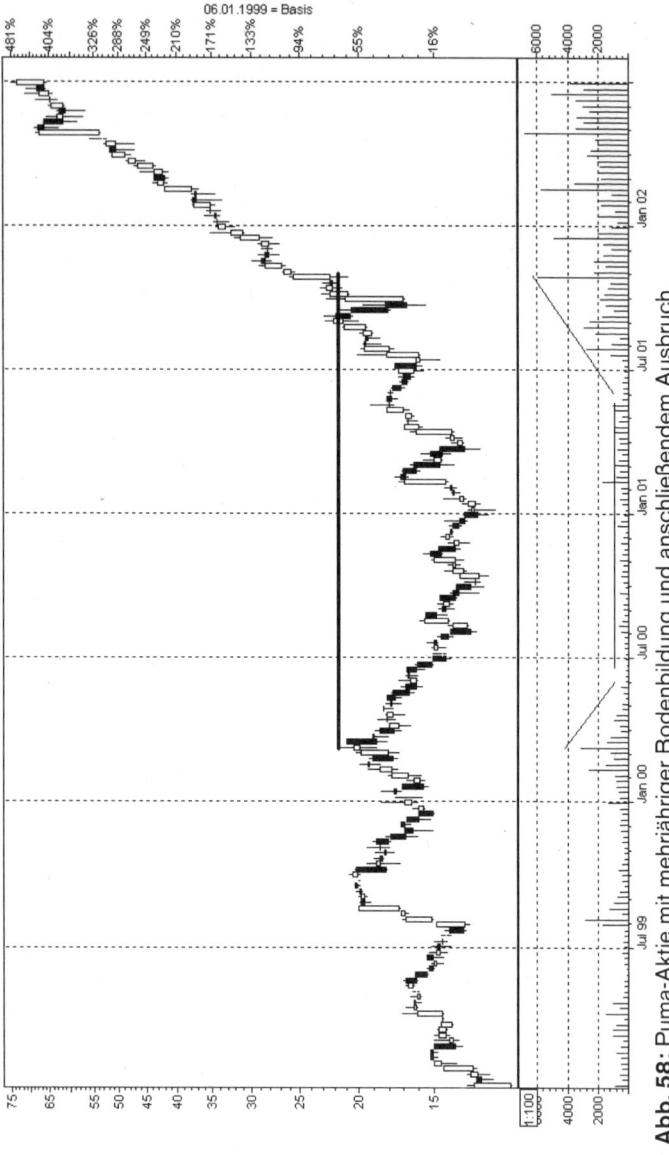

Abb. 58: Puma-Aktie mit mehrjähriger Bodenbildung und anschließendem Ausbruch

schen Bullen und Bären wider, bis eine der Parteien endlich ob-
siegt. Erst ein Pullback zur Spitze der Formation mit anschließendem Kursrückgang gilt als Bestätigung des Signals.

Der Index oder das Handelsobjekt schwankt bis zur Entscheidung stark hin und her. Die Anleger werden permanent auf dem
falschen Fuß erwischt, da die Formation erst sehr spät erkannt
wird.

Erwartet man, dass es nach oben geht, dreht genau an dieser
Stelle die Börse nach unten. Auch das Umsatzverhalten bietet
kaum Hilfestellung. Die Nerven der Anleger werden bis aufs äu-
ßerste strapaziert. Hoffen und Bangen wechseln sich über einen
langen Zeitraum ab.

Abb. 59: Dow Jones Index mit Diamant

Im Dow Jones Index hat sich ein Diamant (Abbildung 59) gebildet. Es dauert zwei Jahre, bis der Diamant zu erkennen ist.
Ein Pullback bis über die Trendlinie vervollständigt das Signal.
Auch wenn der Diamant im Dow Jones bei kritischer Betrachtung nicht lehrbuchmäßig verläuft, stellt sich die Frage, ob es ein
Zufall ist, dass weltweit die Aktienmärkte zu diesem Zeitpunkt
einbrechen? Die Wall Street und damit speziell der Dow Jones
gilt als Weltleitbörse.

Divergierendes Dreieck (Broadening Top)

Das divergierende Dreieck wird auch als umgekehrtes Dreieck bezeichnet. Es besteht aus drei höheren Spitzen und zwei niedrigeren Korrekturtiefs innerhalb seiner Begrenzungen. Die Umsätze nehmen dabei zu. Das dritte Korrekturtief durchbricht normalerweise die untere Begrenzung. Das Broadening Top ist eine bärische Formation und tritt recht selten auf. Meistens jedoch am Ende von Bullenmärkten als Zeichen eines hektischen und unentschlossenen Marktes.

3.2 Fortsetzungsformationen

Dreieck

Es gibt symmetrische, aufsteigende, absteigende und divergierende Dreiecke. Das divergierende Dreieck haben wir bei den Umkehrformationen behandelt.

Symmetrisches Dreieck

Beim symmetrischen Dreieck nehmen die Umsätze ab, während die Kursbewegungen im Dreieck geringer werden. Die Kurse laufen nicht bis in die Spitze des Dreiecks hinein. Beim Durchbruch der Begrenzungslinie steigen die Umsätze deutlich an. Als Mindestkursziel dient der vertikale Abstand beider Geraden des Dreiecks an der Basis (gegenüber der Spitze).

Die Biotechnologieaktie Cephalon bildet im Herbst 2003 ein symmetrisches Dreieck (Abbildung 60). Gegen Jahresende bricht der Kurs unter hohen Umsätzen nach oben aus.

Aufsteigendes Dreieck

Das aufsteigende Dreieck ist eine Variante des symmetrischen Dreiecks. Es ist grundsätzlich eine bullische Formation. Die obere Trendlinie verläuft flach, während die untere aufwärts gerichtet ist. Die Umsätze innerhalb des Dreiecks sollten bei Kursbewegungen nach unten tendenziell abnehmen. Der Ausbruch erfolgt deutlich vor der Spitze des Dreiecks unter großen Umsätzen. Ge-

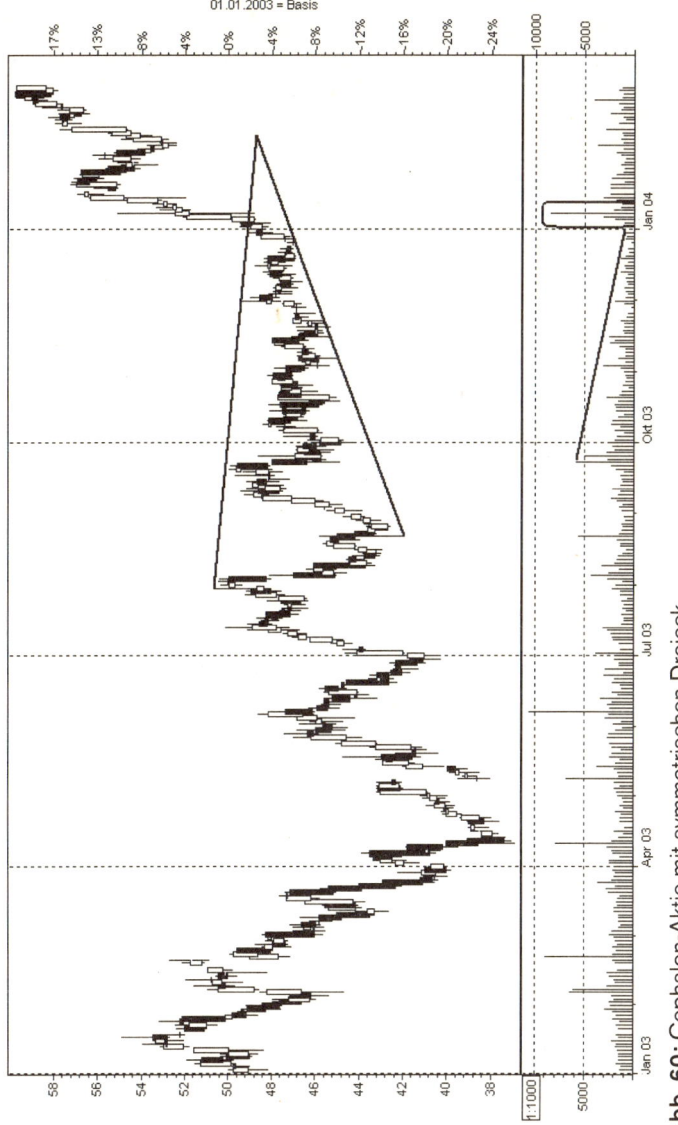

Abb. 60: Cephalon-Aktie mit symmetrischen Dreieck

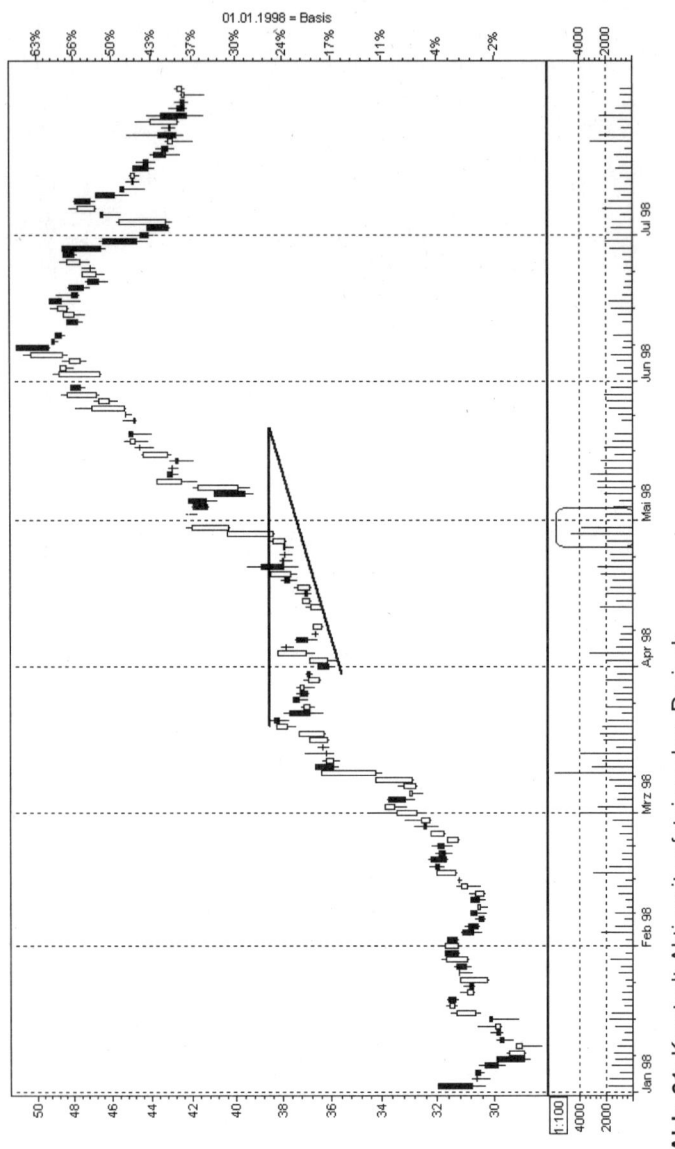

Abb. 61: Karstadt-Aktie mit aufsteigendem Dreieck

legentlich taucht das aufsteigende Dreieck auch als Bodenformation auf. Als mittelfristige Formation benötigt die Ausbildung etwa ein bis drei Monate.

Bei Karstadt bildet sich im April 1998 ein aufsteigendes Dreieck (Abbildung 61), das sich regelkonform nach oben auflöst.

Absteigendes Dreieck

Das absteigende Dreieck ist eine bärische Formation. Die Charakteristik ist analog zum aufsteigenden Dreieck.

Im Jahr 2002 bildet sich bei Karstadt ein absteigendes Dreieck (Abbildung 62, S. 76). Die Umsatzentwicklung ist nicht idealtypisch.

Flaggen und Wimpel

Hierbei handelt es sich um weit verbreitete tertiäre (bis zu drei Wochen Dauer) trendbestätigende Formationen. Voraussetzung ist eine scharfe vorherige Kursbewegung. Die Flagge (Abbildung 63, S. 77) sollte entgegen der Trendrichtung geneigt sein. Innerhalb der Formation nehmen die Umsätze ab. Beim Ausbruch steigen sie wieder stark an. Die vorangegangene Bewegung ist das Mindestkursziel.

Der Wimpel (Abbildung 64, S. 77) bei Novell verläuft nicht ganz lehrbuchmäßig. Schön zu sehen ist der Umsatzanstieg beim Kursausbruch.

Keile und Rechtecke

Die Rechteck-Formation (Abbildung 65, S. 78) wird auch als Trading Range bezeichnet. Die Kurse bewegen sich zwischen zwei parallelen waagerechten Geraden. Im Idealfall nehmen die Umsätze innerhalb der Formation bei einer Bewegung in Richtung des vorherigen Primärtrends zu. Ist das nicht der Fall oder tritt sogar das Gegenteil ein, so besteht die Gefahr einer Trendumkehr. Als mittelfristige Formation benötigt sie etwa ein bis drei Monate zur Vollendung.

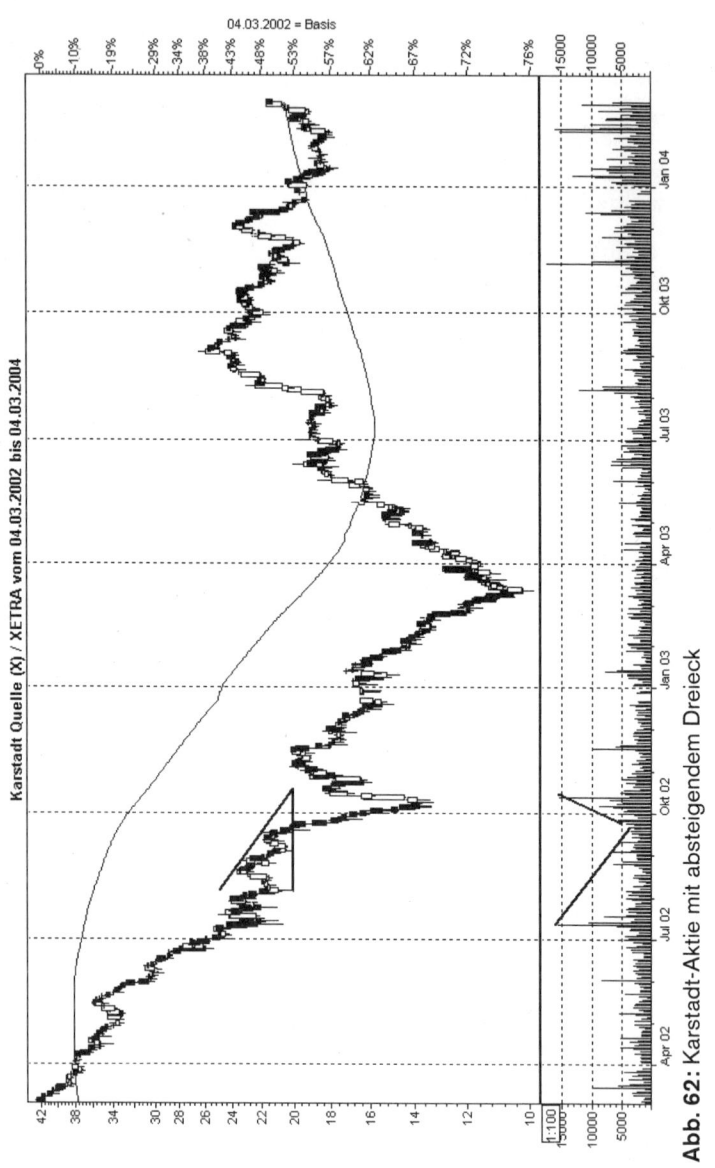

Abb. 62: Karstadt-Aktie mit absteigendem Dreieck

Abb. 63: Bayer-Aktie mit zwei bullischen Flaggen

Abb. 64: Novell-Aktie mit Wimpel

Abb. 65: General Electric schwankt ein halbes Jahr in einer Trading Range, die dann im August unter hohen Umsätzen trendbestätigend verlassen wird

Keile sind dem symmetrischen Dreieck hinsichtlich der Charakteristika sehr ähnlich. Der Unterschied besteht in der Neigung der Spitze. Ist die Spitze aufrecht gerichtet (Abbildung 66), so handelt es sich um ein bärisches Muster.

Abb. 66: Amazon-Aktie mit steigendem Keil (bärisch)

Ist sie dagegen nach unten geneigt (Abbildung 67 und Abbildung 68, S. 80), so liegt eine bullische Formation vor. Normalerweise treten Keile als Fortsetzungsformationen auf. Gelegentlich aber auch an langfristigen Wendepunkten der Märkte. Keile bilden sich innerhalb einer Zeitspanne von ein bis drei Monaten aus.

Abb. 67: Amazon-Aktie mit fallendem Keil (bullisch)

3.3 Kurslücken

Überraschende Nachrichten nach Börsenschluss fließen erst am nächsten Tag in die Kurse ein. Ist ein Trend besonders stark, eröffnet die Börse am nächsten Tag mit einer Kurslücke (Gap). Eine Kurslücke ist nur im Balken- oder im Kerzenchart erkennbar.

Im Chart muss das Tagestief bei einer Aufwärtslücke höher als das Tageshoch des Vortages. Die Handelsspanne darf sich somit nicht überschneiden. Bei einer Abwärtslücke ist es genau umgekehrt. Das aktuelle Tageshoch muss niedriger sein als der Tiefstkurs am Vortag. Es ist ein Bereich ohne Handel entstanden.

Aufwärtslücken werden als positiv angesehen, Abwärtslücken dagegen negativ. Eine Kurslücke unterhalb der Kursentwicklung

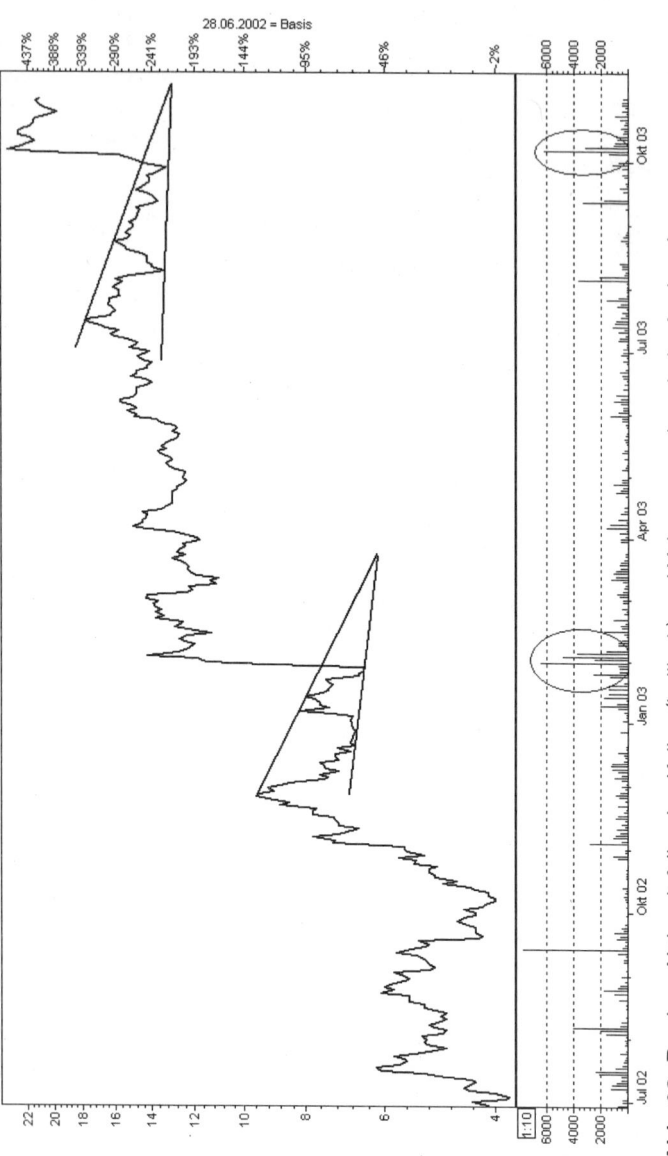

Abb. 68: Rambus-Aktie mit fallenden Keilen (bullisch) und Volumenzunahme beim Ausbruch

dient allgemein als Unterstützung in einem Aufwärtstrend. In einem Abwärtstrend gilt eine Lücke darüber als Widerstand. Häufig wird die These vertreten, dass Kurslücken wieder geschlossen werden. Mal abgesehen von der Frage nach dem „wann", trifft das in der Realität nicht zu.

Je nach Trendphase können unterschiedliche Arten von Kurslücken beobachtet werden: Ausbruchslücke (breakaway gap), Fortsetzungslücke (measuring gap) und die Erschöpfungslücke (exhaustion gap).

Ausbruchslücken sind normalerweise mit steigenden Umsätzen verbunden. Je höher die Umsätze, umso seltener werden diese Art von Lücken wieder geschlossen. Fortsetzungslücken treten mitten in einer Trendbewegung auf. Bei einem Aufwärtstrend sind sie ein Zeichen von Stärke. In einem Abwärtstrend ein Schwächesignal.

Häufig treten Fortsetzungslücken auf der Hälfte der Bewegung auf. Sie werden dann auch als Measuring Gap bezeichnet (in Anlehnung an die Kursprognose mittels der Technik des Measuring Move).

Die Erschöpfungslücke kennzeichnet das nahende Ende einer Marktbewegung. Sie ist das fehlende Glied bei einer Trendbewegung, in der bereits Fortsetzungslücken auf eine Ausbruchslücke gefolgt sind.

Der krönende Abschluss ist die Inselumkehr (island top bzw. island bottom). Sie ist eine Umkehrformation, die durch eine Aufwärts- (Erschöpfungs-) und Abwärtslücke (Ausbruchslücke) gebildet wird.

Die Kurse tendieren zunächst in einer Seitwärtsphase und lassen die Formation wie eine Insel erscheinen. Eine Inselumkehr tritt bevorzugt an Extrempunkten auf. Man sollte auf sie achten, denn sie markiert oft ein Allzeit-Hoch oder -Tief.

Der Chart der Deutschen Telekom (Abbildung 69, S. 82) ist eine Fundgrube für Kurslöcher (Gaps). Nicht alle sind in der Abbildung markiert bzw. betitelt. Finden Sie weitere Lücken? Wie sind diese einzuordnen? Eine markante Schulter-Kopf-Schulter-Formation kann bei genauer Analyse ebenfalls identifiziert werden.

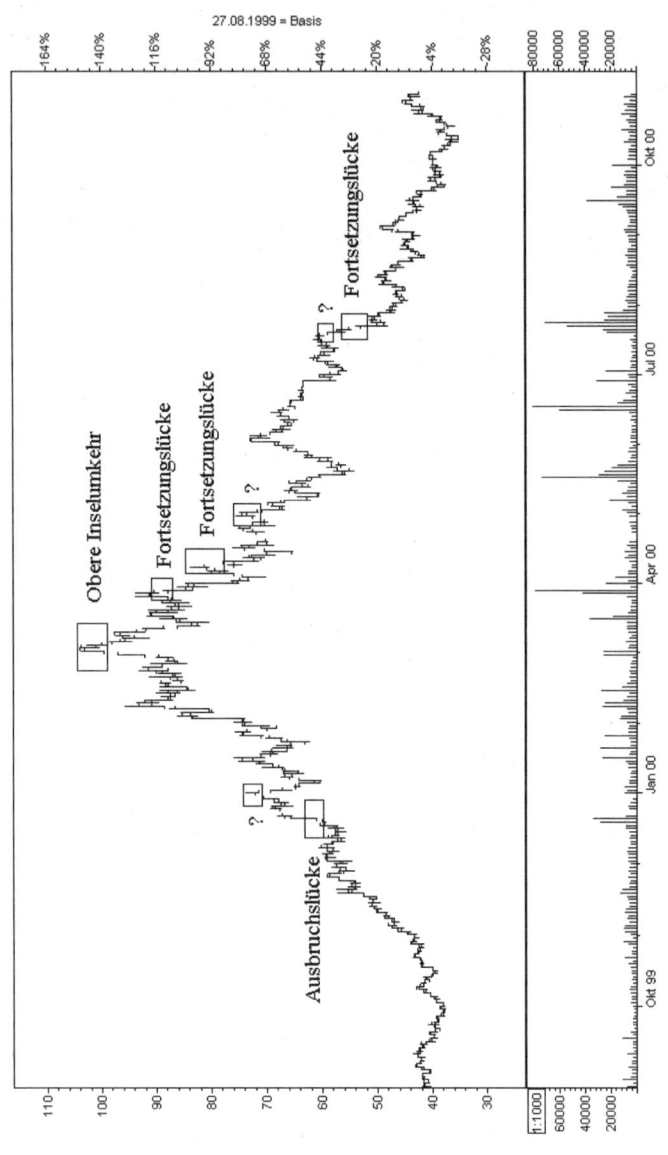

Abb. 69: Deutsche Telekom-Aktie mit Kurslücken

4. Gleitende Durchschnitte

4.1 Einfach, gewichtet oder exponentiell?

Der gleitende Durchschnitt ist eines der ältesten und am häufigsten benutzte Instrument der technischen Analyse. Da er so leicht angewendet werden kann, bildet er die Basis für viele Trendfolgesysteme. Er bietet dem Trader die Möglichkeit, größere Bewegungen zu nutzen. Er folgt dem Trend und funktioniert daher am besten in Trendmärkten.

Der elementarste Durchschnitt ist der einfache gleitende Durchschnitt. Gleitend bedeutet, dass bei einem 200-Tage-Durchschnitt alle Kurse der letzten 200 Tage in die Berechnung einfließen. Aus dieser Datenmenge wird dann das arithmetische Mittel genommen. Bei der Variante des linear gewichteten gleitenden Durchschnitts werden die aktuelleren Kurse höher gewichtet. Dahinter steht die Überlegung, dass die jüngeren Kursveränderungen wichtiger sind als die älteren.

Der exponentiell geglättete gleitende Durchschnitt weist den jüngeren Kursen ebenfalls ein größeres Gewicht zu und ist somit ein Spezialfall des gewichteten gleitenden Durchschnitts. Jedes Gewicht ist exponentiell geringer als das vorhergehende. Einer der bekanntesten exponentiell gleitenden Durchschnitte ist der MACD-Oszillator, den ich an anderer Stelle noch vorstelle.

Der einfache gleitende Durchschnitt ist am weitesten verbreitet. Da die anderen Varianten nicht nachweisbar besser funktionieren, verwende ich am liebsten den einfach gleitenden Durchschnitt. Worin liegt der Nutzen in der Anwendung gleitender Durchschnitte?

• Der gleitende Durchschnitt folgt dem vorherrschenden Trend. Je länger ein Trend in Kraft bleibt, umso besser funktioniert ein langfristiger Durchschnitt. Ein kürzerer Durchschnitt ist besser, wenn sich ein Trend im Umkehrprozess befindet. Es ist sinnvoll, zwei oder drei gleitende Durchschnitte mit unterschiedlicher Länge zu benutzen.

In Abbildung 70 zeigt der 200-Tage-Durchschnitt sehr schön den langfristigen Trend der Deutschen Telekom. Der mittelfristige 50-Tage-Durchschnitt reagiert dagegen wesentlich schneller als der 200-Tage-Durchschnitt. In Seitwärtsphasen (Rechtecke) fluktuieren die Schlusskurse heftig um den 50-Tage-Durchschnitt. Damit gibt er dem Trader wichtige Hinweise: Bildet sich ein neuer langfristiger Trend oder wird der alte wieder aufgenommen?

Nach dem Allzeit-Hoch im Jahre 2000 dreht der 50-Tage-Durchschnitt schon stark nach unten, während der 200-Tage-Durchschnitt erst in der zweiten Jahreshälfte fällt. Spätestens die folgende Überkreuzung beider Durchschnitte sind ein markantes Bärensignal! Im Jahre 2003 deuten beide Durchschnitte erstmalig wieder auf einen langfristigen Trendwechsel nach oben hin.

- Die Verwendung von gleitenden Durchschnitten als Unterstützungs- bzw. Widerstandszone. Eine Schlussnotierung oberhalb eines steigenden gleitenden Durchschnitts wäre bullisch, unterhalb eines fallenden gleitenden Durchschnitts bärisch.

- Der Steigungsgrad ist ein Hinweis auf die Trendintensität. Wenn ein gleitender Durchschnitt nach einer steilen Aufwärtsbewegung abflacht, kann das ein Warnsignal für fallende Kurse sein.

- Die Verwendung mehrerer gleitender Durchschnitte zum Traden. Man kann einen kurzfristigen und einen langfristigen gleitenden Durchschnitt miteinander kombinieren. Wenn der Kurzfristige über den Langfristigen steigt, hat der Trend nach oben gedreht. Im Idealfall steigen beide gleichzeitig an. Ein bullisches Zeichen. Fällt dagegen der Kürzere unter den langfristigen Durchschnitt, so deutet sich ein Bärensignal an.

Die Kreuzungen des 200-Tage-Durchschnitts mit dem 50-Tage-Durchschnitt liefern gute Signale bei Check Point Software (Abbildung 71, S. 86). Dennoch, die Austrittsstrategie sollte unbedingt verfeinert werden.

Bei dem Biotechnologie-Giganten Amgen (Abbildung 72, S. 87) leistet die Kombination des 200-Tage-Durchschnitts mit dem 50-Tage-Durchschnitt ebenfalls gute Dienste.

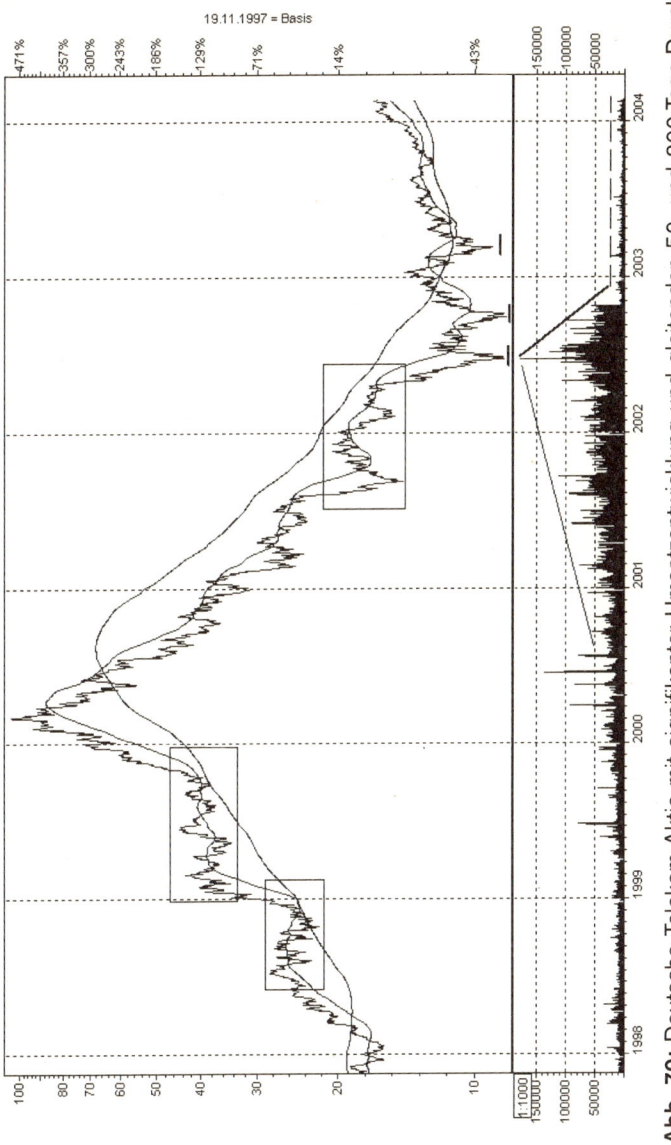

Abb. 70: Deutsche Telekom-Aktie mit signifikanter Umsatzentwicklung und gleitenden 50- und 200-Tage-Durchschnitten

4. Gleitende Durchschnitte

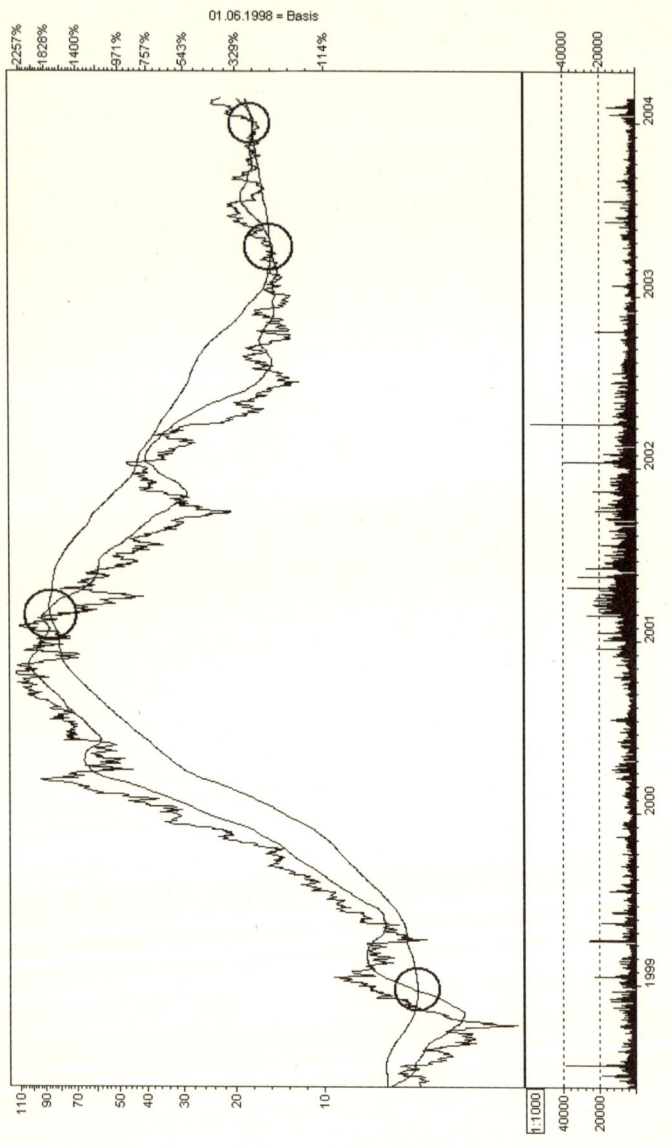

Abb. 71: Check Point-Aktie mit Kreuzungen des 200- und 50-Tage-Durchschnitts

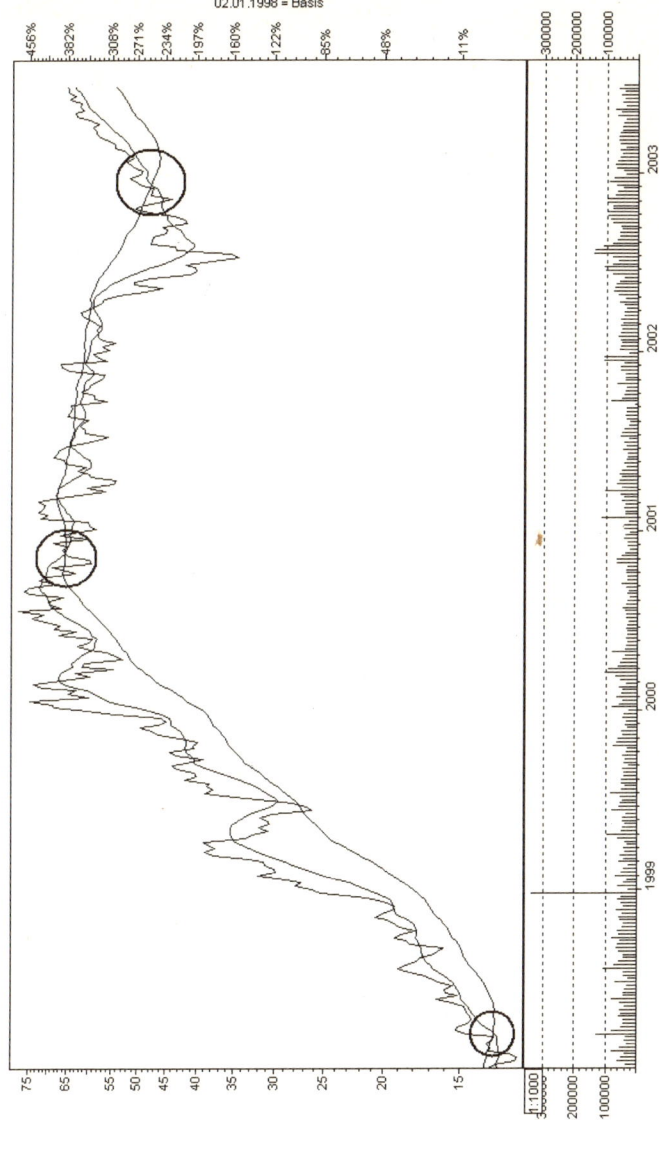

Abb. 72: Amgen-Aktie mit Kreuzungen des 200- und 50-Tage-Durchschnitts

- Umgibt man den gleitenden Durchschnitt mit Bändern, die in einem festen prozentualen Abstand zum Durchschnitt verlaufen, so erhöht sich die Aussagekraft. Solche Prozentbänder oder Envelopes zeigen an, wann sich die Kurse zu weit von ihrem gleitenden Durchschnitt entfernt haben. Trader halten nach solchen Überdehnungen Ausschau und spekulieren darauf, dass sich die Kurse wieder zum Durchschnitt hin bewegen.
Der Einsatz von Prozentbändern (Abbildung 73) offenbart starke Abweichungen vom Durchschnitt. Ein großer Teil der Kursbewegungen der Aktie Bed, Bath & Beyond lässt sich mit einem 25%-Band um den 200-Tage-Durchschnitt einfangen.

- Am Aktienmarkt werden häufig 38-Tage, 50-Tage und 200-Tage gleitende Durchschnitte verwendet. In Kombination haben sich 4- und 9-Tage, 9- und 18-Tage, 5- und 20-Tage, 50- und 200-Tage als Standard bewährt.

4.2 Prozentbänder und Bollinger Bänder

Ähnlich wie bei den Envelopes werden bei Bollinger Bändern zwei Trading Bänder um den gleitenden Durchschnitt gelegt. Der große Unterschied besteht darin, dass die Bollinger Bänder zwei Standardabweichungen oberhalb und unterhalb des gleitenden Durchschnitts verlaufen.

Standardmäßig wird ein gleitender 20-Tage Durchschnitt als Mittelband verwendet. Die Standardabweichung gewährleistet, dass theoretisch 95 Prozent aller Kurse innerhalb der Bänder eingefangen werden. In der Praxis sind es aus methodischen Gründen eher 90 Prozent. Andere Einstellungen sind möglich. Experimentieren Sie einmal mit der 2,5fachen Standardabweichung beim Gold oder Amex Gold Index.

Die Kurse werden als überkauft angesehen, wenn sie das obere Band berühren. Sie gelten als überverkauft, wenn sie das untere Band berühren.

In Verbindung mit anderen Indikatoren können überkaufte Situationen auch als Zeichen der Stärke bestätigt werden. Ein Kursrücksetzer bleibt dann aus. Trotz überkaufter Situation be-

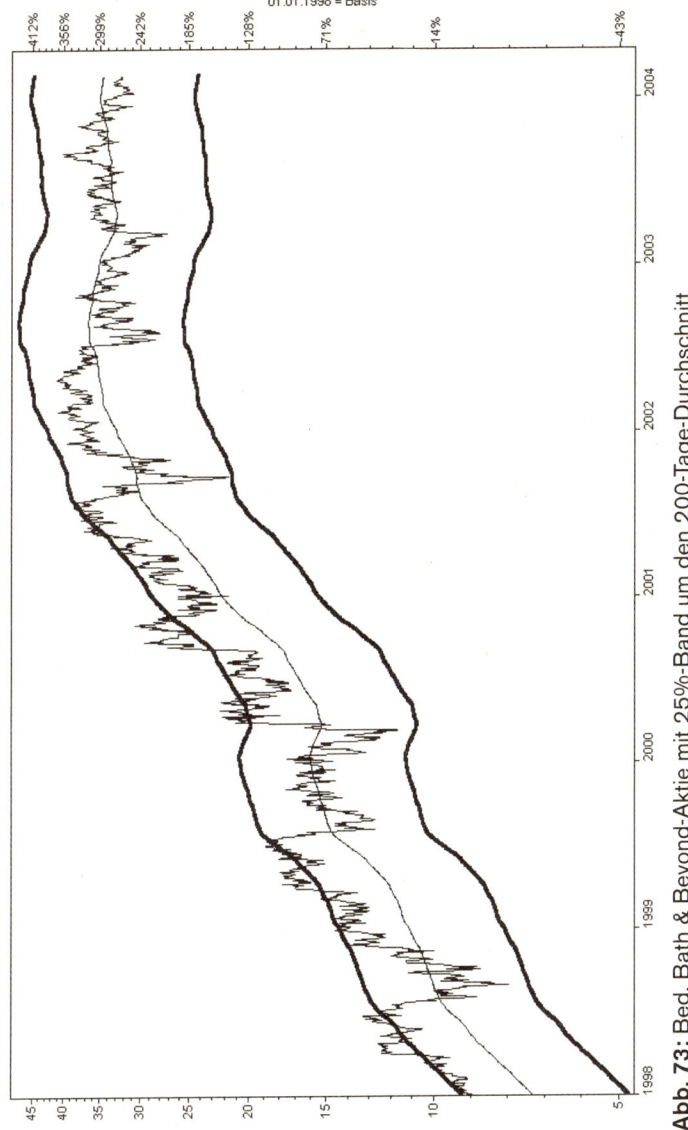

01.01.1998 = Basis

Abb. 73: Bed, Bath & Beyond-Aktie mit 25%-Band um den 200-Tage-Durchschnitt

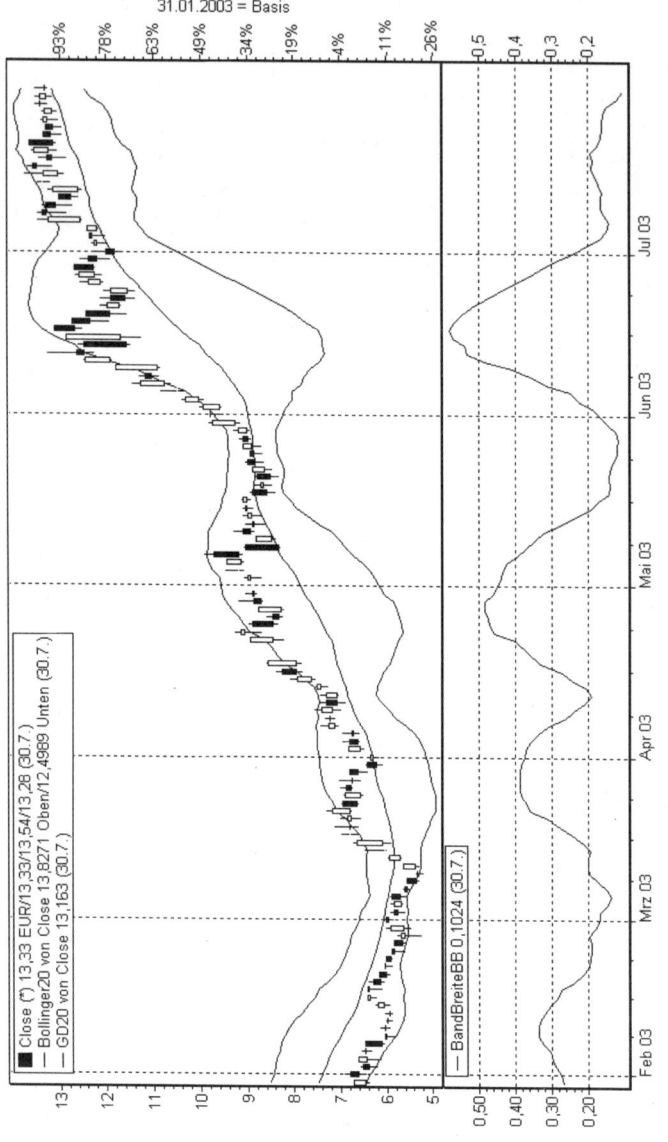

Abb. 74: Commerzbank-Aktie und Bollinger-Bänder

wegen sich die Kurse entlang des oberen Bollinger Bandes. Im umgekehrten Fall ist die Interpretation analog.

Im oberen Teil des Commerzbank-Charts (Abbildung 74) ist die Wellenbewegung der Bollinger Bänder entlang der Kurse gut zu sehen. Verengungen und Ausweitungen als Hinweis auf Trend-veränderungen sind klar erkennbar. Zur Verdeutlichung wird im unteren Teil der Abstand der Bänder zueinander abgetragen. Es wechseln sich enge und weite Phasen als Ausdruck der Volatili-tät ab. Trader nutzen solche Volatilitätsausbrüche für Spekulati-onszwecke. Das 20-Tage-Mittelband bildet seit Mitte März eine solide Unterstützung für den etablierten Aufwärtstrend.

Ein Durchkreuzen des Mittelbandes warnt vor einem Trend-wechsel. Wenn die Bänder ungewöhnlich weit voneinander ent-fernt sind, ist das ein Indiz für einen zu Ende gehenden Trend. Im Anschluss daran verlaufen die Bänder meist sehr eng, bis sie sich wieder bei einem Ausbruch voneinander entfernen. Enge Bänder sind ein Hinweis darauf, dass bald ein neuer Trend beginnt.

Bollinger Bänder berücksichtigen die Volatilität des Marktes. In einer Phase hoher Volatilität sind sie weit voneinander ent-fernt, während sie sich in einer Phase sinkender Volatilität annä-hern. Die Erfahrung lehrt, dass nach einer „Phase der Ruhe" im-mer eine „explosive Phase" mit steigender Volatilität folgt.

Bollinger Bänder sind ein vielseitiges technisches Hilfsmittel. In Kombination mit Oszillatoren steigert sich deren Aussage-kraft. Bollinger Bänder können zur Normierung anderer Indika-toren verwendet werden. So lassen sich Grenzwerte dynamisch gestalten. Mehr dazu im folgenden Kapitel über Oszillatoren.

5. Oszillatoren

Im Gegensatz zur subjektiven Chartanalyse basieren Oszillatoren auf mathematischen Modellen. Sie sind als sekundärer Indikator eine hervorragende Ergänzung der klassischen Trendanalyse. Sekundär bedeutet, dass die Analyse des übergeordneten Trends Vorrang hat.

Gegen Ende eines bedeutenden Trends sind Oszillatoren sehr wertvoll. Am Anfang eines noch jungen Trends dagegen weniger. Es sollte immer in Richtung des übergeordneten charttechnischen Trends gehandelt werden.

Das Hauptanwendungsgebiet für Oszillatoren ist die Analyse von Extremsituationen, Bestätigungen und Divergenzen:

(1) Extreme Werte von Oszillatoren geben Hinweise auf einen durch Käufe bzw. Verkäufe überlasteten Markt. Ein überlasteter Markt ist anfällig für Korrekturen.

(2) Durch einen Verlauf in Trendrichtung können Oszillatoren eine Kursveränderung bestätigen und die Geschwindigkeit der Kursdynamik quantifizieren. Ein Abflachen des Schwunges ist eine Warnung für eine abnehmende Kursbewegung.

(3) Als Divergenzindikator können frühzeitig Umkehrsignale identifiziert werden. Eine positive (bullische) Divergenz entsteht, wenn die Kurse neue Tiefstände markieren, der Oszillator dagegen nicht. Eine negative (bärische) Divergenz verhält sich genau umgekehrt. Die Kurse erreichen neue Höchststände, der Oszillator hingegen nicht. Wenn Kurse und Oszillator deutlich auseinander laufen, liegt eine besonders aussagekräftige Divergenz vor.

Von den zahlreichen Oszillatoren betrachten wir das Momentum, die Stochastik, den Moving Average Convergence/Divergence-Indikator, den Relative-Stärke-Index nach Wilder, das Directional Movement und den Parabolic SAR. Der Parabolic SAR ist zwar kein Oszillator im engeren Sinne, dennoch soll er im Zusammenhang mit dem Directional Movement-Indikator kurz vorgestellt werden.

5.1 Momentum

Das Momentum (MOM) misst die Steigung eines Trends und ermittelt so die Kraft einer Kursbewegung. Durch seine mathematische Konstruktion läuft es der Kursbewegung voraus.

Vom aktuellen Kurs wird der Kurs von vor einigen Tagen abgezogen. Der Indikatorverlauf schwankt damit um die Nulllinie. Neue Trends, die sich häufig durch große Kursbewegungen ankündigen, führen zu starken Bewegungen des MOM. Im Laufe eines Trends lässt die Dynamik nach und damit auch der absolute Wert des MOM.

Auf diese Weise zeigt das MOM die Verlangsamung oder Beschleunigung im vorherrschenden Abwärts- oder Aufwärtstrend an. In Abbildung 75 verdeutlicht das 20-Tage-Momentum die Kursdynamik der IDS Scheer-Aktie.

Ein MOM im negativen Bereich (im Chart unter 100) deutet auf einen Abwärtstrend hin. Fällt das MOM weiter, so nimmt die Kraft der Abwärtsbewegung zu. Ein steigendes MOM unterhalb der Nulllinie deutet auf eine Schwächung des Abwärtstrends hin.

Damit liegen erste Hinweise auf einen Trendwechsel vor. Ein positives MOM zeigt einen Aufwärtstrend an. Steigt es im positiven Bereich, so nimmt die Dynamik der Aufwärtsbewegung zu. Fällt das MOM (im positiven Bereich), könnte der Aufwärtstrend bald dem Ende zugehen.

Der Durchbruch der Mittelpunktlinie (100er Linie) von unten nach oben ist ein klassisches Kaufsignal, von oben nach unten ein Verkaufsignal. Es soll an dieser Stelle noch einmal auf die Wichtigkeit des Tradings in Richtung des übergeordneten Trends hingewiesen werden. Das gilt grundsätzlich für alle Oszillatoren! Die klassischen Signale des Oszillators sollten also nur dann befolgt werden, wenn sie mit dem grundlegenden Trend übereinstimmen.

Betrachten Sie die historischen Extrempunkte des MOM auf dem Chart. Verwenden Sie diese als Anhaltspunkte, um überkaufte bzw. überverkaufte Situationen zu ermitteln, die anfällig für Korrekturen sind.

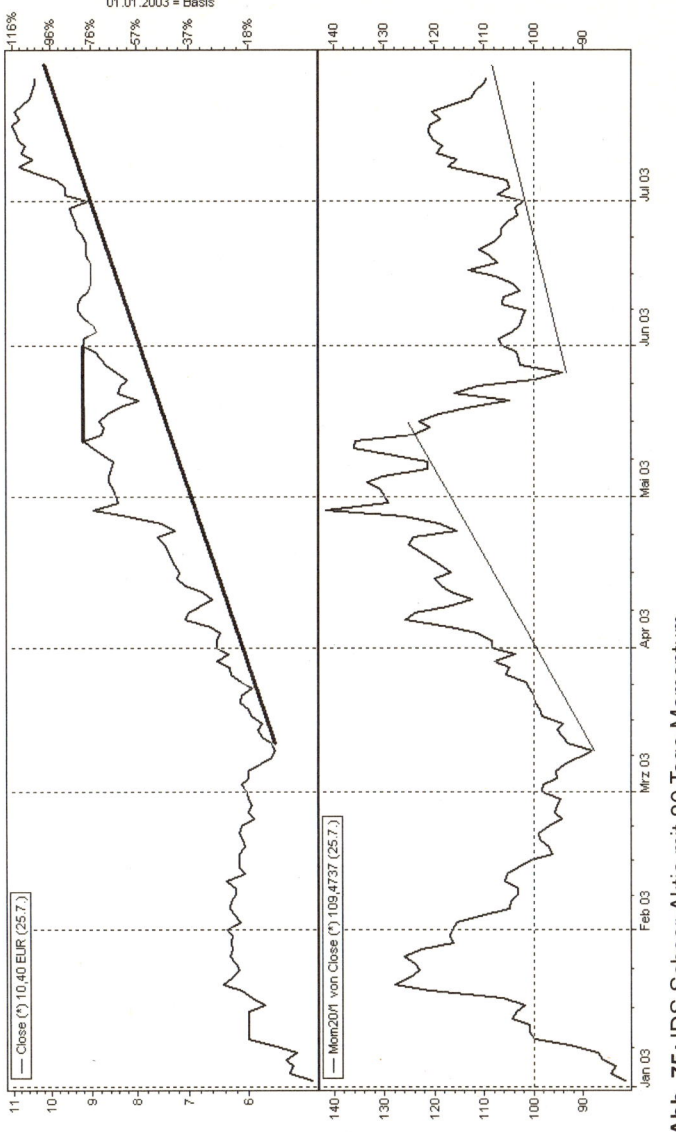

01.01.2003 = Basis

— Close (*) 10,40 EUR (25.7.)

— Mom20/1 von Close (*) 109,4737 (25.7.)

Abb. 75: IDS Scheer-Aktie mit 20-Tage-Momentum

95

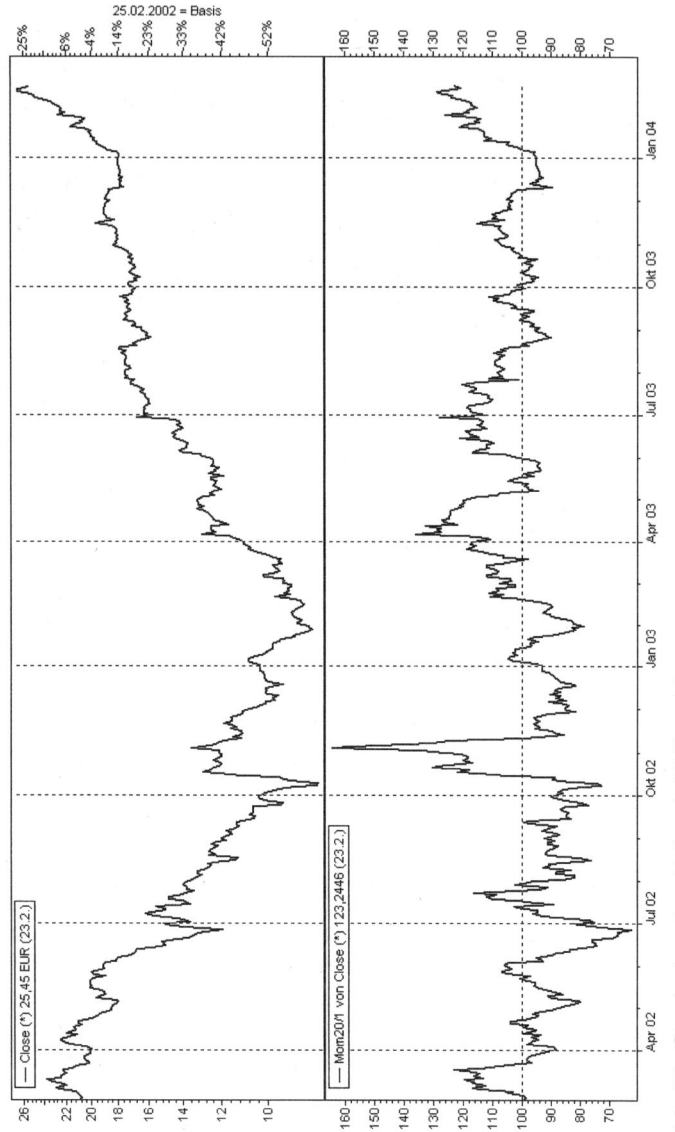

Abb. 76: Grenke-Leasing-Aktie mit 20-Tage-Momentum

Das 20-Tage-Momentum auf einem 2-Jahres-Chart zeigt Abbildung 76: Extremzonen können so besser identifiziert werden.

5.2 Stochastik-Oszillator

Der Stochastik-Oszillator (Abbildung 77, S. 98) ist ein weiterer populärer Indikator. Die Stochastik beruht auf der Annahme, dass in einem Aufwärtstrend die täglichen Schlusskurse eher beim Höchstkurs des Tages liegen, während in einem Abwärtstrend die Schlusskurse näher beim Tiefstkurs liegen. Eine Trendumkehr wird dadurch identifiziert, dass sich die Schlusskurse immer mehr in die entgegengesetzte Richtung bewegen. Schließt der Wert auf Tageshoch bzw. -tief, ist der Trend vorbei.

Die Fast Stochastik basiert auf zwei Linien, der %K- und der %D-Linie. Die %D-Linie ist dabei ein 3-Perioden gleitender Durchschnitt der %K-Linie. Die %D-Linie generiert die Signale. Beide Linien schwanken zwischen Null und Hundert. Durch Anwendung eines weiteren 3-Perioden-Durchschnitts wird die Fast Stochastik zur Slow Stochastik transformiert. Diese ist zuverlässiger für Tradingsignale.

Ein Wert von Null zeigt an, dass der aktuelle Schlusskurs der niedrigste Kurs im Betrachtungszeitraum ist, umgekehrt zeigt ein Wert von Hundert an, dass der Schlusskurs dem höchsten Wert entspricht. Werte in der Nähe der Maximums zeigen überkaufte Situationen an, Werte in der Nähe des Minimums dagegen überverkaufte Situationen. Ein Schnitt der oberen Extremlinie (in der Regel bei 80 %) von oben nach unten gibt ein Verkaufsignal, ein Schnitt der unteren Extremlinie (in der Regel bei 20 %) von unten nach oben liefert ein Kaufsignal. Die Zuverlässigkeit des Oszillators steigt, wenn sich beide Linien in den Extremzonen regelkonform kreuzen und damit das Signal bestätigen.

5.3 Moving Average Convergence/Divergence-Indikator

Der Moving Average Convergence/Divergence-Indikator (kurz MACD) ist ein Spezialfall unter den Oszillatoren, da er auch trendfolgende Charakteristika enthält. Durch diese Besonderheit

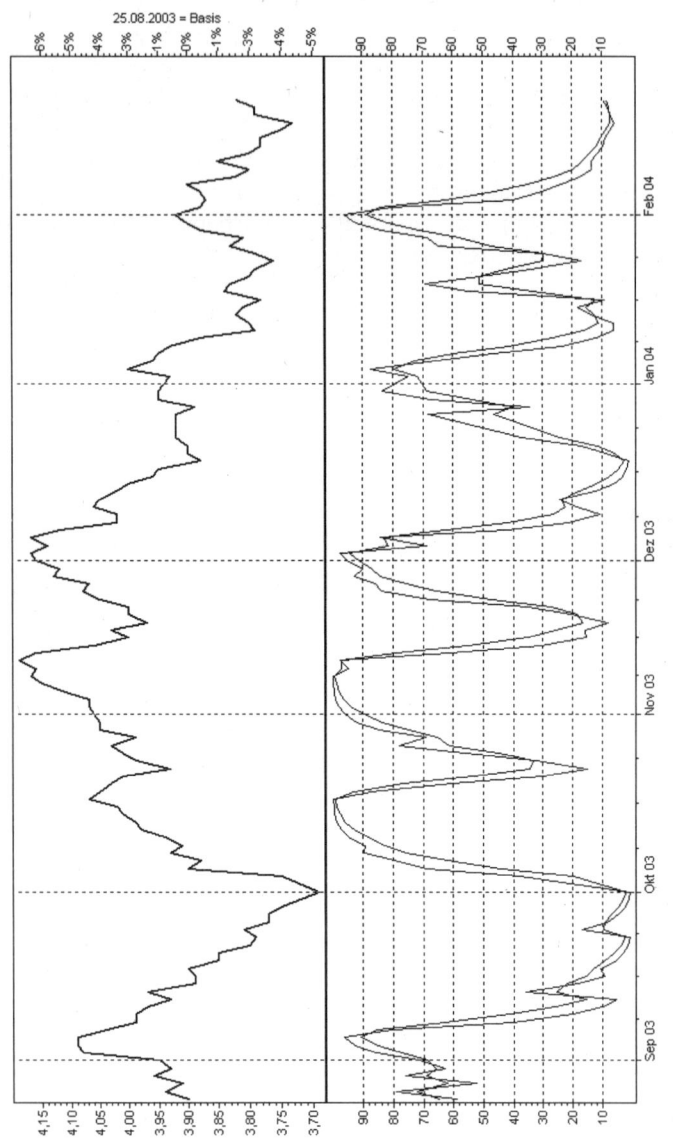

Abb. 77: Slow Stochastik und Umlaufrendite auf Wochenbasis.

kann der MACD in nahezu jeder Marktlage verwendet werden. Er wird aus drei exponentiell geglätteten Durchschnitten berechnet, obwohl im Chart nur zwei Linien zu sehen sind: Die MACD-Linie als Differenz zwischen zwei exponentiell geglätteten gleitenden Durchschnitten (12 und 26 Tage oder Wochen) und die Signallinie (Trigger). Der Trigger ist ein exponentiell geglätteter 9-Perioden-Durchschnitt der MACD-Linie.

In Abbildung 78 (S. 100) bestätigt der MACD auf Tagesbasis den Aufwärtstrend des H-Dax-Index. Die Kreuzungssignale des MACD sind umso besser, je weiter sie von der Nulllinie entfernt sind.

Der Verlauf schwankt um die Nulllinie. Ein Wert oberhalb der Nulllinie zeigt an, dass der kurze gleitende Durchschnitt oberhalb des langen gleitenden Durchschnitts liegt, ein Wert unterhalb der Nulllinie drückt das genaue Gegenteil aus. Die besten Verkaufsignale werden oberhalb der Nulllinie gegeben, die besten Kaufsignale unterhalb. Die Signale sind umso zuverlässiger, je weiter die MACD von der Nulllinie entfernt ist. Er befindet sich dann im überkauften bzw. überverkauften Bereich.

Noch erfolgreicher ist das Signal, wenn die MACD-Linie den Trigger zusätzlich regelkonform kreuzt. Ein Schnitt der MACD-Linie mit dem Trigger von unten nach oben erzeugt ein Kaufsignal, ein Schnitt von oben nach unten ein Verkaufsignal.

Steigt der MACD, befindet sich der Wert im Aufwärtstrend, fällt er, liegt der Wert im Abwärtstrend. Divergenzen können durch das Zeichnen von Trendlinien herausgearbeitet werden. Dabei sollten markante Extrempunkte der MACD-Linie verbunden werden. Steigt die MACD-Linie weit unterhalb der Nulllinie (überverkaufter Bereich) an und durchkreuzt den Trigger von unten nach oben, während die Kurse noch fallen, so liegt eine bullische Divergenz vor. In diesem Fall ist mit einer baldigen Trendumkehr der Kurse nach oben zu rechnen. Die umgekehrte Konstellation ist bärisch.

Eine besondere Form der Darstellung ist das MACD-Histogramm. Es verdeutlicht die Differenz der zwei exponentiell geglätteten Durchschnitte. Überschneidungen mit der Nulllinie korrespondieren mit den klassischen Kreuzungssignalen der MACD-

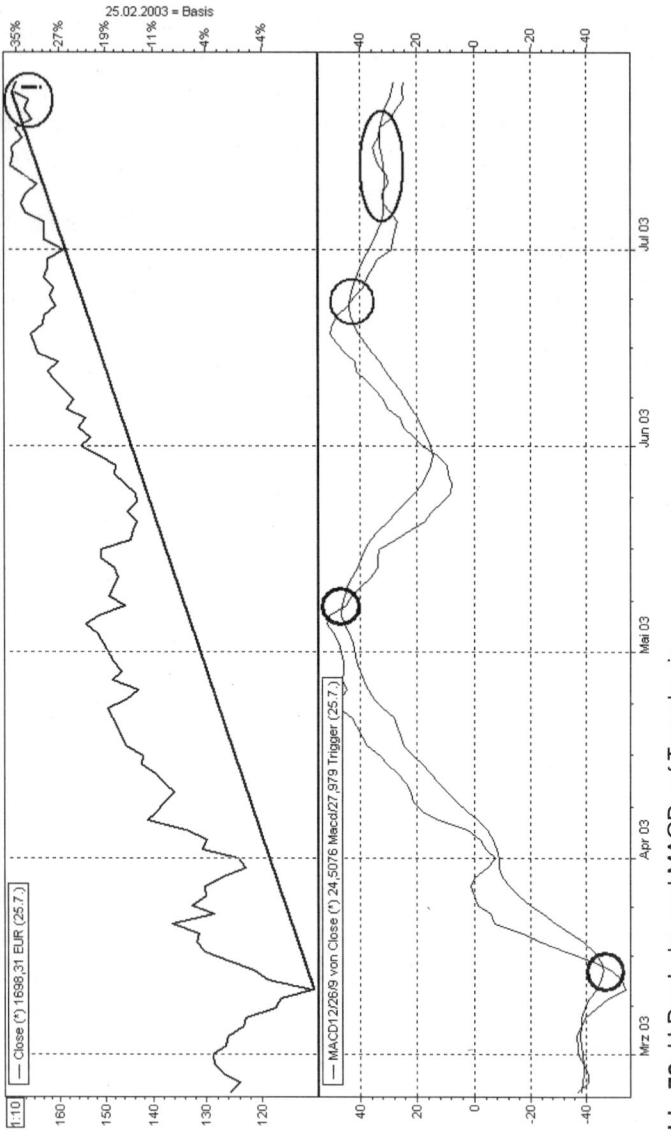

Abb. 78: H-Dax-Index und MACD auf Tagesbasis

Linie und dem Trigger. Ist das Histogramm positiv und fällt in Richtung seiner Nulllinie, so schwächt sich der Aufwärtstrend ab. Steigt das negative Histogramm von unten nach oben, so verliert der Abwärtstrend an Dynamik. Darin liegt der zusätzliche Nutzen des MACD-Histogramms (Abbildung 79, S. 102) begründet. Schon vor den eigentlichen Kreuzungssignalen (MACD-Linie und Trigger) gibt es Warnhinweise.

Um bei der MACD-Analyse nicht versehentlich gegen den vorherrschenden Trend zu handeln, sollte ein Tagessignal nur dann befolgt werden, wenn es auf Wochenbasis bestätigt wird und die klassische Chartanalyse dem nicht entgegensteht. Betrachten Sie dazu die beiden Charts von Bilfinger und Berger. Angenommen, man würde jede Kreuzung des MACD (Abbildung 80 auf Tagesbasis, S. 103) mit seinem Trigger handeln. Zunächst schmälern die häufigen Umschichtungen (Transaktionskosten!) den potenziellen Gewinn. Mehrere Fehlsignale und nur kleine Gewinne je Trade tun ihr Übriges. Ein insgesamt sehr unbefriedigendes Ergebnis.

Wie kann die Performance gesteigert werden? Der erfahrene Trader wird die Schwachstellen schnell erkennen:

(1) Es werden keine weiteren technischen Analyseinstrumente angewendet.

(2) Überkreuzungen in der Nähe der Nulllinie liefern keine guten Handelssignale. Regelkonforme Kauf- bzw. Verkaufssignale in den Extremzonen sind zuverlässiger.

(3) Der vorherrschende Primärtrend wird nicht berücksichtigt.

Die Kritikpunkte eins und zwei sind selbsterklärend. Konzentrieren wir uns auf die dritte Schwachstelle: Der vorherrschende Trend muss berücksichtigt werden. Dazu verwenden wir jetzt zusätzlich den MACD auf Wochenbasis (Abbildung 81, S. 105) und ändern die Tradingregel wie folgt:

Der MACD auf Wochenbasis wird als Filter für den MACD auf Tagesbasis verwendet. Es werden auf Tagesbasis nur die Signale berücksichtigt, die der MACD auf Wochenbasis bestätigt. Damit sind nicht nur die Kreuzungspunkte gemeint, sondern auch der Zeitraum danach bis zum nächsten Signal.

5. Oszillatoren

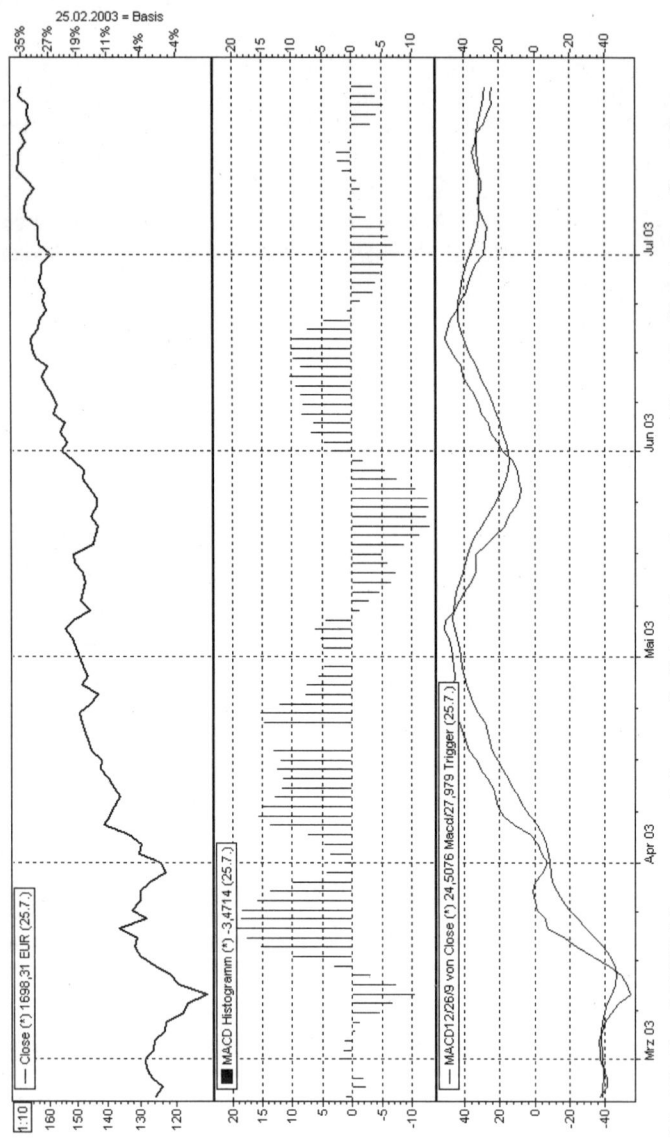

Abb. 79: Das MACD-Histogramm liefert zusätzliche Informationen gegenüber der klassischen Darstellung

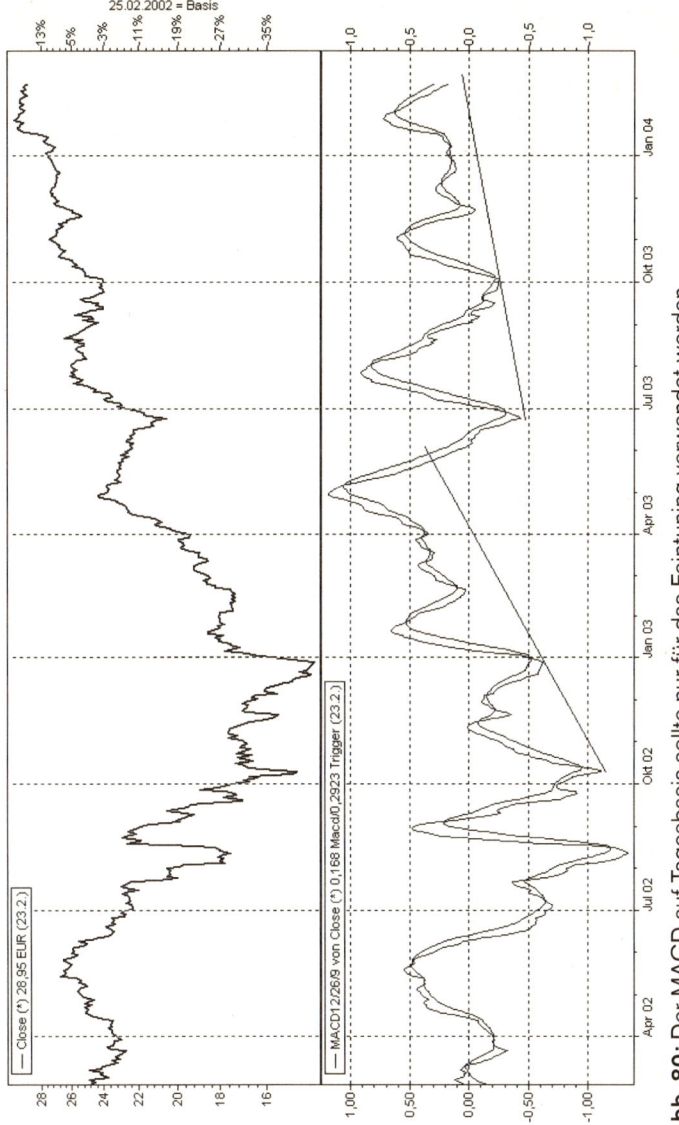

Abb. 80: Der MACD auf Tagesbasis sollte nur für das Feintuning verwendet werden

In Abbildung 81 gibt der MACD auf Wochenbasis den Trend vor und dient als Filter für den MACD auf Tagesbasis. Während des Zeitraums vom linken bis zum mittleren Kreis werden auf Tagesbasis nur MACD-Verkaufssignale akzeptiert; ab dem mittleren Kreis bis zum rechten Kreis nur MACD-Kaufsignale auf Tagesbasis.

So werden ab Januar 2003 (Kaufsignal auf Wochenbasis) bis Ende Juni 2003 nur noch Kaufsignale auf Tagesbasis akzeptiert und Verkaufssignale auf Tagesbasis ignoriert. Der Trader hätte damit seit Januar 2003 die gesamte Aufwärtsbewegung der Bilfinger & Berger-Aktie ohne kurzfristige Umschichtungen mitnehmen können.

Jedes Verkaufssignal auf Tagesbasis wurde aufgrund des Wochenfilters ignoriert. Neue Kaufsignale auf Tagesbasis konnten sogar zur Aufstockung der Position genutzt werden. Auf den gesamten Zeitraum angewendet, führt diese einfache Variante bereits zu einer deutlichen Gewinnsteigerung!

5.4 Relative-Stärke-Index

Der Relative-Stärke-Index (RSI) nach Wilder ist nicht mit der relativen Stärke einer Aktie in Bezug auf einen anderen Titel oder Index zu verwechseln. Der RSI (Abbildung 82 auf Tagesbasis, S. 106) misst die innere Stärke eines Wertpapiers zu sich selbst anhand der Relationen zwischen den Auf- und Abwärtsbewegungen der Tageskurse. Er löst das Problem der erratischen Schwankungen beim Momentum und gibt eine feste Bandbreite zwischen Null und Hundert vor.

Erreicht der RSI seinen Minimalwert von Null, so hat das Wertpapier keine innere Stärke. Die Kurse sind im Betrachtungszeitraum ausschließlich gefallen. Ein Wert von Hundert bedeutet, dass die Kurse nur gestiegen sind. Die Grenzwerte liegen bei 70 % und 30 %. Stände unterhalb von 30 % deuten auf einen überverkauften Titel hin, Werte über 70 % auf einen überkauften.

An solchen Punkten ist mit einer Gegenreaktion zu rechnen. Ein Signal wird erst erzeugt, wenn der Indikator den Extrembe-

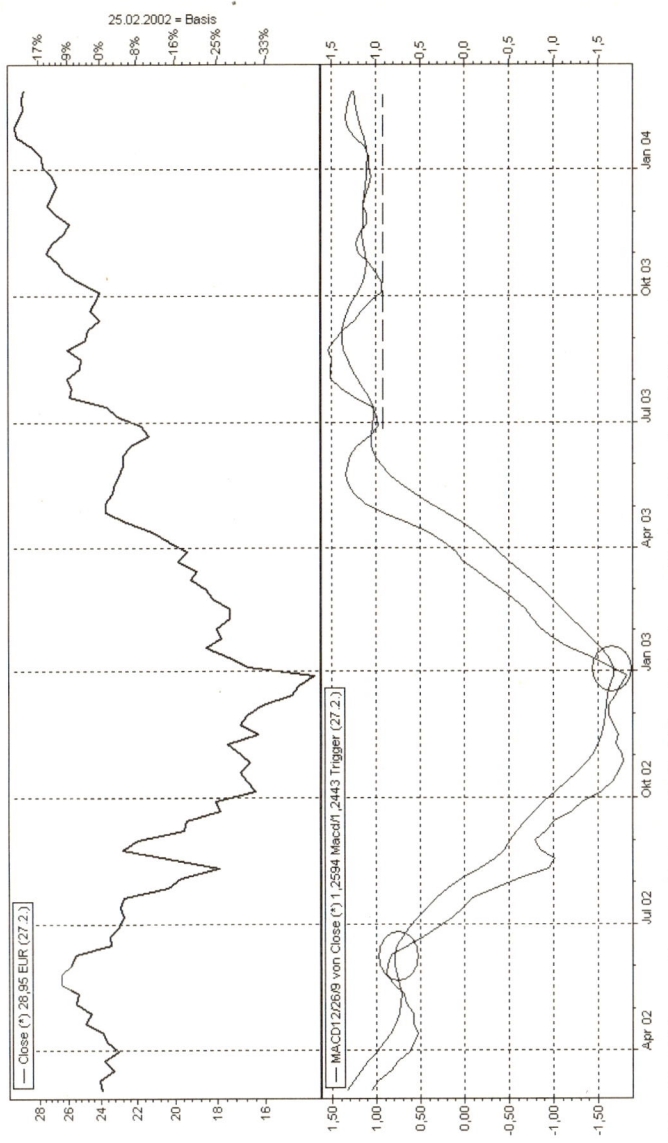

Abb. 81: Bilfinger Berger-Aktie und MACD mit Kauf- und Verkaufsignal auf Wochenbasis

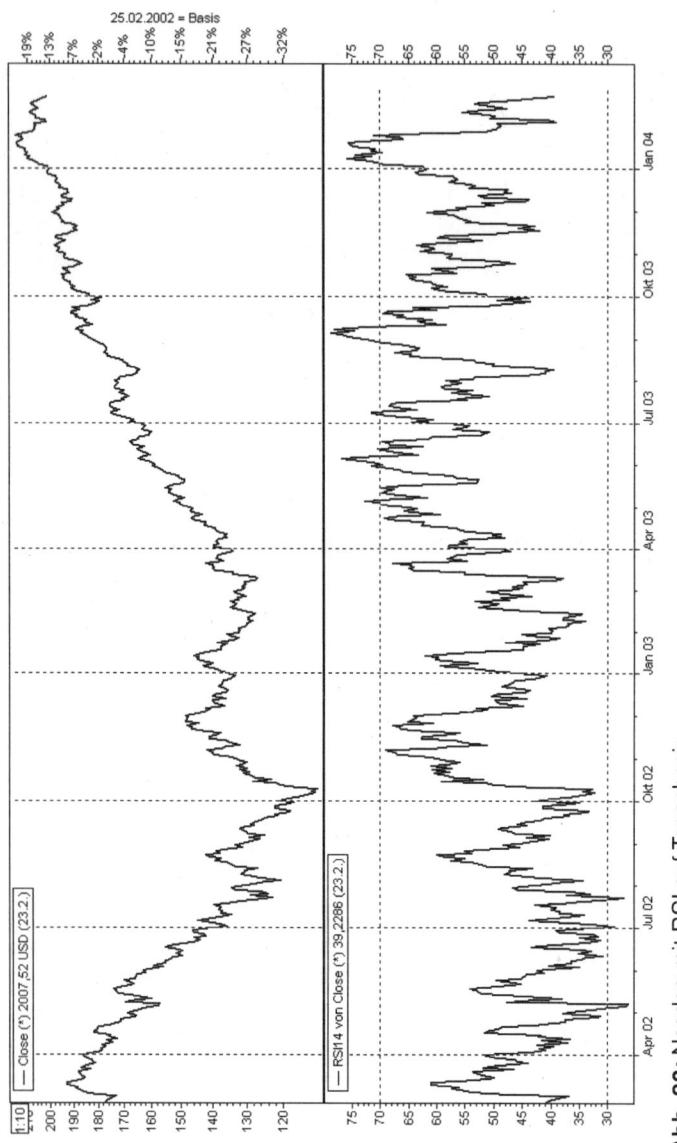

Abb. 82: Nasdaq mit RSI auf Tagesbasis

reich wieder verlässt. Das 50 % Niveau fungiert häufig als Unterstützung bzw. Widerstand. Manche Trader verwenden es als Signallinie. Die Suche nach Divergenzen und Trendbestätigungen funktioniert wie bei den besprochenen Oszillatoren.

Der RSI wird auf 14-Tages- oder Wochenbasis (Abbildung 83, S. 108) berechnet. Je länger die Zeitperiode, umso unempfindlicher und flacher wird seine Amplitude. Er funktioniert am besten, wenn seine Schwankungen die oberen bzw. unteren Extremzonen erreichen. Durch eine Variation des Stützzeitraumes kann eine Feinsteuerung vorgenommen werden.

Abbildung 83 zeigt den gleichen Chart, nur jetzt auf Wochenbasis (RSI und Nasdaq). Die Amplitude des RSI wird gleichmäßiger. Die Bestätigung des Aufwärtstrends durch den RSI ist gut zu erkennen. Experimentieren Sie mit unterschiedlichen Indikatoren auf Tages-, Wochen- oder Monatsbasis.

Eine andere interessante Möglichkeit zur flexibleren und besseren Anpassung der Grenzwerte des RSI besteht in der Verwendung von Bollinger Bändern. Hierdurch werden die Grenzwerte auf relativer Basis individuell dem charakteristischen Kursmuster des Wertpapiers angepasst.

Da die Bollinger Bänder um den RSI stark fluktuieren, wird die Darstellung recht unübersichtlich. Durch einen mathematischen Trick (Normierung) erreicht man konstante Grenzwerte: Null und Eins. Es gelten für den %b(RSI) die gleichen Entscheidungsregeln wie beim klassischen RSI.

Die Verwendung von Bollinger Bändern auf den RSI ermöglichen eine „typgerechte" Anpassung der Grenzwerte (Abbildung 84, S. 109). Durch eine anschließende Normierung erhält man mit %b(RSI) einen modifizierten Indikator, der die Extremzonen besser abbildet. Bei Werten größer 0,80 signalisiert der %b(RSI) eine überkaufte Situation, unter 0,20 hingegen ist Gold überverkauft.

Die Modifikation der Grenzwerte mit Bollinger Bändern und anschließender Normierung kann auch auf andere Oszillatoren angewendet werden. Dadurch erreicht man individuell angepasste Extrembereiche, die weitere Charakteristika des jeweiligen Wertpapiers berücksichtigen.

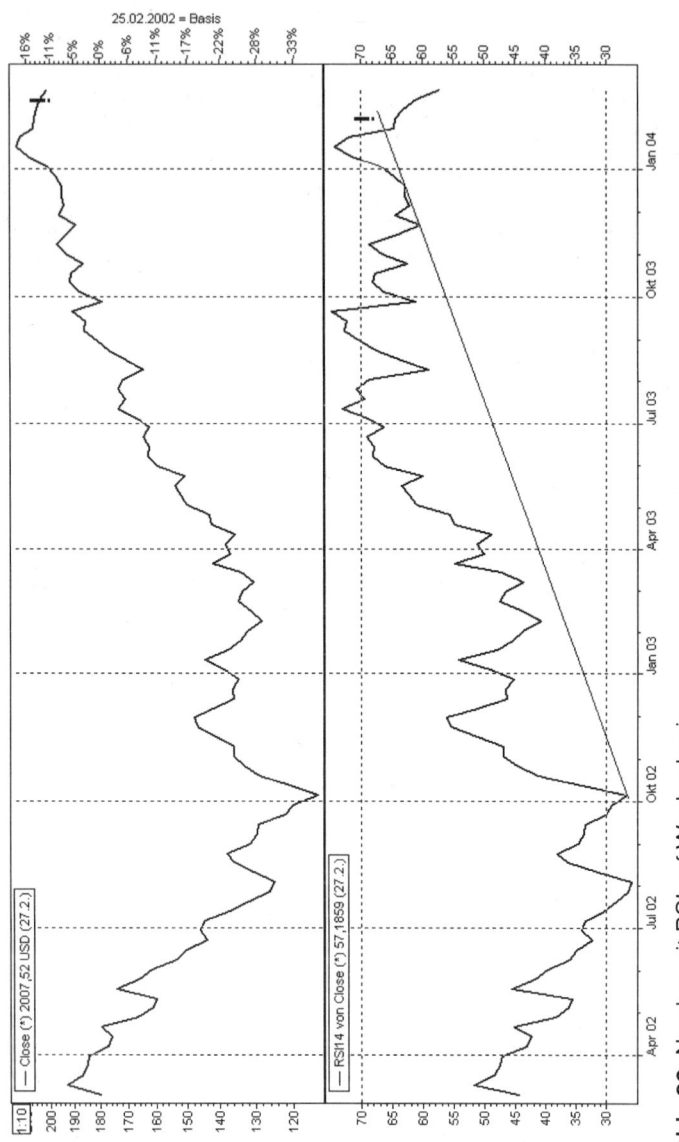

Abb. 83: Nasdaq mit RSI auf Wochenbasis

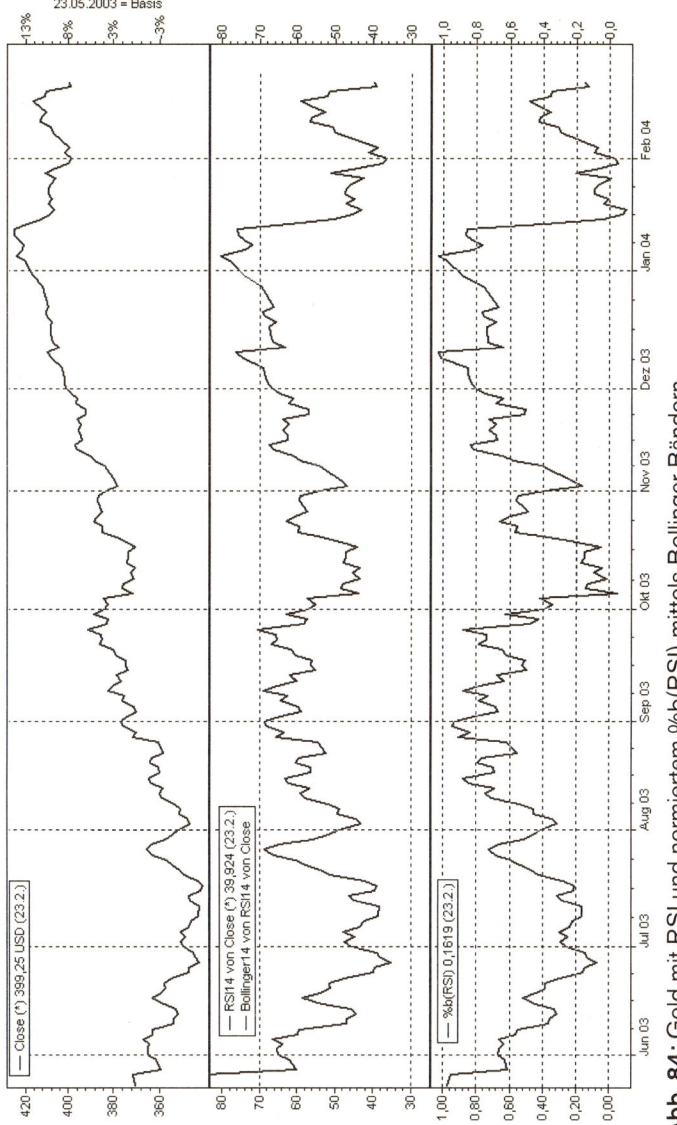

Abb. 84: Gold mit RSI und normiertem %b(RSI) mittels Bollinger Bändern

5.5 Directional Movement-Indikator

Der von Welles Wilder entwickelte Directional Movement-Indikator (DMI) misst die Trendstärke. Er gibt keine Hinweise auf die Trendrichtung, sondern nur Anhaltspunkte über deren Ausprägung.

Wegen dieser Eigenschaft wird er gerne als Filter für Handelssysteme verwendet und bei der Auswahl geeigneter Indikatoren. Signalisiert der DMI einen starken Trend, so können klassische Trendindikatoren verwendet werden. Schwächt sich der Trend ab, so warnt er den Anleger vor möglichen Fehlsignalen, da Trendindikatoren in Seitwärtsmärkten versagen. Dann sind Oszillatoren die bessere Wahl.

Der DMI berücksichtigt, dass im Aufwärtstrend das aktuelle Hoch höher liegt als das Hoch vom Vortag (im Abwärtstrend das letzte Tief niedriger als das Vortagestief). Für die Aufwärtsbewegung wird +DI als Indikator ermittelt, während die Abwärtsbewegung durch –DI dargestellt wird.

+DI misst den Aufwärtsdruck, –DI den Abwärtsdruck. Wenn +DI seinen Gegenpart –DI von unten nach oben schneidet, liegt ein Kaufsignal vor, da der Aufwärtsdruck dominiert. Im umgekehrten Fall nimmt der Abwärtsdruck zu. Je weiter die beiden Linien auseinander liegen, umso stärker ist der jeweilige Trend. Der DMI fasst die beiden Linien zusammen. Auch hier gilt: Je höher sein Wert ist, desto stärker ist der Trend.

+DI und –DI bilden in der 14-Wochen-Einstellung recht zuverlässig die Trendintensität von SAP ab (Abbildung 85). In dem Fenster darunter werden +DI und –DI in einer Linie als DMI geglättet.

Eine Glättung des DMI ergibt den ADX. Der ADX verläuft weniger erratisch als der DMI und ist leichter zu analysieren. Steigt der ADX unterhalb von 20 wieder nach oben an, so nimmt die Trendstärke zu. Werte oberhalb von 40 deuten auf einen fortgeschrittenen Trend hin, der bei einer Wende über 40 nach unten gefährdet ist.

In der 14-Wochen-Einstellung (Abbildung 86, S. 112) geben der ADX und ADXR (unteres Chartfenster) Hinweise auf die

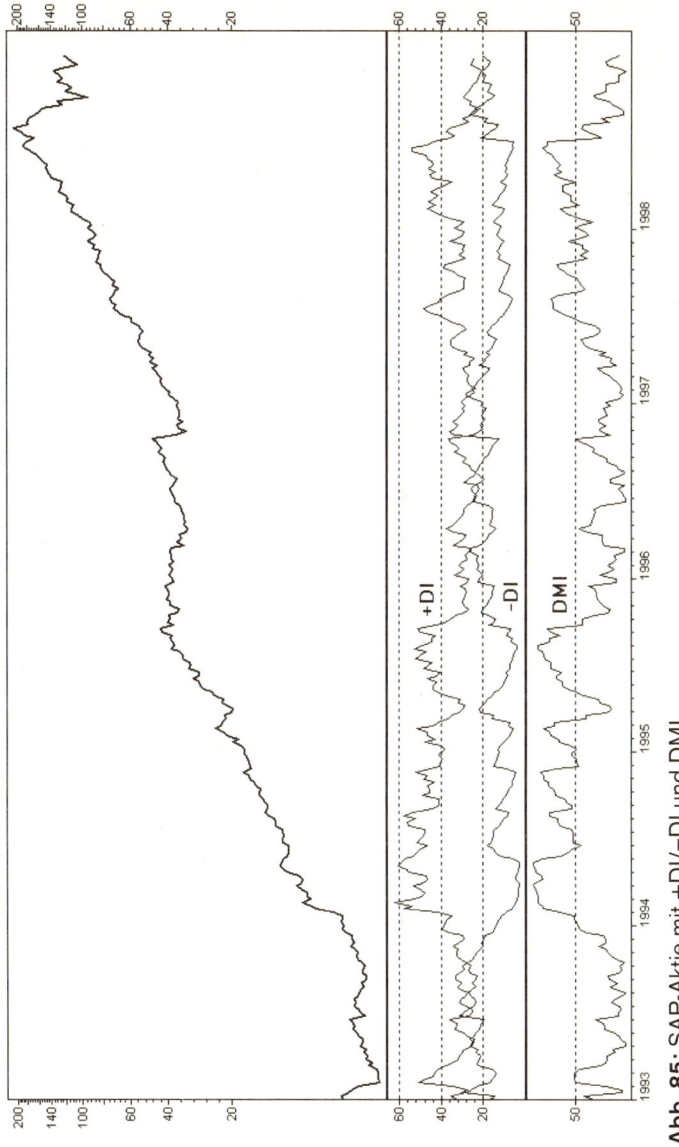

Abb. 85: SAP-Aktie mit +DI/−DI und DMI

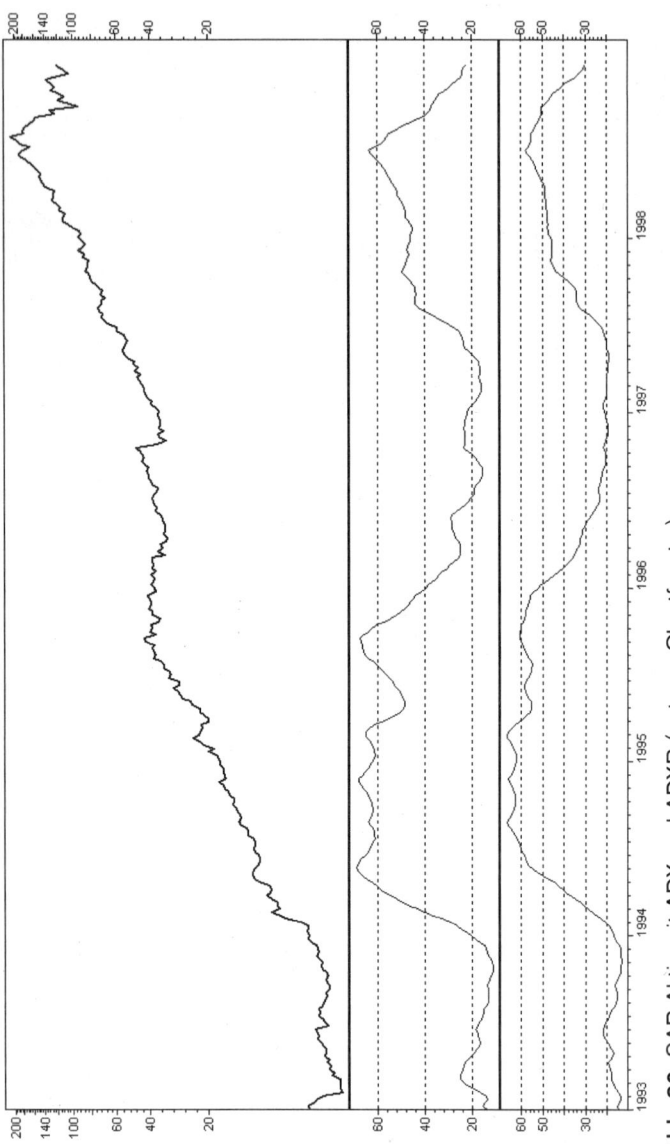

Abb. 86: SAP-Aktie mit ADX und ADXR (unteres Chartfenster)

Ausprägung des Trends. Beide erreichen Werte weit oberhalb von 60. Das ist typisch bei einer dynamischen Technologieaktie wie SAP.

Der ADXR ist eine weitere Variante. Dort addiert man den aktuellen ADX zum ADX vor 14 Tagen und dividiert anschließend die Summe durch den Faktor 2. Der sehr bewegliche DMI wird so praktisch doppelt geglättet. Der Vorteil der gleichmäßigen Darstellung wird erkauft mit einem Nachteil: Je stärker die Glättung, desto träger reagiert der Indikator auf eine Veränderung des Trends.

5.6 Parabolic SAR

Ebenso von Welles Wilder stammt der Parabolic SAR (PSAR). SAR steht für „stop and reverse". Der Parabolic SAR ist ein Trendfolgesystem in Kombination mit einem flexiblen Stop Limit. Der PSAR schwankt immer um den eigentlichen Kursverlauf. Wenn der Stopp erreicht ist, wechselt es seine Position: Long oder Short. Das System ist immer im Markt.

Das Stop Limit ist am Anfang noch recht weit vom aktuellen Kurs entfernt. Der junge Trend hat genügend Platz, sich voll zu entfalten. Mit zunehmendem Reifegrad nähert sich das Limit immer mehr dem Kurs. Bei einem Schnitt mit dem Kursverlauf löst es ein Handelssignal aus (Long oder Short).

Der PSAR funktioniert gut in starken Trendmärkten. In trendlosen Phasen liefert es fast nur Fehlsignale. Aus diesem Grund bietet sich eine Variante des DMI als Filter an: Nur wenn der DMI einen starken Trend anzeigt, werden die Signale des PSAR befolgt.

Am Beispiel SAP (Abbildung 87, S. 114) zeigt der PSAR seine Stärken und Schwächen: Während sich in Seitwärtsphasen die Fehlsignale häufen, gibt er in dynamischen Trendphasen gute Signale. Die Trefferquote kann gesteigert werden, indem die Seitwärtsbewegungen nicht gehandelt werden. Der ADX identifiziert diese Phasen. Die Markierungen zeigen die kritischen Punkte: Von 1994 bis Ende 1995 bewegt sich SAP in einem Aufwärtstrend. Anfang 1996 warnt der ADX rechtzeitig vor einer Seit-

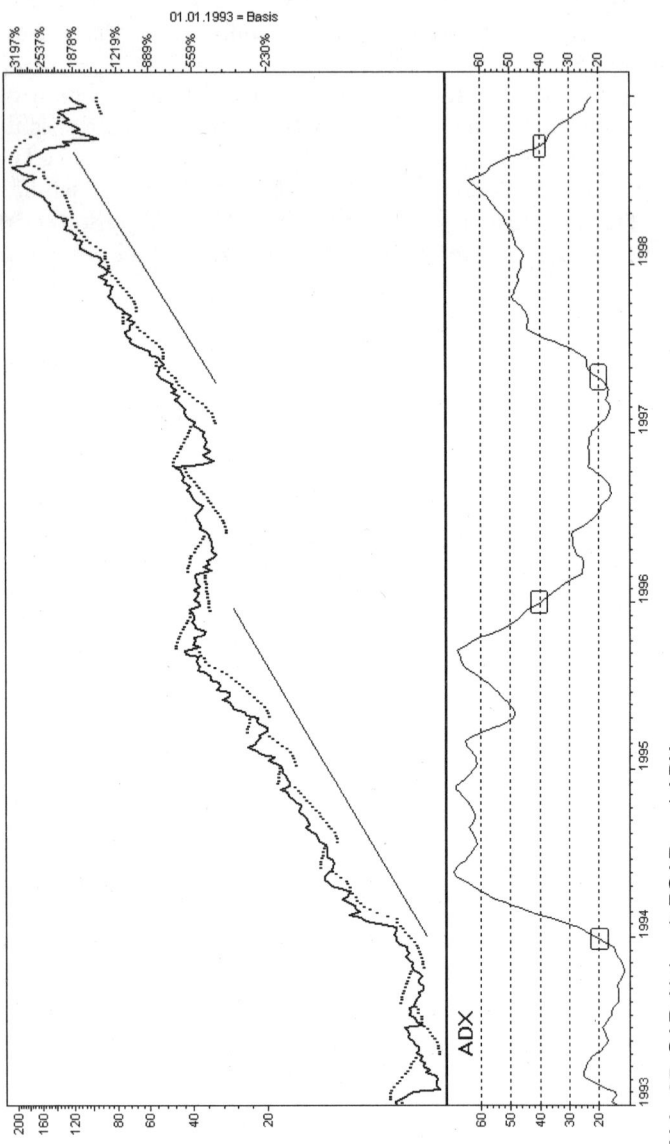

Abb. 87: SAP-Aktie mit PSAR und ADX

wärtsbewegung bis Frühjahr 1997. Im Sommer 1997 gibt er wieder grünes Licht bis zum September 1998.

Eine weitere Anwendungsmöglichkeit des PSAR liegt in der Verwendung als Stop Loss-System. In Kombination mit anderen Handelsstrategien kann es als dynamische Ausstiegsregel verwendet werden, um Verluste zu begrenzen.

6. Volumen und Kapitalflüsse

6.1 Bedeutung der Umsätze

Das Volumen liefert als sekundärer Indikator wichtige Anhaltspunkte in der technischen Analyse. Es wird vorwiegend als bestätigender Indikator verwendet. Die Begriffe Volumen und Umsatz werden in der Praxis wie auch in diesem Buch synonym verwendet. Während sich der Umsatz auf die Anzahl der Handelsgegenstände bezieht, ist das Volumen das bewertete geldmäßige Äquivalent.

Der Umsatz sollte gleichzeitig mit dem Trend zunehmen, da dann die Wahrscheinlichkeit einer Fortsetzung der bisherigen Richtung höher ist. Ein neues Hoch sollte durch ein hohes Handelsvolumen bestätigt werden. Wenn der Trend aber weiter geht, obwohl der Umsatz abnimmt, ist er gefährdet. Das Volumen dient auch als Hinweis einer Trendumkehr.

Dem Volumen liegt die Annahme zugrunde, dass es den Kursen voraus läuft. Als Folge von Angebot und Nachfrage misst es den Kursdruck. Eine Abnahme des Kursdrucks in einem Aufwärts- bzw. Abwärtstrend zeigt sich frühzeitig im Volumenverlauf, bevor sich die Trendrichtung der Kurse ändert.

Puma (Abbildung 88, S. 118) beeindruckt während der Baisse durch eine beachtliche Stärke. Die markierten Ausbrüche über alte Hochs werden fast immer durch anziehende Umsätze bestätigt. Während der Konsolidierung Anfang Juli 2002 lassen die Umsätze nach.

In Aufwärtstrends sollten die Umsätze bei Aufwärtsbewegungen höher sein und bei Kursrückschlägen abnehmen. In Abwärtstrends verhält es sich umgekehrt. Folgen die Umsätze nicht mehr dem vorherrschenden Trend, so deutet diese Divergenz auf eine Schwächung oder gar Umkehr des bisherigen Trends hin.

Spezielle Volumenindikatoren liefern weitere Erkenntnisse zur Kursprognose. Durch die Quantifizierung der Kapitalströme kann festgestellt werden, ob einer Aktie „Geld entzogen" wird

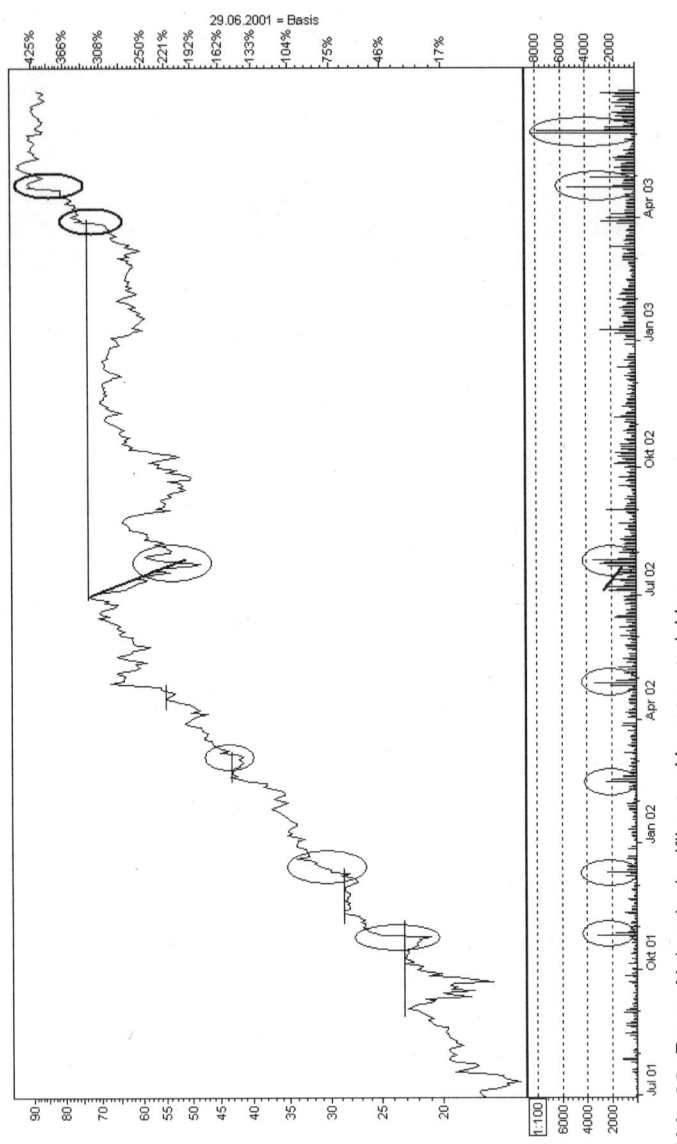

Abb. 88: Puma-Aktie mit signifikanter Umsatzentwicklung

oder „frisches Kapital" hineinströmt. Aus technischer Sicht ist eine Zunahme der Kapitalströme bei steigenden Kursen positiv zu bewerten.

6.2 On Balance Volume

Einer der einfachsten Volumenindikatoren ist das On Balance Volume (OBV). Dem Gesamtumsatz des Tages wird ein positiver oder negativer Wert zugeordnet (Abbildung 89, S. 120). Bei einem höheren Schlusskurs wird der gesamte Tagesumsatz positiv bewertet, ein niedrigerer Schlusskurs sorgt für einen negativen Tagesumsatz. Darin liegt auch gleichzeitig die Schwäche des OBV: Der letzte Kurs ist entscheidend, unabhängig davon wie sich der gesamte Umsatz über den Tag verteilt. Durch Addition bzw. Subtraktion des bewerteten Tagesvolumens wird die kumulative Summe als OBV-Linie gezeichnet. Die Richtung der OBV-Linie ist entscheidend, nicht die Höhe der Werte. Sie sollte dem Kurstrend folgen. Eine Divergenz warnt vor einer Trendumkehr.

6.3 Money Flow Index

Der von Gene Quong und Avram Soudek entwickelte Money Flow Index (MFI) berücksichtigt eine Gewichtung des Volumens. Er ist eine Abwandlung des Relative-Stärke-Index von Welles Wilder und stellt eine Art Umsatz-Momentum dar. Der MFI basiert auf der Annahme, dass in eine Aktie frisches Geld fließt, wenn der Wert in der Nähe des Tageshochs schließt. Wenn der Schlusskurs in der Nähe des Tagestiefs liegt, wird der Aktie Geld entzogen. Ist der aktuelle Preis höher als der gestrige, spricht man von einem positiven Geldfluss. Liegt der aktuelle Preis darunter, spricht man von einem negativen Geldfluss.

Der MFI (Abbildung 90, S. 121) warnt mit dem Bruch seiner Trendgerade vor einer Kursschwäche. In der rechten Hälfte kündigt er wieder steigende Kurse an. In Abbildung 91 (S. 122) sehen wir den gleichen Chart der Bayer-Aktie mit einem Unterschied: Der MFI wird mit Hilfe der Bollinger Bänder modifiziert und

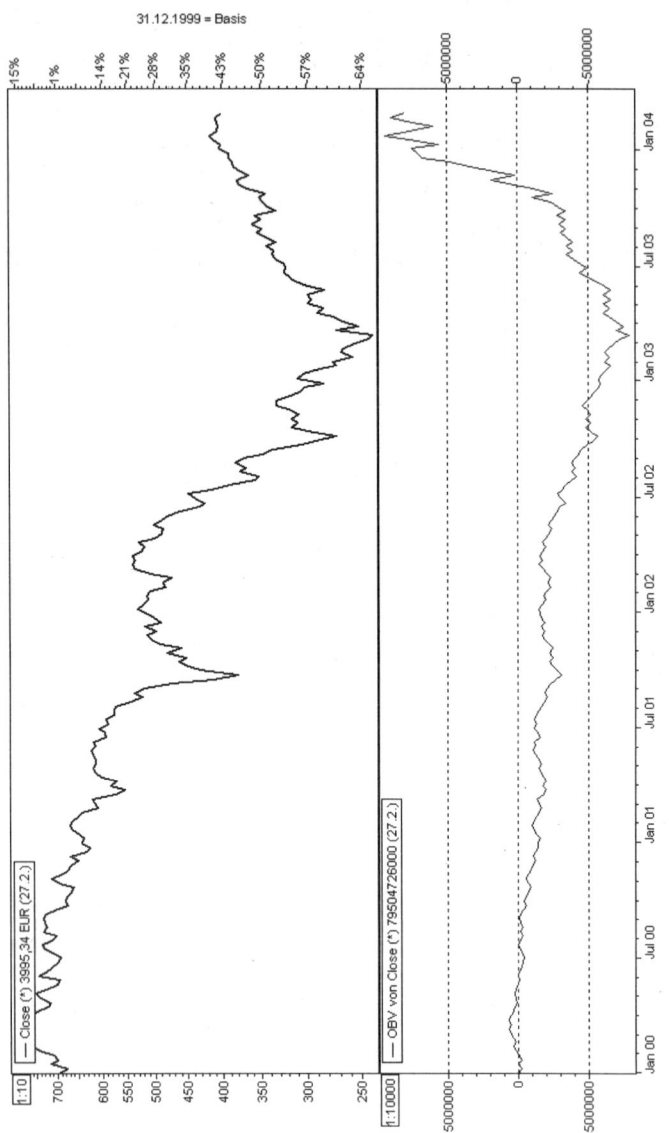

Abb. 89: Dax und On Balance Volume verlaufen fast parallel

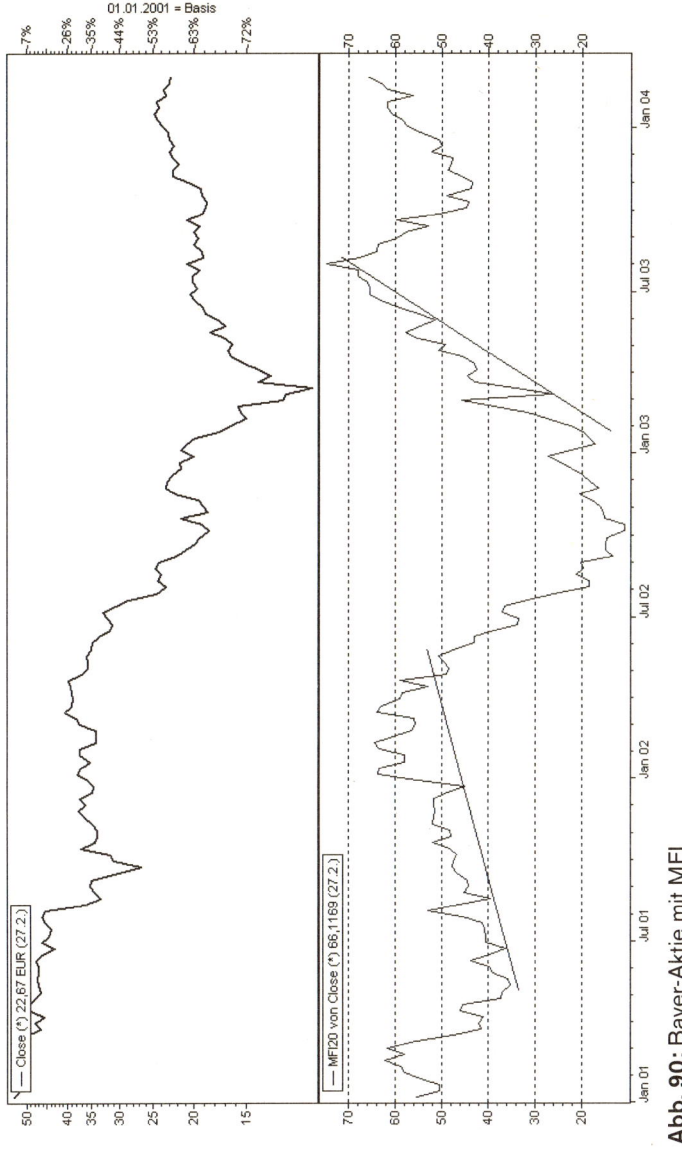

Abb. 90: Bayer-Aktie mit MFI

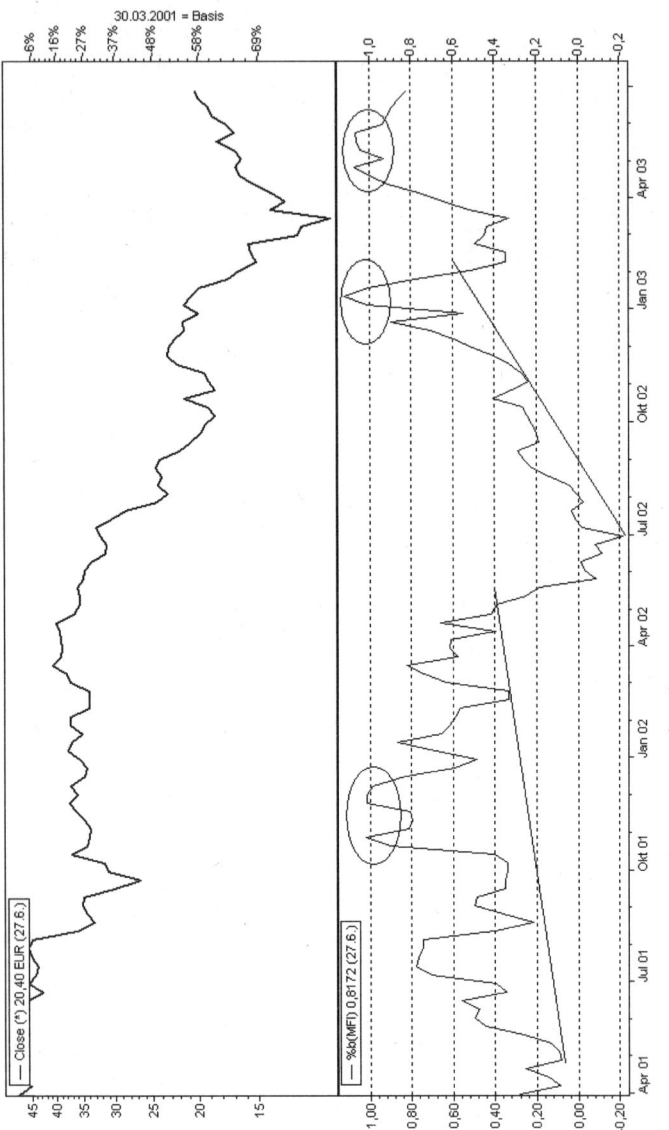

Abb. 91: Bayer-Aktie mit normiertem %b(MFI) mittels Bollinger Bändern

normalisiert. Der %b(MFI) hat schärfere Konturen und beginnt seit dem Extrempunkt im Mai 2003 zu fallen. Ein Warnsignal. Der „normale" MFI hat noch kein entsprechendes Signal angezeigt. Die Warnung des %b(MFI) sollte ernst genommen werden, da der modifizierte Indikator die individuellen Charakteristika des Kursverlaufs berücksichtigt.

Auf der Basis dieser beiden Zahlen wird die Money Ratio gebildet. Durch eine anschließende Normierung schwankt der MFI um die 50er Linie mit dem Maximum bei 100 und dem Minimum bei Null. Aufgrund seiner Berechnung steigt der MFI bei höheren Kursen an, bei sinkenden Kursen fällt er.

Starke Bewegungen deuten auf besonders hohe Umsätze oder große Kursveränderungen zum Vortag hin. Der MFI sollte den Kurstrend bestätigen. Die Analyse von Divergenzen ist hilfreich. Steigt der Kurs weiter an, während der MFI schon fällt, ist mit einem baldigen Ende der Aufwärtsbewegung zu rechnen. Gleiches gilt auf umgekehrte Weise bei fallenden Kursen und steigendem MFI.

6.4 Accumulation/Distribution Line

Die von Marc Chaikin entwickelte Accumulation/Distribution Line (AccDis) basiert auf dem OBV. Ähnlich wie beim MFI werden die Kurse mit den Umsätzen gewichtet. Die AccDis zeigt, wohin das Geld fließt. Die Besonderheit des Indikators liegt darin, dass er nur einen Teil des Umsatzes berücksichtigt. Je weiter der Kurs vom Mittelwert abweicht, umso mehr Umsatz fließt ein. Dahinter steht die Überlegung, dass eine starke Aktie auch nach der Eröffnung, unabhängig auf welchem Niveau, weiter steigen wird. Wenn die Aktie gegen Handelsschluss nicht ansteigt, wird das als Schwäche interpretiert.

Die fallende Accumulation/Distribution Linie (Abbildung 92, S. 124) deutete den Kursverfall der Aktie von AMB Generali bereits an. Die kumulierte AccDis-Linie sollte dem Trend folgen. Ein negatives Signal ist dann gegeben, wenn der Basiswert noch neue Höchststände ausbildet, während der Indikator keine neuen Hochs mehr bildet. Der umgekehrte Fall gilt analog.

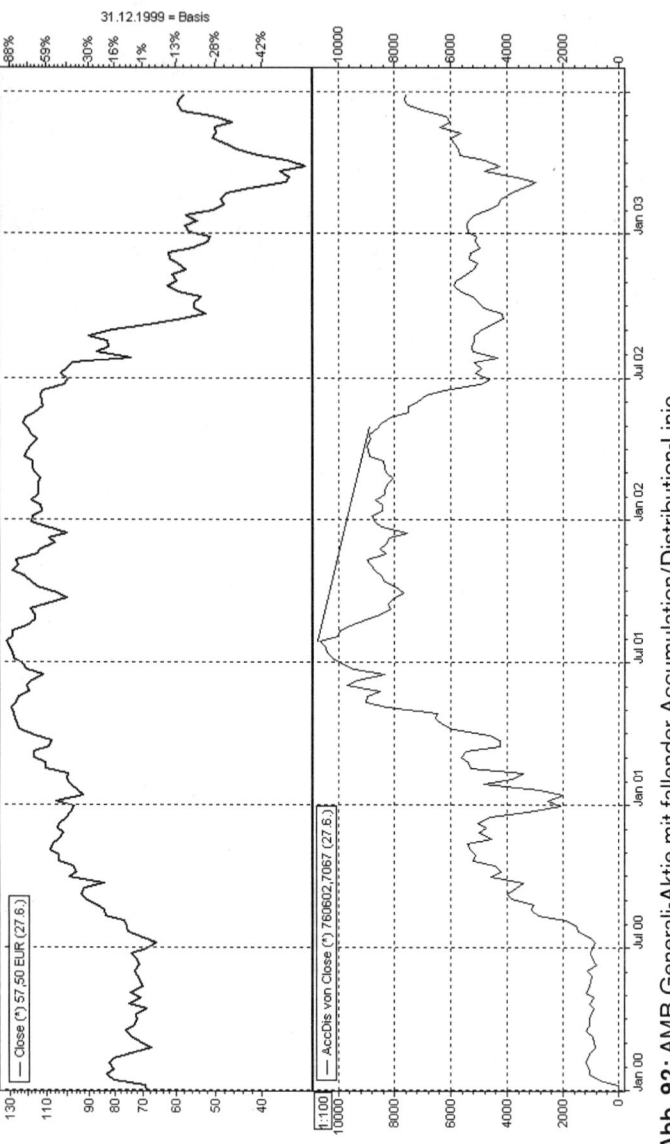

Abb. 92: AMB Generali-Aktie mit fallender Accumulation/Distribution-Linie

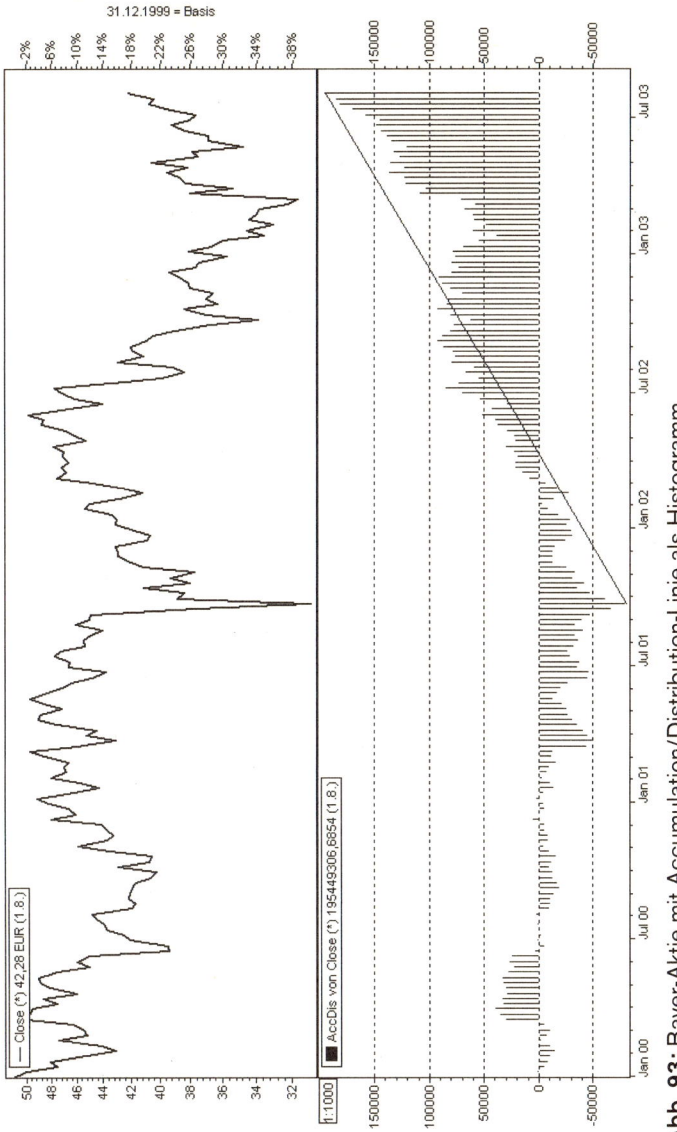

Abb. 93: Bayer-Aktie mit Accumulation/Distribution-Linie als Histogramm

125

Die AccDis kann auch als Oszillator verwendet werden. Die Interpretation bleibt gleich.

Abbildung 93 (S. 125) zeigt die Accumulation/Distribution-Linie als Histogramm. Sehr schön ist in dieser Darstellung die Umkehrung der Kapitalflüsse zu sehen. Der Kurs von BASF hat erst relativ moderat reagiert.

7. Gesamtmarktindikatoren

Gesamtmarktindikatoren setzen neue Hochs gegen neue Tiefs, Aufwärts-Volumen gegen Abwärts-Volumen oder steigende Aktien gegen fallende Aktien. Sie sollen die Verfassung des Gesamtmarktes messen. Wird ein Markt von wenigen Aktien hochgezogen oder erstreckt sich die Aufwärtsbewegung über die gesamte Marktbreite? Wenn nur wenige Titel einen Index antreiben, steht der Aufschwung auf wackeligen Beinen.

7.1 Advance Decline Line

Einer der bekanntesten Gesamtmarktindikatoren ist die Advance Decline Line (AD-Linie). Sie berücksichtigt die Differenz der Anzahl gestiegener Aktien und der Anzahl gefallener Aktien. Gab es mehr Verlierer als Gewinner, so wird die AD-Zahl negativ für diesen Tag. Sind die Gewinner in der Überzahl, so ist die AD-Zahl positiv. Die negative bzw. positive AD-Zahl wird zu der kumulativen AD-Linie addiert. Die AD-Linie und der entsprechende Markt sollten in die gleiche Richtung tendieren. Kommt es zu einer Divergenz, so besteht die Gefahr eines Trendwechsels. Die AD-Linie gipfelt häufig vor den Marktindizes.

In Abbildung 94 (S. 128) verlässt die AD-Linie bereits im April 2002 den Aufwärtstrend. Ende Juni 2002 kommt dann auch der Dow Jones ins strauchln und folgt der Marktbreite nach unten.

7.2 McClellan-Oszillator

Eine Variante der AD-Linie ist der McClellan-Oszillator. Er misst die tägliche Differenz zwischen zwei exponentiell gleitenden Durchschnitten der AD-Zahlen. Er verwendet in der Standardeinstellung die 19-Tage-Linie und die 39-Tage-Linie auf den täglichen Saldo der AD-Zahlen. Der Oszillator schwingt um die

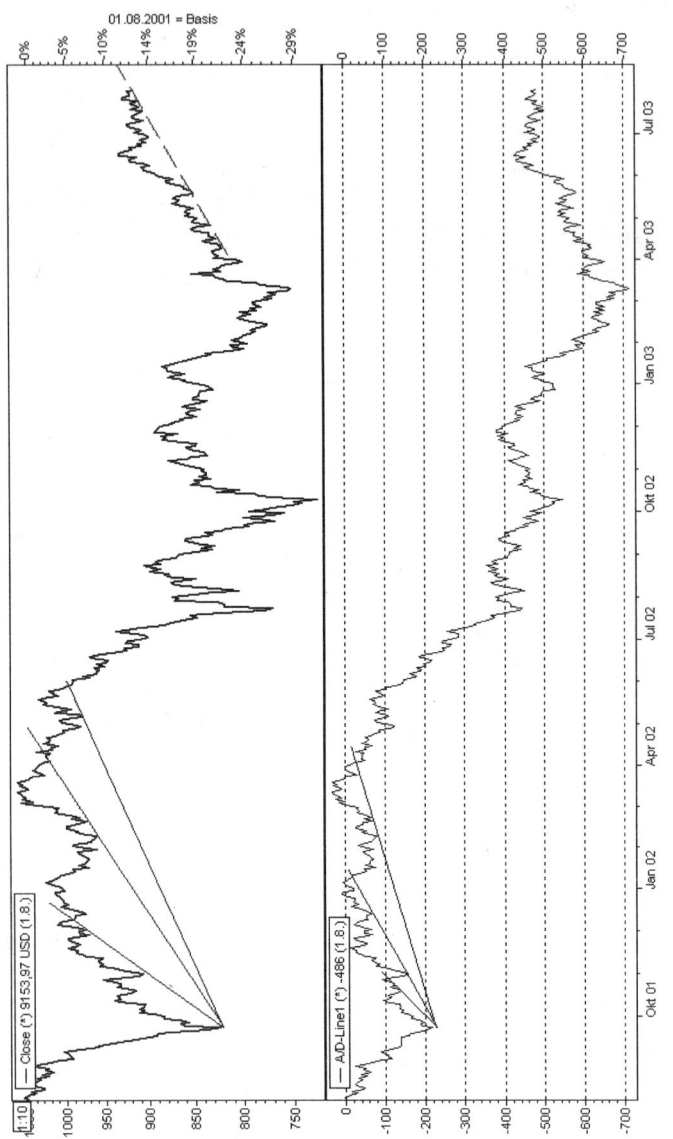

Abb. 94: Dow Jones Index mit A/D-Linie

Nulllinie. Die Grenzbereiche liegen bei +100 und –100. Bei Werten über +100 gilt der Markt als überkauft und anfällig für Rückschläge. Werte unter –100 signalisieren einen überverkauften Markt. Der McClellan-Oszillator ist geeignet für kurz- bis mittelfristige Prognosen. In der Version als Summations-Index wird er für langfristige Einschätzungen verwendet.

7.3 New High – New Low Index

Die Anzahl der Aktien mit neuen 52-Wochen-Hochs bzw. 52-Wochen-Tiefs kann ebenfalls Aufschlüsse über die Verfassung des Gesamtmarktes geben. In einem Bullenmarkt wird die Anzahl neuer Hochs viel größer sein als die Anzahl neuer Tiefs. In einem fallenden Markt verhält es sich genau umgekehrt. Der New High – New Low Index sollte mit dem Trend des Gesamtmarktes gehen. Immer wenn Extremwerte (Gipfelbildung) erreicht werden, besteht die Gefahr eines Wendepunktes. Tritt dann noch eine Divergenz im Vergleich zum Marktindex auf, so ist Vorsicht angebracht.

Der Dow Jones Index und New High – New Low Index (Abbildung 95, S. 130) sollten sich im Einklang befinden und sich gegenseitig in Trendrichtung bestätigen.

7.4 UP/DOWN-Volumen

Eine weitere Möglichkeit zur Messung der Marktbreite ist das Verhältnis von Aufwärts-Volumen zum Abwärts-Volumen (Abbildung 96, S. 131). Beide Arten von Volumen können getrennt als Linien dargestellt werden oder als Saldo aus beiden. Ist das Aufwärts-Volumen größer als das Abwärts-Volumen, so ist der Markt fest. Im umgekehrten Fall schwach. Der Indikator (als Saldo) sollte sich Richtung des Gesamtmarktes bewegen. Auch hier gilt es aufzupassen, wenn sich eine Divergenz herauskristallisiert.

Kombiniert man nun die Erkenntnisse der AD-Linie mit dem UP/DOWN-Volumen und setzt sie ins Verhältnis zueinander, so erhält man den Arms Index. Der Zähler ist der Quotient aus der

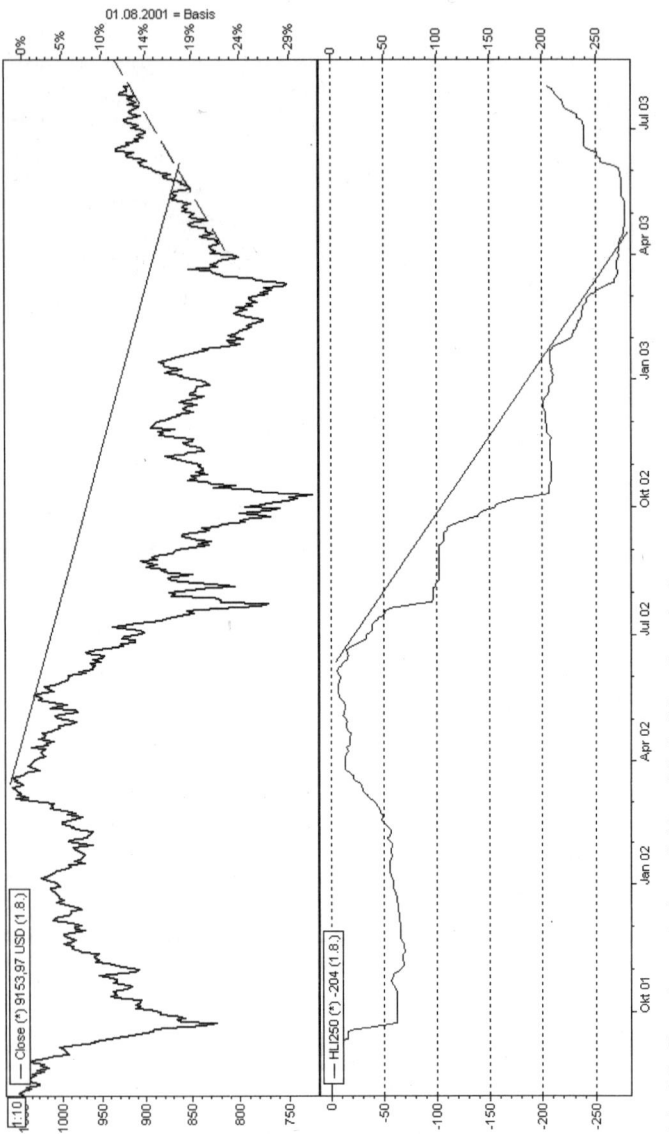

Abb. 95: Dow Jones Index mit New High-/New Low Index

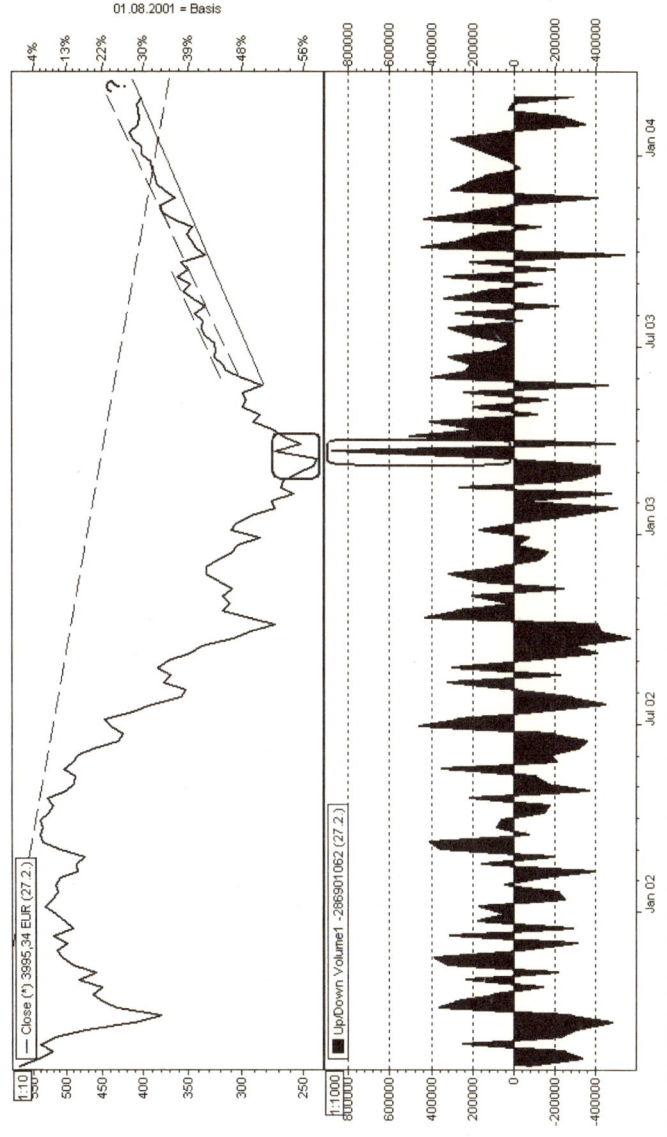

Abb. 96: UP/DOWN-Volumen (Saldo) auf Wochenbasis für den Dax.

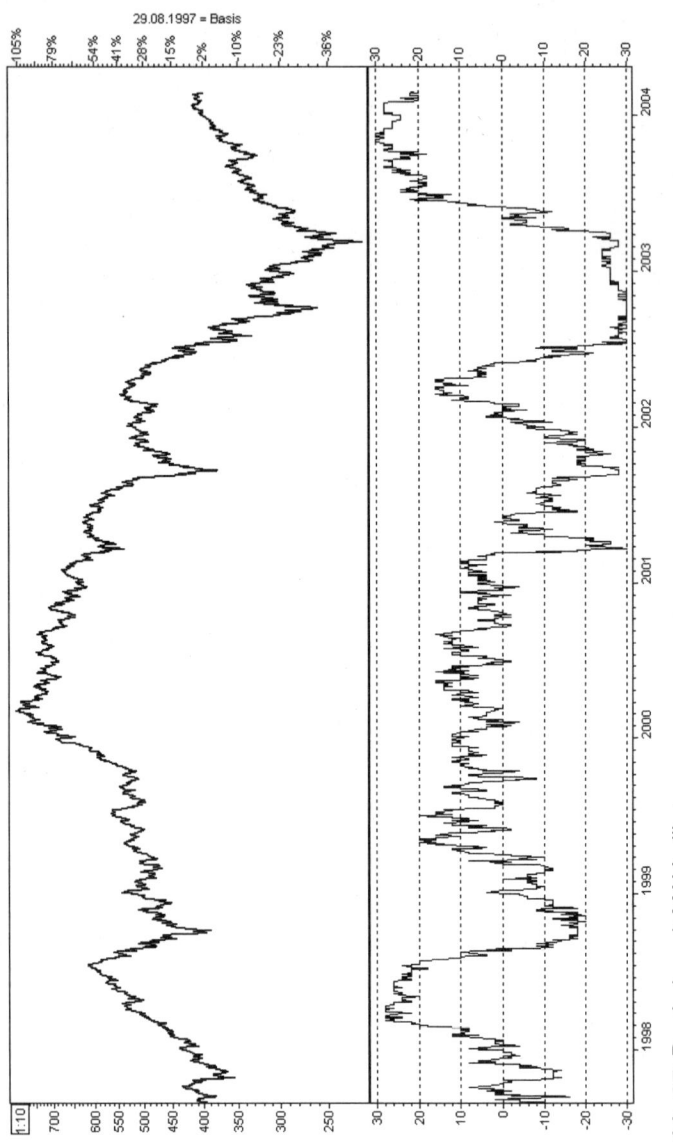

Abb. 97: Dax-Index mit MAI-Indikator

Anzahl gestiegener Aktien und der Anzahl gefallener Aktien. Der Nenner ist der Quotient aus Aufwärts-Volumen dividiert durch das Abwärts-Volumen. Werte über eins sind ein negatives Zeichen, da das Volumen bei fallenden Aktien größer ist. Werte unter eins signalisieren einen stärkeren Markt, da das Volumen bei steigenden Aktien dominiert.

7.5 Moving Average Index

Nicht ganz in das Bild der besprochenen Gesamtmarktindikatoren passt der Moving Average Index (MAI). Er misst das Verhältnis aus Aktien über ihrem gleitenden Durchschnitt (z. B. der 200-Tage-Linie) zu Aktien unter ihrem gleitenden Durchschnitt. In einem Bullenmarkt sollte die Anzahl der Aktien über dem (steigenden) gleitenden Durchschnitt dominieren. In einem Bärenmarkt verhält es sich umgekehrt. Auftretende Divergenzen sind wichtige Hinweise auf einen möglichen Trendwechsel.

Während der MAI-Indikator (Abbildung 97) im Juli 2002 sein Tief erreicht und ab Anfang November 2002 langsam zu steigen beginnt, fällt der Dax noch bis in den März 2003 hinein. Diese sehr früh auftretende Divergenz war ein Signal für die Bodenbildung im Jahre 2003. Wer sie zu deuten wusste, konnte einen schönen Gewinn erzielen.

8. Spezielle Auswertungen

8.1 Ratio-Analyse

Die Ratio-Methode ist ein recht einfaches, aber nützliches Instrument zur Chartanalyse. Durch die Division eines Handelsgegenstandes durch einen anderen wird eine Verhältniszahl gebildet. Das Ergebnis wird grafisch als Ratio Line dargestellt. Steigt die Ratio Line, so ist die Kurszeitreihe des Zählers dominanter als diejenige des Nenners. Fällt sie dagegen, so ist sie schwächer als die Kurszeitreihe des Nenners.

Die Abbildung 98 (S. 136) zeigt den Amex Gold Bugs Index im Verhältnis zum Dax. Die Ratio Line fällt unter großen Schwankungen bis Ende 2000. Bis zu diesem Zeitpunkt hat sich der Dax im Verhältnis zu den Goldminenaktien besser entwickelt. Erst danach signalisiert die steigende Ratio Line einen Favoritenwechsel. Ab diesem Zeitpunkt waren Goldwerte die bessere Wahl. Im Frühjahr 2004 endet die Outperformance. Bahnt sich damit ein Trendwechsel an oder handelt es sich nur um eine Pause?

Der erfahrene Chartanalyst erkennt mit einem Blick auf die Ratio Line, in welchen Markt er investieren sollte und welchen er besser meidet oder leerverkauft. Die bekannten technischen Analyseinstrumente wie gleitende Durchschnitte oder Indikatoren können darauf angewendet werden.

In Abbildung 99 (S. 137) sehen wir den Dax im Verhältnis zum Dow Jones. Von Mitte 1999 bis zum Frühjahr 2000 hat sich der Dax besser entwickelt. Anschließend ist der Dow Jones bis Anfang 2003 die bessere Wahl. Erst danach kehrt sich die Situation wieder um.

Bei der Ratio-Analyse startet man am besten mit einem etablierten Marktindex. In einem Top Down-Verfahren werden nun die einzelnen Branchen und Sektoren herausgefiltert, die eine hohe Stärke aufweisen (steigende Ratio Line). Ziel ist es nun, aus diesen Sektoren wiederum die stärksten Aktien zu ermitteln.

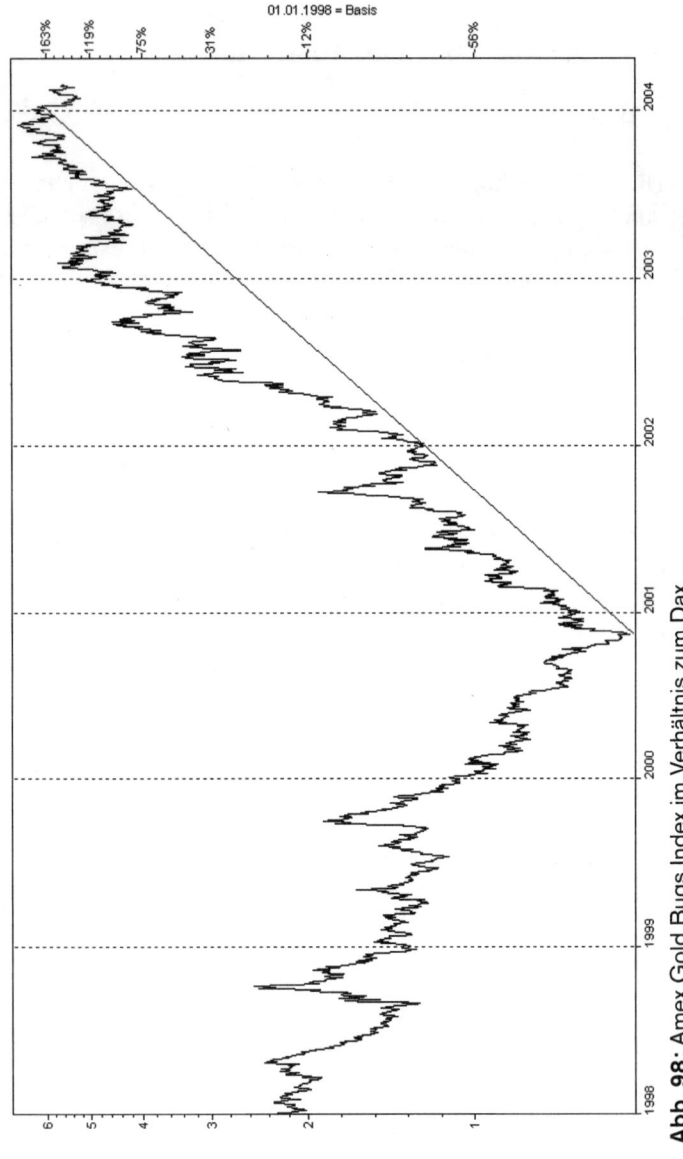

01.01.1998 = Basis

Abb. 98: Amex Gold Bugs Index im Verhältnis zum Dax

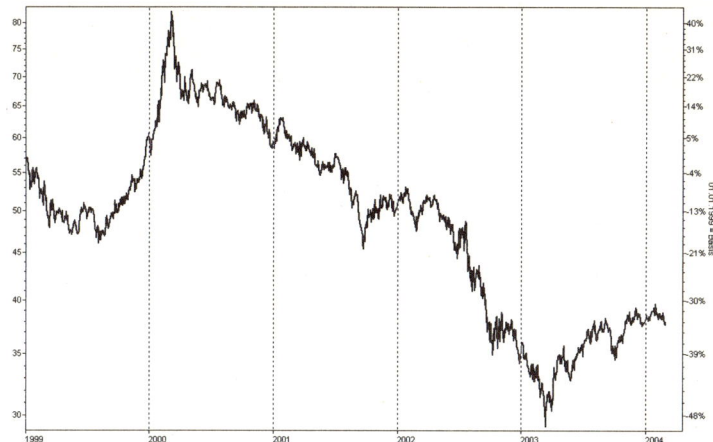

Abb. 99: Dax-Index im Verhältnis zum Dow Jones Index

8.2 Relative Stärke

Der Begriff „relative Stärke" bietet unterschiedliche Interpretationsmöglichkeiten. An dieser Stelle ist die „innere" relative Stärke gemeint. Sie darf nicht verwechselt werden mir dem Relative-Stärke-Index (RSI) nach Wilder.

Bei der Ratio-Analyse bedienen wir uns ebenfalls der relativen Stärke. Der Hauptunterschied besteht nun darin, dass bei der inneren relativen Stärke ein Handelsobjekt zu sich selbst ins Verhältnis gesetzt wird – z. B. mittels Division des aktuellen Kurses durch seinen Durchschnitt der letzten 200 Tage. Werte über eins signalisieren tendenziell eine hohe innere Stärke.

Durch die Aufbereitung in Listenform können anhand der Positionierung im Zeitablauf Erkenntnisse für die Kursprognose abgeleitet werden. Die absolute Position ist nicht entscheidend, sondern der Trend. Handelsobjekte mit extrem hohen Werten sind in der Regel heiß gelaufen und reif für eine technische Gegenreaktion. Für Long-Engagements sind Titel im oberen Drittel interessant, die sich stetig nach oben bewegen. Umgekehrt sind „schwache" Titel mögliche Short-Kandidaten (Abbildung 100, S. 138).

Rang	Relative Stärke	Kurs	Vor-woche in %	Seit 200 Tagen in %	RS 300	RS 100
1	Amex Gold Bugs Index	256,84	11,35	91,99	1,68	1,31
2	Bovespa (Brasilien)	20.458,49	3,60	95,21	1,58	1,25
3	Buenos Aires General	42.403,77	2,57	57,10	1,44	1,21
4	Technology All Share (X)	688,85	2,06	74,95	1,36	1,10
5	MDAX (X)	4.460,44	3,24	55,31	1,30	1,09
6	Nasdaq Composite	1.980,07	1,69	47,05	1,27	1,08
7	Hang Seng (Hongkong)	12.412,23	3,37	34,89	1,24	1,11
8	Nasdaq 100	1.431,90	0,89	41,09	1,24	1,06
9	WIG	19.850,94	4,68	44,95	1,24	1,01
10	DAX (X)	3.875,66	4,38	46,31	1,24	1,10
11	Moskau Times Index	6.411,10	1,74	48,18	1,23	1,01
12	CTX Czech Traded Index	909,27	− 0,93	35,70	1,22	1,04
13	Korea Composite Index	815,62	6,19	41,61	1,22	1,09
14	Wiener Börsenindex	610,09	2,40	26,51	1,19	1,08
15	MSCI/Welt (USD)	988,27	2,35	23,98	1,18	1,07
16	RDX Russian Depos. Receipts	689,01	− 1,45	41,72	1,17	0,98
17	BET Bukarest	2.044,45	2,43	16,02	1,16	1,08
18	Athen General (Griechenland)	2.180,61	1,14	29,12	1,16	1,03
19	Wilshire 5000	10.441,68	1,65	29,68	1,16	1,06
20	Polish Traded Index/ Local Cu	1.210,39	5,27	30,91	1,15	1,00
21	Russell 1000	573,27	1,55	27,15	1,15	1,05
22	Gold London (USD)	401,35	2,45	8,62	1,15	1,08
23	Nikkei 225	10.410,15	4,52	21,05	1,14	1,01
24	S&P500	1.066,60	1,38	30,49	1,14	1,05
25	Mibtel (MCI)	20.355,00	1,88	20,54	1,13	1,07
26	BCI General (Italien)	1.275,96	1,80	19,10	1,13	1,06
27	DJ Euro STOXX	238,39	1,51	25,38	1,13	1,05
28	IBEX (Spanien)	7.348,70	1,33	21,73	1,13	1,04
29	CAC40	3.471,86	1,57	23,80	1,12	1,05
30	Dow Jones Industrial Average	9.853,64	1,09	22,54	1,12	1,04
31	SMI (Schweiz)	5.378,20	1,30	27,72	1,12	1,04
32	HEX All-Share Index	6.344,06	− 0,35	18,64	1,11	1,08
33	S&P100	524,72	1,04	21,61	1,11	1,03
34	DJ Euro STOXX 50	2.666,97	1,59	22,69	1,11	1,05
35	DJ STOXX 600	225,61	0,66	22,09	1,10	1,04
36	HTX Hungarian Traded Index	2.168,15	− 5,93	21,21	1,10	0,99
37	AEX (Niederlande)	336,93	0,84	19,64	1,09	1,04
38	FTSE 100	4.379,00	− 0,23	17,40	1,09	1,03
39	IBTA Lissabon	4.314,50	1,24	9,39	1,08	1,06
40	DJ STOXX 50	2.593,45	0,57	18,12	1,07	1,04
41	Australien (All Ord.)	3.196,70	− 0,02	12,17	1,06	1,00
42	MSCI/Welt (EUR)	83,10	1,59	15,10	1,06	1,01
43	CRB Futures	248,75	− 0,42	0,93	1,05	1,03
44	Rohöl/Brent	29,14	5,20	− 8,77	1,03	1,02
45	US Treasury Bd	1.336,10	− 0,77	0,96	1,00	1,00
46	REX	116,18	− 0,46	− 2,75	0,98	0,99
47	Shanghai Composite (China)	1.435,31	1,91	− 2,96	0,97	1,01
48	US-Anleihen (10 Jahre)	4,38	4,04	10,33	0,95	1,03
49	US-Anleihen (30 Jahre)	5,15	2,18	5,97	0,92	1,00

Abb. 100: Die wichtigsten Indizes geordnet nach ihrer relativen Stärke über die letzten 300 Tage

Diese Methode ist einfach in der Handhabung und besticht durch ihre verblüffenden Ergebnisse. Sie ist im Kontext mit anderen Analysemethoden eine wertvolle Hilfe beim großen „Puzzle der Kursprognose".

8.3 Beta-Faktor

Ein Beta-Faktor zeigt die Volatilität einer Aktie im Vergleich zu einem Markt an. Ein Beta-Faktor von 1,6 bedeutet, dass bei einem Anstieg des Dax um ein Prozent die Aktie theoretisch um 1,6 % steigt (Abbildung 101, S. 140). Das gleiche gilt umgekehrt bei Kursrückgängen. Bei einem Beta-Faktor von mehr als eins schwankt die Aktie stärker als der Markt. Unter eins sind die Kursausschläge geringer als der Index. Ein negativer Beta-Faktor besagt, dass die Aktie entgegengesetzt zum Index schwankt. Je nach gewünschter Zielsetzung und Markteinschätzung kann über die Beta-Steuerung eine Feinjustierung des Wertpapierdepots vorgenommen werden.

8.4 Channel Breakout

Bei dieser Methode werden Kurskanäle für Zeitreihen definiert. Sobald diese Kanäle verletzt werden, erfolgen bestimmte Maßnahmen. Beim Testen unterschiedlichster Systeme belegen die auf einfachen Channel Breakout-Modellen basierenden Handelsmethoden die besten Plätze. Auch hier bestätigt sich der Grundsatz: Komplizierter ist nicht unbedingt besser!

Eine einfache, aber verblüffend erfolgreiche Variante ist die Vier-Wochen-Regel. Es gibt nur zwei Handlungsanweisungen:

(1) Sobald die Kurse das Hoch der letzten vier Wochen übertreffen, decken Sie sämtliche Short-Positionen ein und gehen long.

(2) Wenn aber die Kurse unter das Tief der letzten vier Wochen fallen, schließen Sie alle Long-Positionen und gehen short.

Am besten funktioniert die Methode in Trendmärkten. Damit werden auch gleich zwei systemtypische Schwächen offensichtlich: Zum einen werden die Hochs und Tiefs nicht erwischt, zum

Beta Matrix Indizes	CRB Futures	DAX	Euro STOXX 50 Perf	Dow Jones	Gold London (USD)	MDAX	MSCI Welt (EUR)	Nasdaq	Nikkei 225	Rohöl Brent (USD)	S&P 500	Tech. All Share
CRB Futures	1	0,25	0,36	0,19	0,43	0,49	-0,11	0,22	0,31	0,16	0,16	0,29
DAX (X)	0,27	1	1,14	0,21	0,41	0,88	0,69	0,2	0,36	0,11	0,21	0,71
DJ Euro STOXX 50 Perf.	0,3	0,83	1	0,15	0,36	0,82	0,57	0,15	0,33	0,09	0,14	0,6
Dow Jones Industrial Average	0,1	0,1	0,09	1	0,14	0,15	0,36	0,42	0,11	0,07	0,88	0,21
Gold London (USD)	0,66	0,6	0,67	0,43	1	0,56	-0,26	0,25	0,11	0,07	0,38	0,59
MDAX (X)	0,34	0,51	0,65	0,2	0,28	1	0,39	0,14	0,39	0,07	0,2	0,51
MSCI/Welt (EUR)	-0,06	0,35	0,36	0,32	-0,09	0,27	1	0,17	0,28	0,03	0,35	0,27
Nasdaq Composite	0,37	0,3	0,3	1,33	0,26	0,36	0,57	1	0,23	0,3	1,46	0,44
Nikkei 225	0,44	0,5	0,62	0,34	0,11	0,93	1,01	0,21	1	0,2	0,38	0,46
Rohöl Brent ($/b)	0,71	0,43	0,49	0,62	0,18	0,5	0,26	0,81	0,59	1	0,85	0,56
S&P 500	0,1	0,11	0,1	1,02	0,14	0,18	0,44	0,53	0,14	0,11	1	0,23
Technology All Share (X)	0,42	0,88	1,02	0,6	0,47	1,1	0,72	0,4	0,42	0,17	0,56	1

Abb. 101: Beta-Matrix-Indizes

anderen produziert diese Handelsregel unbefriedigende Resultate in ausgeprägten Seitwärtsphasen. Eine Variation der Parameter verbessert die Ergebnisse. Die Empfindlichkeit des Systems wird durch eine kürzere Zeitspanne gesteigert, beispielsweise durch eine Zwei-Wochen-Ausstiegsregel. Die Berücksichtigung von Zyklen erhöht ebenfalls die Trefferquote. Die Verwendung des ADX als Filter ist eine weitere sinnvolle Option.

Das in einem anderen Kapitel vorgestellte VS-Breakout-Handelssystem beruht auf diesem Ansatz. Es ist vom Systemdesign recht einfach, aber höchst transparent und zuverlässig in der Anwendung.

8.5 Das Aktienbarometer

Das Aktienbarometer gibt Hinweise darauf, wie hoch der maximale Investitionsgrad in Aktien sein sollte. Es bezieht sich auf den für Aktien insgesamt vorgesehenen Kapitaleinsatz. Das Aktienbarometer warnt den Anleger, wenn es an den Märkten gefährlich wird. Es beruht auf eigenen Erkenntnissen. Sämtliche Faktoren werden zu einem Gesamtergebnis verdichtet.

(Anmerkung: Die Charts und Erläuterungen in kleinerer Schrift beruhen auf einer Einschätzung im Februar 2004 und sind als anschauliches Beispiel gedacht).

Der Zinstrend

Es ist kein Geheimnis, dass Aktien besser laufen, wenn die Zinsen niedrig sind. Liquidität ist der Treibstoff für die Börsen und die Realwirtschaft. Ein hoher Zins verteuert die Kosten der Geldbeschaffung. Ein Blick auf die Rendite der kurz- und langfristigen Anleihen verrät, wohin der Trend geht (Abbildungen 102 und 103, S. 142). Steigen die Zinsen, dann werden Anleihen attraktiver im Verhältnis zu Aktien und umgekehrt.

Zinsveränderungen wirken sich heute mit einer größeren Zeitverzögerung als früher auf die Aktienmärkte aus. Eine Ursache liegt in dem Verhalten der jungen und unerfahrenen Fondsmanager, die sich mehr an den Zu- und Abflüssen ihrer Fondsmittel orientieren als an wirtschaftlichen Gegebenheiten. So führen letztendlich prozyklische Aktivitäten zu Übertreibungen im Trend (zeitlich und kursmäßig), bis Zinsveränderungen nach sechs bis achtzehn Monaten ihre Wirkung entfalten.

Abb. 102: Seit dem Zinstief im Sommer 2003 steigt die Umlaufrendite in Deutschland

Abb. 103: In den USA halten sich die US-Treasuries auf relativ hohem Niveau. Der Aufwärtstrend der Kurse (= fallende Zinsen) ist noch intakt.

Unter Berücksichtigung des FED-Modells sind speziell die europäischen Märkte im Vergleich zu den Bonds noch günstig bewertet. Von der Höhe des Zinsniveaus droht keine Gefahr (positiv).

Die Währung

Aus Investorensicht haben Wechselkursentwicklungen einen bedeutenden Einfluss auf die Attraktivität einer Vermögensanlage. Neben dem US-Dollar sind der Japanische Yen, der Euro und der Schweizer Franken von Bedeutung.

Abbildung 104 zeigt eine leichte Entspannung: Der Höhenflug des Euro scheint zunächst gestoppt zu sein (neutral).

Abb. 104: Der Euro im Verhältnis zum US-Dollar

Der Goldpreis

Das gelbe Metall gilt als „Fluchtwährung". Es ist ein Gradmesser der Angst und ein guter Inflationsindikator.

Parallel zum Euro fällt der Goldpreis (Abbildung 105, S. 144) (neutral).

Der Ölpreis

Das schwarze Gold ist ein unentbehrlicher Grundstoff für unsere Weltwirtschaft. Preissteigerungen wirken sich negativ auf die Konjunktur aus.

Der Ölpreis verharrt auf moderat hohem Niveau (Abbildung 106). Positiv ist die kurzfristig fallende Tendenz (neutral).

Saisonalitäten

Es gibt eine ganze Reihe von zyklischen Schwankungen an den Märkten. So belegen statistische Untersuchungen, dass der Zeit-

Abb. 105: Entwicklung der Goldpreise in US-Dollar

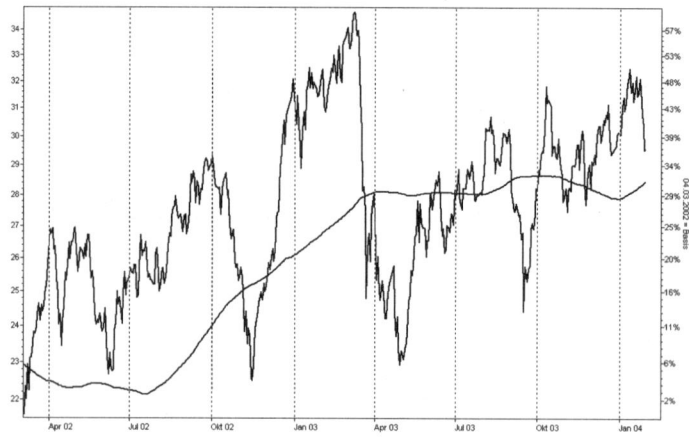

Abb. 106: Entwicklung der Ölpreises in US-Dollar

raum von Mitte November bis Ende April eine gute Börsenzeit ist. Die restliche Zeit des Jahres ist tendenziell eher ungünstig für die Aktienmärkte. Doch es gibt Ausnahmen von der Regel.Ein weiteres Beispiel ist der bekannte US-Präsidentschafts-Zyklus. Durch die weltweite Verzahnung der Aktienmärkte wirkt er sich mittelbar auf alle Märkte aus.

Wir befinden uns immer noch in der starken Jahreszeit. Auch der US-Präsidentschafts-Zyklus gibt den Aktienmärkten Rückenwind (positiv).

Die Stimmung

Wenn sich alle Experten einig sind, ist Vorsicht geboten. Eine zu euphorische oder extrem negative Stimmung der Börsenteilnehmer gilt als Warnsignal. Ein plötzlicher Stimmungsumschwung kann das Fass zum überlaufen bringen – mit den entsprechenden Konsequenzen für die Kurse.

Bekannte Sentimentindikatoren sind die Zahlen der American Association of Individual Investors (AAII Index) sowie der Informationsdienste Market Vane und Investors Intelligence. Auch die Volatilität gibt wichtige Signale. Sie misst die Schwankungsbreite der Märkte.

Eine hohe Volatilität geht oft einher mit Angst und fallenden Kursen, während eine niedrige Volatilität als Zeichen der Sorglosigkeit gilt. Eine Trendumkehr ist kritisch.

Die Volatilitäten (Abbildung 107, S. 146 und Abbildung 108, S. 147) signalisieren immer noch eine große Sorglosigkeit der Marktteilnehmer – trotz des Anstiegs in den letzten Tagen. Andere Stimmungsbarometer wie die Zahlen von Investors Intelligence haben seit Monaten bullische Extremwerte erreicht. Solange die Stimmung nicht nachhaltig kippt, droht keine Gefahr (neutral).

Der Titelseiten-Indikator

Wenn populäre Zeitungen oder Nachrichtenmagazine, deren Themen üblicherweise nicht ausschließlich die Börsen sind, in großen Schlagzeilen an exponierter Stelle den „Tod der Aktien" oder „Reich mit Aktien" verkünden, hat die Stimmung ein kritisches Niveau (Panik bzw. Euphorie) erreicht.

145

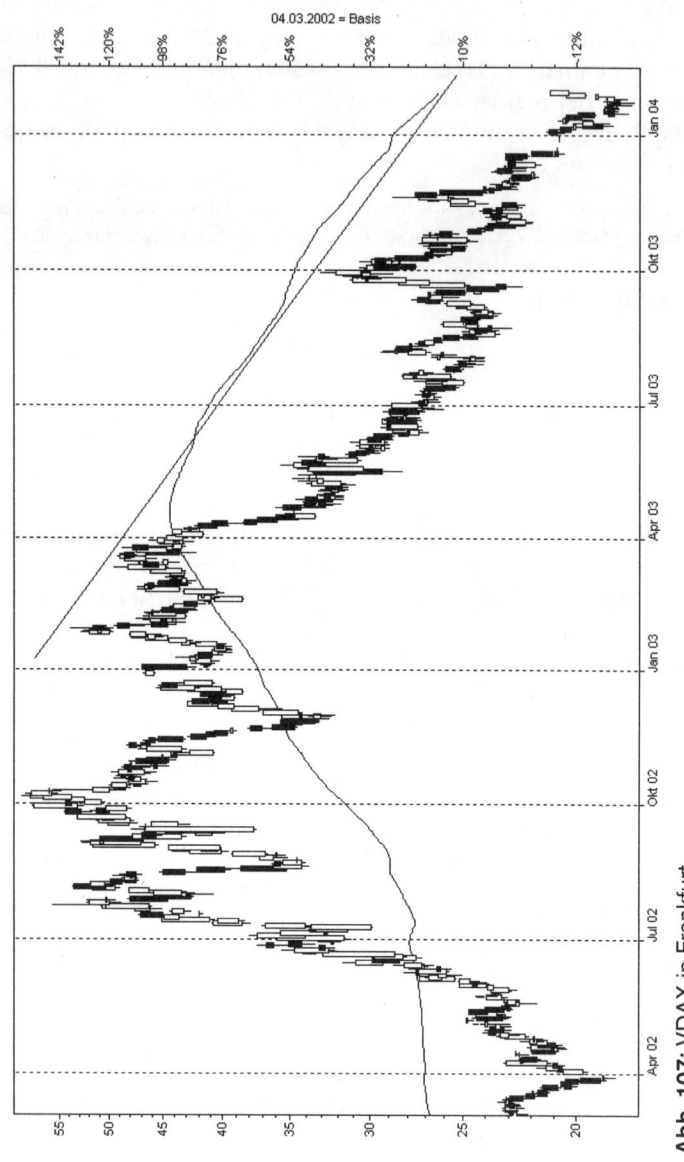

Abb. 107: VDAX in Frankfurt

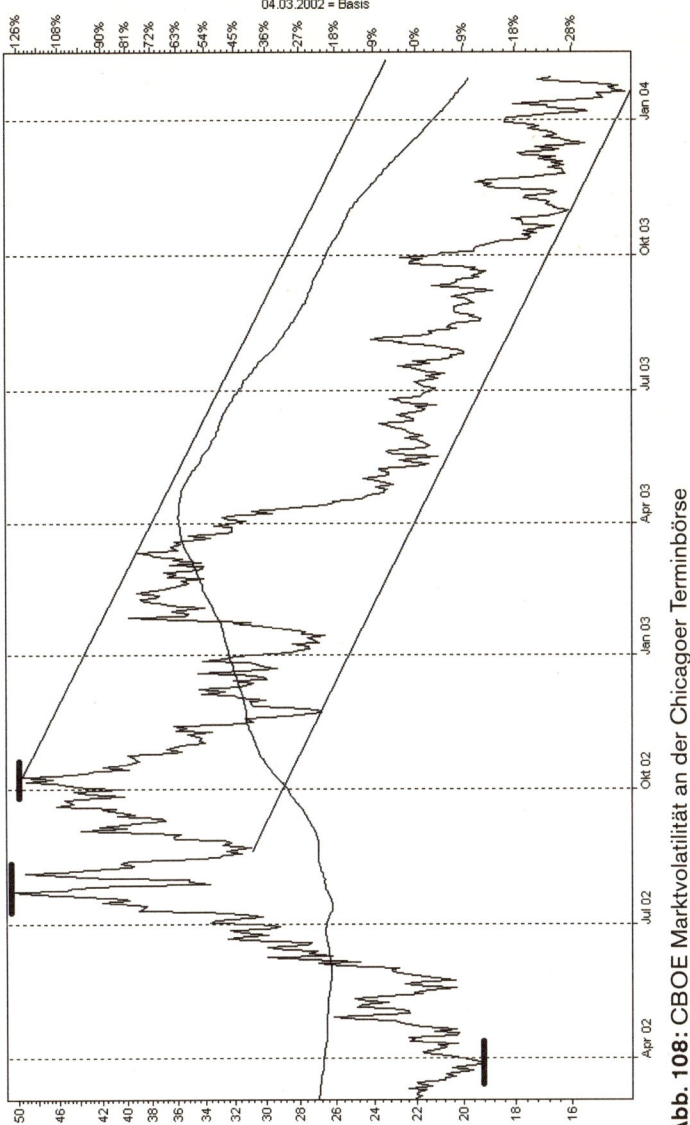

Abb. 108: CBOE Marktvolatilität an der Chicagoer Terminbörse

GD 200/30 Tage Indexmethode	Kurs	Vorwoche in %	Abstand GD 200 in %	Abstand Maximum 30 Tage in %	Abstand Minimum 30 Tage in %
Buenos Aires General	52.208,45	2,41%	35,35%	− 6,08%	15,25%
BET Bukarest	2.581,42	−1,91%	29,84%	− 4,15%	12,76%
CTX Czech Traded Index	1.176,25	2,36%	29,20%	− 0,13%	14,70%
Moskau Times Index	8.008,36	4,49%	25,27%	0,00%	16,30%
Bovespa (Brasilien)	21.755,02	1,96%	24,23%	−10,66%	3,84%
Technology All Share (X)	767,61	−0,94%	22,35%	− 2,81%	4,80%
Hang Seng (Hongkong)	13.907,03	0,28%	21,68%	− 0,15%	6,98%
HTX Hungarian Traded Index	2.691,44	3,02%	19,83%	0,00%	8,25%
Wiener Börsenindex	703,17	−0,46%	19,76%	− 0,76%	4,66%
RDX Russian Depos. Receipts	827,76	4,49%	19,67%	0,00%	12,95%
WIG	23.317,86	−0,07%	19,00%	− 0,75%	7,20%
MDAX (X)	4.872,79	−0,22%	18,23%	− 0,64%	3,67%
Polish Traded Index/Local Cu	1.416,65	−0,13%	17,61%	− 1,01%	7,20%
Korea Composite Index	883,42	0,68%	17,49%	− 0,22%	5,74%
IBTA Lissabon	4.852,30	1,50%	16,15%	0,00%	6,72%
HEX All-Share Index	7.003,65	−0,42%	16,04%	− 1,45%	5,90%
Athens General (Griechenland)	2.451,50	−0,71%	14,73%	− 1,74%	2,50%
KBX (Dänemark)	237,60	1,34%	14,69%	0,00%	6,34%
Amex Gold Bugs Index	224,80	1,12%	14,25%	− 7,12%	5,66%
IBEX (Spanien)	8.160,20	−2,16%	13,13%	− 2,16%	3,44%
Shanghai Composite (China)	1.675,07	−2,69%	12,50%	− 2,69%	5,65%
DAX (X)	4.018,16	−1,35%	12,07%	− 3,22%	0,67%

GD 200/30 Tage Indexmethode	Kurs	Vorwoche in %	Abstand GD 200 in %	Abstand Maximum 30 Tage in %	Abstand Minimum 30 Tage in %
MSCI/Welt (USD)	1.066,04	−1,22%	11,96%	− 1,82%	1,68%
DJ Euro STOXX 50	2.893,18	−0,38%	11,06%	− 1,36%	2,73%
CAC40	3.725,44	−0,21%	10,96%	− 0,90%	3,27%
DJ Euro STOXX	255,66	−0,27%	10,95%	− 1,19%	2,68%
Wilshire 5000	11.172,88	0,26%	10,91%	− 1,07%	2,04%
SMI (Schweiz)	5.798,40	−0,99%	10,79%	− 1,42%	2,35%
DJ STOXX 600	242,59	−0,26%	10,60%	− 0,85%	3,41%
Nikkei 225	11.041,92	3,00%	10,21%	− 0,55%	6,53%
Russell 1000	612,58	0,18%	10,15%	− 1,07%	1,74%
S&P 500	1.144,94	0,07%	9,98%	− 1,11%	1,64%
AEX (Niederlande)	356,59	−1,60%	9,66%	− 2,25%	2,18%
Nasdaq Composite	2.029,82	−0,40%	9,63%	− 5,76%	1,22%
Dow Jones Industrial Average	10.583,92	−0,33%	9,46%	− 1,43%	1,10%
S&P 100	564,54	−0,06%	8,68%	− 1,55%	1,01%
Nasdaq 100	1.470,38	−0,79%	8,34%	− 5,36%	0,57%
DJ STOXX 50	2.748,50	−0,46%	8,18%	− 0,96%	2,61%
BCI General (Italien)	1.305,99	0,53%	7,40%	− 0,37%	1,81%
Mibtel (MCI)	20.715,00	−0,37%	7,05%	− 0,89%	1,46%
MSCI/Welt (EUR)	86,90	0,81%	5,95%	− 0,69%	2,00%
Australien (All Ord.)	3.372,50	0,39%	5,60%	0,00%	2,98%
FTSE 100	4.492,20	−0,50%	5,23%	− 0,71%	2,62%

Abb. 109: Die wichtigsten Indizes in der Rangfolge ihres Abstandes zum 200-Tage-Durchschnitt

Im März 2003 wurde in den Medien der Tod der Aktien verkündet – ein hervorragendes Kaufsignal! Mittlerweile tauchen wieder erste positive Berichte in Magazinen auf, deren Themen üblicherweise nicht ausschließlich die Börsen sind. Die Berichterstattung ist insgesamt noch sehr moderat. Im Gegensatz zu den Stimmungsindikatoren ist noch eine gesunde Skepsis im Markt (positiv).

Die 200-Tage-Durchschnitt- und 30-Tage-Index-Methode

Je mehr Börsen sich über ihren langfristigen 200-Tage-Durchschnitt befinden (Abbildung 109, S. 148 f.), desto stärker ist ein weltweiter Aufwärtstrend. Wenn fast alle Märkte darüber liegen, besteht die Gefahr einer Korrektur mit einer zeitlichen Verzögerung von mehreren Monaten.

Die 30-Tage-Index-Methode (Abbildung 110) misst die Anzahl ausgewählter Indizes in der Nähe ihrer 30-Tage-Hochs bzw. Tiefs. Befinden sich mehr Indizes in der Nähe der Hochs, so liegt ein mittelfristiger Aufwärtstrend vor.

	GD 200 Indexmethode		30-Tage-Index-Methode	
Datum	Über GD 200	Unter GD 200	Hoch	Tief
02.01.2004	43	0	29	0
09.01.2004	43	0	15	0
16.01.2004	43	0	26	0
23.01.2004	43	0	16	0
30.01.2004	43	0	1	0

Abb. 110: Die Anzahl der 30-Tage-Hochs bzw. -Tiefs

Die Märkte sind noch in Hausse-Stimmung! Alle betrachteten Märkte befinden sich über dem 200 Tage Durchschnitt. Einziger Wermutstropfen: Die Anzahl der 30-Tage-Hochs hat deutlich abgenommen. Kein Index verzeichnet ein 30-Tage-Tief (noch positiv).

Fazit

Im Vergleich zum Vormonat (Januar 2004) hat sich die Situation aufgrund des stärkeren US-Dollars, fallender Goldpreise und leicht sinkender Zinsen etwas verbessert. Solange noch ein wenig Skepsis im Markt ist und die Volatilitäten nicht signifikant aus ihren Abwärtstrends ausbrechen, erscheint ein Investitionsgrad in Aktien von 60 % bis 70 % vertretbar. (Wichtiger Hinweis: Der Investitionsgrad bezieht sich auf den für Aktien insgesamt vorgesehenen Kapitaleinsatz! Wenn beispielsweise 30 % des verfügbaren Gesamtvermögens für Aktien vorgesehen sind, so ergibt sich bei einem Investitionsgrad von 60 % eine Aktienquote von 18 % (60 % von 30 %)).

9. Sentiment & Contrary Opinion

9.1 Die Stimmung

Immer wenn die Unsicherheit an den Börsen besonders groß ist und die klassischen Hilfsmittel zu versagen drohen, hat die Psychologie bei den Börsianern Hochkonjunktur. Mit Hilfe von Sentimentindikatoren wird die Stimmung von Meinungsmachern und einflussreichen Marktteilnehmern gemessen. Anhand des vorherrschenden Optimismus bzw. Pessimismus werden Prognosen abgeleitet, ob die Kurse eher steigen oder fallen.

Viele Sentimentindikatoren werden als Kontraindikatoren nach der Theorie der Contrary Opinion angewendet. Hinter dieser These stehen ein paar einfache Überlegungen. Danach liegt die Mehrzahl der Marktteilnehmer immer falsch. Die Finanzgemeinde neigt dazu, einen Trend durch ihre prozyklische Haltung zu verstärken.

Analysten gehen ein geringeres berufliches Risiko ein, wenn sie Aktien in einem Aufwärtstrend nur zum Kauf empfehlen, selbst wenn ein anderes Urteil angebracht wäre. In diesem Falle gilt: Die Kurse machen die Meinung und nicht umgekehrt. Nach der Contrary Opinion ist es ratsam, eine gegenteilige (antizyklische) Position einzunehmen, wenn nur noch eine (extreme) Meinung vorherrschend ist („Kursziel Dow Jones 100.000" oder „Tod der Aktie").

Für die eigene Anlagestrategie hat das folgende Konsequenzen: Wenn es nur noch Optimisten (Bullen) gibt und die Pessimisten (Bären) fast ausgestorben sind, dann ist es an der Zeit, sich eine antizyklische (hier: bärische) Strategie zu überlegen. Je höher das Stimmungsbarometer steigt, umso größer ist die Gefahr eines Umschwungs. Denn jeder Optimist ist investiert und wartet aufgrund der guten Stimmung und ausgezeichneten Perspektiven (Euphorie) auf den nächsten Anstieg. Doch woher soll der kommen, wenn alle schon dabei sind?

Erst wenn die Stimmung kippt (nicht vorher!), ist es an der

Zeit, die Seiten zu wechseln. Extreme Optimisten- bzw. Pessi-
mistenquoten reichen nicht aus für eine antizyklische Positionierung. Solche Phasen können wesentlich länger dauern, als es
einem lieb ist. Die letzte Aktienhausse ist ein Beispiel dafür, dass
Übertreibungen mehrere Jahre existieren können, bis die Realität wieder Einzug hält.

Immer dann, wenn die Börsenstimmung Extremwerte aufweist,
führt ein deutlicher Stimmungsumschwung zu starken Kursschwankungen (Abbildung 111).

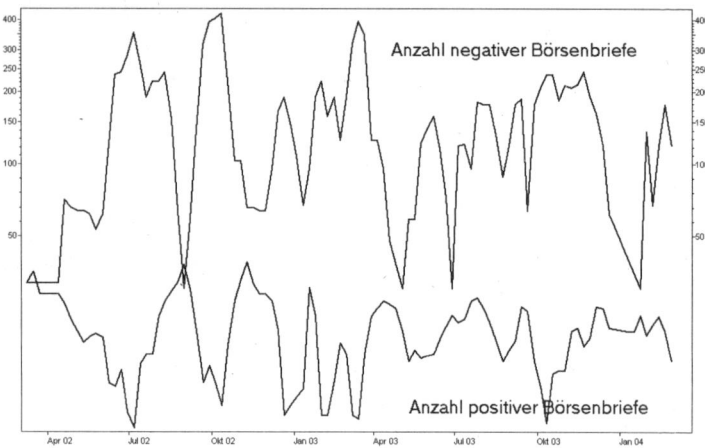

Abb. 111: Optimisten und Pessimisten unter den Börsenbriefen

In Amerika werden schon seit Jahrzehnten Stimmungen gemessen. So veröffentlicht das bekannte Anlegermagazin Bar-
rons die Zahlen der American Association of Individual Investors (AAII Index) sowie der Informationsdienste Market Vane
und Investors Intelligence.

Der Index der American Association of Individual Investors
(AAII) ermittelt die Stimmung verschiedener Marktteilnehmer
(Individuen). Market Vane analysiert die Empfehlungen von
Analysten und Marktbeobachtern. Investors Intelligence wertet
die Empfehlungen von Börsenbriefen aus. Dieser mittelfristige
Sentimentindikator ist auch in Europa recht bekannt.

Auf den Charts (Abbildungen 112 und 113, S. 156) erkennt man die Zuspitzung einer interessanten Konstellation. Es gibt fast nur noch Optimisten. Die Bullen sind fast ausgestorben. Die Differenz zwischen Bullen und Bären hat einen Extremwert erreicht, der über dem Niveau vor dem Aktiencrash im Jahre 1987 liegt. Damals dauerte es noch einige Monate, bis der Markt eingebrochen ist. Dennoch darf man hier keine voreiligen Schlüsse ziehen. Sentimentindikatoren sind der klassischen Chartanalyse untergeordnet.

Der Nasdaq 100 Bullish Percent Index

Der Nasdaq 100 ist ein guter Indikator für die Teilnahme des Gesamtmarktes an bedeutenden Marktbewegungen, da er die „Large Caps" (z. B. Microsoft und IBM) enthält. Der Nasdaq 100 Bullish Percent Index misst die relative Anzahl der im Index enthaltenen Aktien im Aufwärtstrend. Befindet sich der optimistische Prozentsatz in der Nähe historischer Höchststände, so sollte der Anleger nach bevorstehenden Wendepunkten Ausschau halten.

Die Put/Call Ratio

Put/Call Ratios ermitteln die Anzahl der gehandelten Optionen und setzten sie zueinander ins Verhältnis. Eine hohe Ratio ist somit Ausdruck von Angst, während eine niedrige Zuversicht ausdrückt. Ein besonderer Fall ist die QQQ Put/Call Ratio. Der QQQ ist eine Indexaktie auf den Nasdaq 100. Der QQQ wird in Amerika von finanzstarken Investoren besonders beachtet.

Bis zum Beginn der Baisse fällt die Put/Call Ratio (Abbildung 114, S. 157) kontinuierlich. Im Frühjahr 2000 hat der Optimismus seinen Höhepunkt erreicht. Mit der Aktienbaisse steigt die Put/Call Ratio wieder an als Zeichen zunehmender Angst.

9.2 Volatilitäten als Gradmesser der Emotionen

Die Volatilität misst die Schwankungsbreite eines Handelsobjektes. Der VDAX ist die Fieberkurve des deutschen Blue Chip

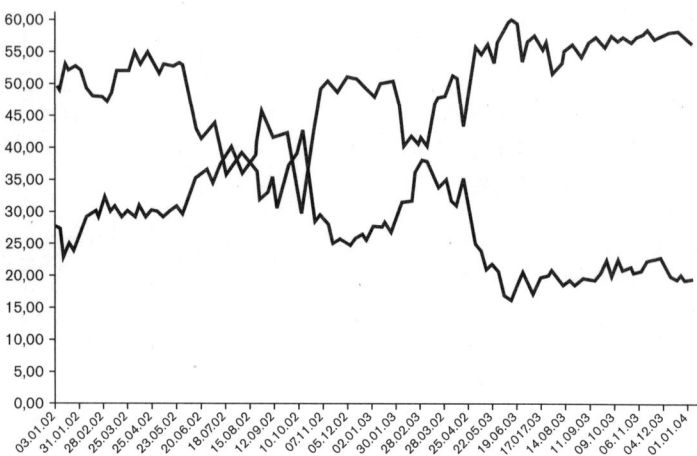

Abb. 112: USA: Bullen & Bären (Quelle: Investors Intelligence). Die Stimmung ist sehr euphorisch. Es gibt kaum noch Pessimisten.

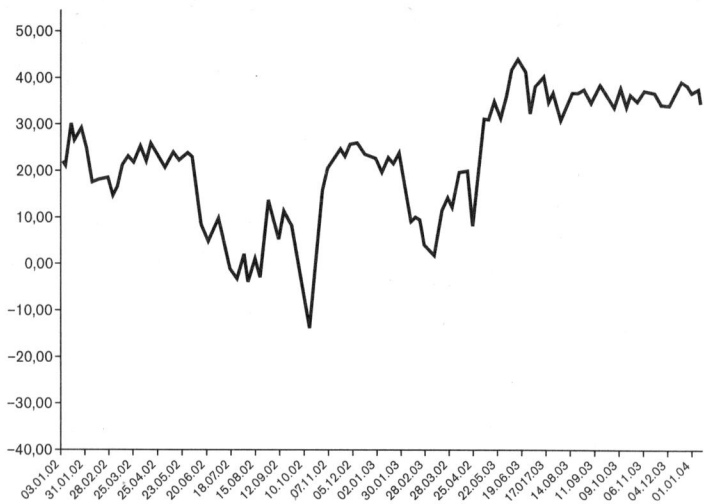

Abb. 113: USA: Bullen & Bären (Quelle: Investors Intelligence). Die Differenz aus Bullen und Bären verdeutlicht die extrem optimistische Stimmung.

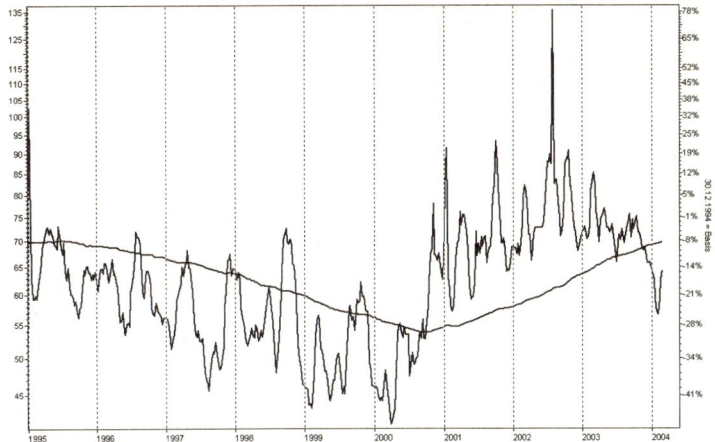

Abb. 114: Put/Call Ratio an der Wall Street in New York

Index Dax. Als mittelfristiger Sentimentindikator fungiert er als Gradmesser zwischen Angst und Euphorie.

Je höher der Wert, desto mehr Unsicherheit ist im Markt. Ein steigender VDAX zeigt die Zunahme des bärischen Marktsentiments an. Nach der Contrary Opinion liegt die Mehrheit der Anleger immer falsch. Erwarten alle fallende Kurse (Zunahme des bärischen Sentiments), so tritt genau das Gegenteil ein.

Der VDAX (Abbildung 115, S. 158) weist eine negative Korrelation zum Dax auf. Steigt der Dax, so fällt der VDAX und umgekehrt. Dieser Zusammenhang wird in dem Vergleichschart deutlich. Auch bei anderen Indizes ist diese Konstellation erkennbar.

Ein niedriger Wert kann dagegen als „Sorglosigkeit" der Marktteilnehmer interpretiert werden. Das ist typisch für eine zunehmend bullische Stimmung. Entscheidend ist nicht nur die absolute Höhe des Indikators, sondern das extreme obere (untere) Wendepunkte überschritten werden.

Dabei muss berücksichtigt werden, dass sich der VDAX auch länger als erwartet in einer Extremphase aufhalten kann. Diese Situation ist vergleichbar mit einem Oszillator, der sich im überkauften bzw. überverkauften Bereich bewegt. Er ist dann sogar

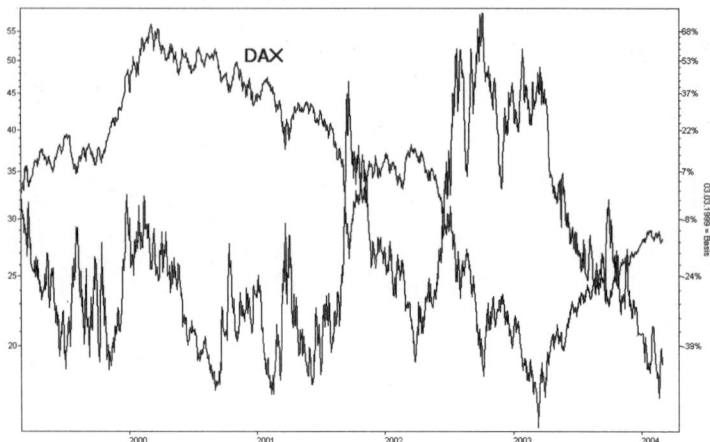

Abb. 115: VDAX und Dax-Index mit negativer Korrelation

Abb. 116: Nasdaq Index mit negativer Korrelation zur Marktvolatilität

trendbestätigend! Erst ein nachhaltiger Trendwechsel gibt das entscheidende Signal.

Abbildung 116 offenbart den gleichen Zusammenhang wie beim Dax: Negative Korrelation auch beim Nasdaq Composite Index bzw. dem Standard & Poor's Index (Abbildung 117).

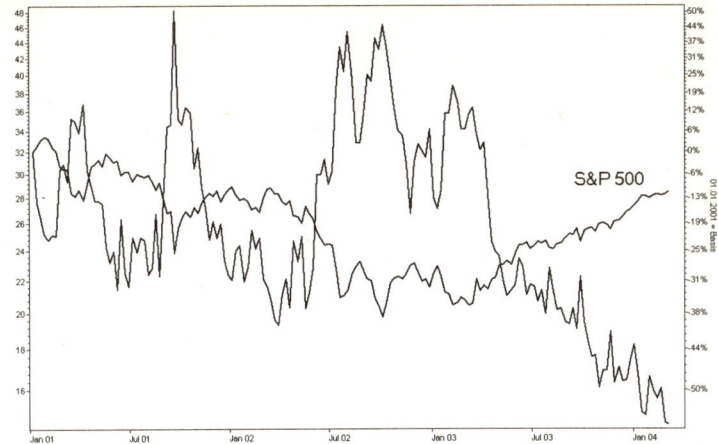

Abb. 117: S & P 500 Index mit negativer Korrelation zur Marktvolatilität

Beispiele von weiteren Sentimentindikatoren für Deutschland:

- ifo-Geschäftsklima-Index (Befragung von etwa 7.000 Unternehmen)
- Deutsche Börse AG (Befragung von 300 aktiven Marktteilnehmern)
- Schumacher's Notes: (Empfehlungen von Analysten und Finanzjournalisten)
- Sentix (Befragung von etwa 1.000 Marktteilnehmern)

10. Intermarket-Analyse

10.1 Die Beziehungen zwischen den Märkten

Mittlerweile ist es eine allgemein akzeptierte Erfahrung, dass alle Märkte zueinander in einer bestimmten Beziehung stehen. Das betrifft sowohl die inländischen wie auch die ausländischen Märkte. Betroffen sind alle Arten von Märkten. Die Anleihemärkte haben einen wesentlichen Einfluss auf die Aktienmärkte, die Rohstoffmärkte sind geprägt von der Entwicklung des US-Dollars und die Inflationserwartung hat Auswirkungen auf den Goldpreis.

Allein diese wenigen Beispiele zeigen schon, dass es sich kein Finanzanalyst – egal ob technisch oder fundamental orientiert – erlauben kann, diese Zusammenhänge zu vernachlässigen. Sie sind ein bedeutender Schlüssel zum Verständnis der Märkte. Die Analyse der Intermarket-Verknüpfungen im Hinblick auf Bestätigungen und Divergenzen liefert wertvolle Hinweise auf die zukünftige Marktentwicklung

Wer diese Erkenntnisse zu nutzen versteht, findet immer interessante Märkte und profitiert von deren Bewegung. Es gibt geeignete Handelsinstrumente für jede Situation – unabhängig von der Marktrichtung. Anhand von Grafiken möchte ich noch einen kleinen Einblick in diesen interessanten Zweig der technischen Analyse geben.

10.2 Wichtige Korrelationen im Überblick

Der US-Dollar ist normalerweise gegenläufig zu den Rohstoffpreisen (CRB Index). Aus dem Blickwinkel eines Euro-Investors ist die Devisensichtweise genau umgekehrt: Ein starker US-Dollar führt aus europäischer Betrachtung zu einem schwachen Euro. Bezogen auf die Intermarket-Verknüpfungen bedeutet das einen Gleichlauf von Rohstoffpreisen und Euro. Bitte berücksichtigen Sie die jeweilige länderspezifische Perspektive bei der Betrachtung der Charts.

Ein fallender US-Dollar bzw. steigender Euro (Abbildung 118) geht einher mit steigenden Rohstoffpreisen (Abbildung 119).

Abb. 118: US-Dollar im Abwärtstrend

Abb. 119: Rohstoffe im Aufwärtstrend

Der Goldpreis (Abbildung 120) steigt als Folge eines schwachen US-Dollars bzw. starken Euro. Der Goldpreis läuft wiederum den Rohstoffpreisen voraus (Abbildung 121).

Abb. 120: Gold im Aufwärtstrend

Abb. 121: Gold läuft den Rohstoffpreisen voraus (großer Kreis)

Gold antizipiert inflationäre Tendenzen. Das ist ein Grund, warum der US-Dollar und Gold gegenläufig sind. Ein niedriger US-Dollar führt zu einer importierten Inflation. Daraufhin steigen Gold und etwas später auch die Rohstoffpreise.

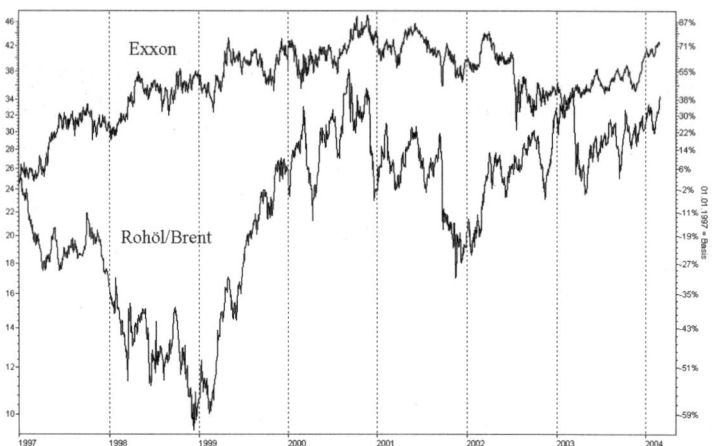

Abb. 122: Ölaktien laufen dem Ölpreis voraus

Abb. 123: Kupfer als Indikator für die Konjunkturdynamik

Ölaktien laufen (ähnlich wie Gold) der Ölpreisentwicklung voraus (Abbildung 122). Divergenzen bieten interessante Tradingmöglichkeiten.

Kupfer (Abbildung 123) ist ein guter Gradmesser für die wirtschaftliche Gesamtverfassung. Ein steigender Kupferpreis deutet auf eine Belebung der Konjunktur hin.

Fallende Rohstoffpreise begünstigen die Aktienmärkte (Abbildung 124). Steigende Rohstoffpreise verteuern die Produktion und sorgen für einen inflationären Schub, der steigende Zinsen und fallende Rentenmärkte nach sich ziehen kann. Steigende Zinsen sind Gift für die Aktienmärkte.

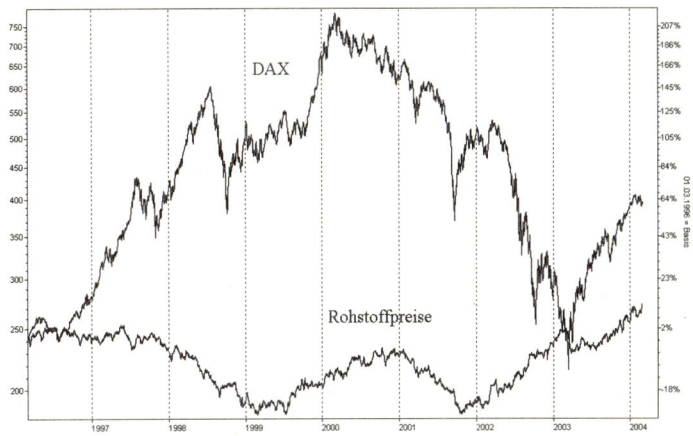

Abb. 124: Fallende Rohstoffpreise begünstigen die Aktienmärkte

Fallende Rohstoffpreise sind vorteilhaft für die Rentenkurse, da sie niedrige Inflationsraten implizieren. Seit dem Jahr 2002 laufen beide Märkte parallel (Abbildung 125, S. 166). Dieses Verhalten deutet auf wichtige strukturelle Veränderungen bzw. Erwartungen hin. Die massive Geldausweitung der amerikanischen Notenbank ist dafür verantwortlich. Gold steigt ebenfalls und bestätigt die inflationären Tendenzen. Demnach sollten die Rentenkurse langfristig wieder fallen. Nur eine Deflation würde die Intermarket-Verknüpfungen zwischen den Rohstoffpreisen und Rentenkursen auf den Kopf stellen.

Abb. 125: CRB Index (Rohstoffe) und US-Anleihen (oben)

Abb. 126: US-Treasuries und Dow Jones Industrial Average (oben)

Steigende Rentenmärkte (d. h. fallende Zinsen) sind positiv für die Aktienmärkte (Abbildung 126). Der Dow Jones Index und die US-Treasuries steigen parallel. Die Rentenkurse haben eine Vorläuferfunktion von einigen Monaten vor Wendepunkten des Aktienmarktes.

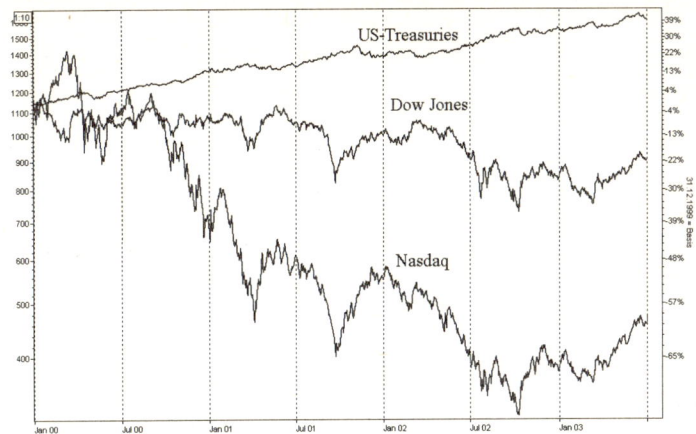

Abb. 127: US-Tresuries, Dow Jones Industrial Average Index und Nasdaq Index im Vergleich

Abb. 128: Dow Jones Industrial Index, Dow Jones Transport Index und Dow Jones Utilities Index

Es gibt aber auch Ausnahmen: In Abbildung 127 fällt der Dow Jones Index, obwohl die US-Treasuries (d. h. fallende Zinsen) weiter steigen. Nach Börsenexzessen oder bei Deflationsängsten kann der Gleichlauf gestört werden.

Die Übertreibungen an der Technologiebörse Nasdaq haben ihre Spuren beim Dow Jones Index hinterlassen – wenn auch nur vergleichsweise moderat. Grundsätzlich sollten alle Indizes einander bestätigen (Abbildung 128, S. 167).

11. Handelssysteme

„Wichtig ist, dass Sie öfter recht haben, als sich zu irren.
Wenn Sie recht haben, sollten Sie sehr recht haben,
wenigstens von Zeit zu Zeit. Und wenn Sie sich irren,
dann sollten Sie das erkennen, bevor Sie sich sehr irren!"
John Templeton

11.1 Begriffsbestimmung

Handelssysteme bestehen aus einer Kombination von Regeln,
aufgrund derer automatische Kauf- und Verkaufsignale für einen
Index, Aktie, Währung etc. erzeugt werden. Die Signale hängen
vom Verhalten einer zugrunde liegenden Zeitreihe ab. Sie werden
permanent neu berechnet und sind eindeutig nachvollziehbar. Es
besteht kein Auslegungsspielraum. Die objektive Messbarkeit der
Ergebnisse ist gegeben. Der Anwender bleibt der einzige subjektive Faktor in seiner Konsequenz der Signalumsetzung.

Computer und Handelssysteme können dem Anleger nicht ver-
raten, auf welche Art und Weise man an den Finanzmärkten Gewinne erzielen kann, aber sie können sehr hilfreich bei der Entwicklung von Handelsideen und deren Überprüfung auf Erfolg
sein. Handelssysteme ermöglichen den Test von Anlagestrategi-
en, ohne dabei echte Verluste in Kauf nehmen zu müssen. Sie
leisten einen bedeutenden Beitrag zur Verbesserung der Risikokontrolle in der dynamischen Asset Allokation.

Sie sind kein Perpetuum Mobile zur Geldvermehrung. Handelssysteme nutzen vielmehr Erfolgswahrscheinlichkeiten und
bestimmte Verhaltensweisen der Marktteilnehmer geschickt aus.
Sie sind eine wertvolle praktische Hilfe für alle interessierten
Anwender, die sich über deren Stärken und Schwächen bewusst
sind.

Ein Handelssystem ist nicht auf den Erfolg einzelner Transaktionen fixiert, sondern auf die Umsetzung einer langfristig gewinn-
bringenden und robusten Strategie. Man darf nicht unrealistisch

hohe Gewinne erwarten, sondern per Saldo einen kontinuierlichen Ertrag bei bewährten Strategien.

Im Folgenden wird zunächst ein Überblick über die Funktionsweise mechanischer Handelssysteme gegeben. Anschließend stelle ich exemplarisch eines meiner verwendeten Modelle kurz vor: Das VS-Breakout-Handelssystem.

11.2 Arten von Handelssystemen

Generell kann zwischen systematischen und diskretionären Systemen unterschieden werden. Dazu gibt es zahlreiche Varianten aus einem Mix von beiden.

Bei einem **diskretionären Ansatz** trifft der Portfoliomanager seine Handelsentscheidungen intuitiv auf Grund der ihm vorliegenden Daten. Das können aktuelle Wirtschaftsnachrichten sein, diverse Unternehmensanalysen, aber auch technische Analysemodelle. Bei einem diskretionären Ansatz ist die Erfolgskontrolle der Handelsentscheidungen nur begrenzt möglich.

Besonders in stressigen Börsensituationen führt der diskretionäre Ansatz zu übersteigertem emotionalem Handeln. Es wird sich dann nicht mehr an die ursprünglich konzipierten Entscheidungsregeln gehalten. So werden Verluste nicht rechtzeitig glattgestellt (Prinzip Hoffnung). Mit der Glattstellung einer Verlustposition wird häufig auch das Eingeständnis eines Fehlers verbunden – ein nicht zu unterschätzendes psychologisches Problem. Dagegen werden Gewinnpositionen zu schnell geschlossen. Die Regel „Gewinne laufen lassen, Verluste begrenzen" kennen zwar die meisten Trader, die praktische Umsetzung sieht aber häufig weniger erfolgreich aus.

Ein Problem besteht in der begrenzten und folglich selektiven Wahrnehmung der umfangreichen Informationen. Im Gegensatz zu früher stellt sich nicht mehr die Frage „woher bekomme ich die gewünschten Informationen", sondern „wie filtere ich aus der Informationsflut die für mich relevanten Daten heraus!"

Der Vorteil des diskretionären Ansatzes liegt in der Möglichkeit, die Variablen des Handelsansatzes jederzeit zu ändern. Das System kann flexibel auf neue Ereignisse reagieren. Das setzt bei dem Anwender eine umfangreiche Börsenerfahrung, hohe psychische Belastbarkeit und Selbstdisziplin voraus.

Bei den **systematischen Ansätzen** werden im Wesentlichen die folgenden vier Gruppen unterschieden:

Trendfolgesysteme

Trendfolgesysteme sind so konstruiert, dass sie von großen Trendbewegungen partizipieren. Da sich die Märkte zu 70 % in einer Seitwärtsbewegung befinden, liefern Trendfolgesysteme viele Fehlsignale. Die Anzahl der profitablen Trades liegt zwischen 30 % und 40 %. Es ist entscheidend, dass die Anzahl der wenigen erfolgreichen Trades die vielen kleinen Verluste während einer Seitwärtsbewegung per Saldo übertreffen.

Countertrendsysteme

Diese sind geeignet für ausgeprägte Seitwärtsbewegungen der Märkte. Im Prinzip wird am oberen Rand der Seitwärtsbewegung (Widerstand) die Position verkauft, und am unteren Rand (Unterstützung) wieder gekauft. Da sich die Märkte zu 70 % in Seitwärtsphasen befinden, ist dieses System sehr häufig im Markt und funktioniert in diesen Phasen auch recht gut. Allerdings werden die großen Bewegungen verpasst, da das System den Ausbruch nicht erkennt. In Seitwärtsphasen werden viele kleine Gewinne eingesammelt, allerdings steigen die Transaktionskosten. Die Trefferquote liegt meist über 50 %. Das Verhältnis von Verlust zu Gewinn ist sehr hoch, da es bei Trendausbrüchen aus der Seitwärtsbewegung schnell zu Fehlsignalen mit hohen Drawdowns kommt.

Volatilitätssysteme

Je nach Positionierung wird nach niedrigen Volatilitätsniveaus Ausschau gehalten. Bei einem Ausbruch aus diesem Niveau (die Richtung ist meist unbekannt, kann aber durch andere Indikatoren näher präzisiert werden) steigt das System in Trendrichtung ein und profitiert von diesem, oft kurzen, Ausbruch. Es werden viele kleine, positive Trades erzielt. Durch die große Handelsfrequenz sind die Transaktionskosten relativ hoch.

Patternsysteme

Hierbei handelt es sich um Formationserkennungs-Systeme. Ziel ist das Aufspüren von markanten Chartformationen (z. B. Schulter-Kopf-Schulter, Dreieck, Wimpel oder Kerzenformationen). Die Trefferquote ist mit 60 % bis 70 % sehr hoch. Es werden im Jahr nur 2 bis 4 Handelssignale erzeugt. Patternsysteme sind schwierig zu programmieren.

11.3 Der Systemtest

Der Systemtest ist ein wesentlicher Bestandteil bei der Entwicklung von Handelssystemen. Dabei werden die relevanten statistischen Kennzahlen berechnet, die sich durch die konsequente Anwendung der definierten Handelsregeln ergeben würden. Besonderes Augenmerk wird auf das Verhalten bei realistischen Marktbedingungen gerichtet.

Die strengen Testanforderungen filtern ungeeignete Handelssysteme schnell heraus. Nur ein kleiner Prozentsatz besteht die Teste. Ob die extrahierten Handelssysteme dann auch sinnvoll eingesetzt werden können, hängt dennoch von der verfolgten Anlagestrategie ab, die letztendlich den Rahmen vorgibt. Da ein Handelssystem nur rückwirkend für die Vergangenheit getestet werden kann, bleibt ein Restrisiko, ob es auch für die Zukunft gewinnbringend arbeitet.

Der Systemtest setzt sich aus fünf Phasen zusammen. Dabei werden die Güte, Robustheit und Profitabilität des Handelssystems intensiv getestet. Die gewonnenen Erkenntnisse zeigen, wie sich die Performance des Handelssystems im Einzelnen zusammensetzt. Gewinn- und Verlusttrades werden isoliert betrachtet. Kennzahlen wie Trefferquote, Handelsfrequenz, Transaktionskosten und Drawdowns liefern wertvolle Hintergrundinformationen. Die Schwachstellen des Handelssystems werden analysiert und optimiert.

Ein Handelssystem sollte für den Entwickler und späteren Anwender in seiner Komplexität klar nachvollziehbar sein (KISS-Prinzip: Keep it small and simple).

Evaluierung

Zunächst wird das Testverhalten anhand historischer Daten analysiert. Darauf aufbauend werden die wesentlichen Kennzahlen und Systemparameter festgelegt. Anschließend erfolgen mehrstufige Optimierungs-Sequenzen.

Viele der angebotenen (käuflichen) Handelssysteme werben mit einer extrem guten Performance. Dabei handelt es sich häufig um überoptimierte Systeme, die durch iterative mathematische Prozesse eine Kurvenanpassung (curve fitting) erreichen. Es ist plausibel, dass damit nur der historische Kursverlauf als Performance nachgebildet wird. Für zukünftige Prognosen sind solche Systeme ungeeignet. Die folgenden Testphasen verhindern eine Überoptimierung und geben wichtige Hinweise auf Robustheit und Güte des Handelssystems.

Verifizierung

In der zweiten Testphase wird das Handelssystem mit historischen Kursdaten desselben Marktes konfrontiert, die nicht Bestandteil der ersten Testphase waren. Die Ergebnisse sollten nicht wesentlich von der ersten Testphase abweichen.

Robustheit und Güte

Anschließend wird das System in anderen Märkten des gleichen Segmentes getestet. Mittels einer Sensitivitätsanalyse werden Robustheit und Güte der Handelsregeln verifiziert.

Negativselektion

Zur weiteren Schwachstellenanalyse und Definition des primären Anwendungsgebietes folgen Testreihen in fremden Märkten und anderen Segmenten. Aus den gewonnenen Daten werden Cluster gebildet und auf Plausibilität geprüft.

Maximum Drawdown

Der maximale Verlust je Trade kann als Risikomaß verwendet werden. Dabei kommt es jedoch nicht nur auf den einzelnen maximalen Drawdown an, sondern auf die kumulative Wirkung aller maximalen Verlusttrades auf die Gesamtperformance im Zeitablauf. Ein erfolgreiches Handelssystem mit extremen Drawdowns kann für den Anwender zu einer enormen psychologischen Belastung führen. Wenn dann nicht die nötige Erfahrung und eiserne Selbstdisziplin gegeben ist, werden nicht systemgerechte subjektive Entscheidungen getroffen, die zu einem Versagen des ganzen Systems führen können.

Diese fünf Testphasen trennen sehr schnell die Spreu vom Weizen. Nur wenn ein Handelssystem alle Teste mit Bravour besteht, sollte es im Rahmen einer Anlagestrategie berücksichtigt werden.

11.4 Das VS-Breakout-Handelssystem

Das VS-Breakout-Handelssystem hat alle Teste bestanden. Der Zeithorizont ist mittel- bis langfristig ausgerichtet. Ausgewählte Handelsobjekte sind den Regeln des Money Management unterworfen.

Das VS-Breakout-Handelssystem ist abgeleitet aus erfolgreichen Handelspraktiken. Es ist ein Trendfolgesystem, das durch die Prinzipien des Countertrend-Ansatzes ergänzt wird. In ausgeprägten Trendphasen erzielt es die besten Ergebnisse. Mittel- und langfristige Trendwechsel werden recht zuverlässig identifiziert und profitabel umgesetzt. Es ist ideal zum Handeln ganzer Märkte (Indizes).

Ausgedehnte Seitwärtsbewegungen kosten dagegen Performance. Durch die spezielle Systemarchitektur erfolgen jedoch Warnhinweise, die ein versierter technischer Analyst erkennt. Häufen sich die Hinweise, sollte der betroffene Markt gemieden werden, bis wieder ein günstigeres Chance-/Risikoverhältnis vorliegt. Da sowohl Long-, Short- und Out of the Market-Signale erzeugt werden, kann der Fokus ohne Probleme auf andere profitable Märkte gerichtet werden. Das Handelssystem ist in der Lage, diese zu identifizieren.

Stärken & Schwächen im Überblick

Stärken
- Märkte/Indizes
- Trendmärkte
- Robustheit
- Güte
- Transparenz
- Nachvollziehbarkeit
- Handelbarkeit in jeder Marktlage
- Keine Überoptimierung
- Geringe Transaktionskosten
- Visuelle Justierbarkeit

Schwächen
- Einzeltitel
- Intraday-Handel
- ausgeprägte Seitwärtsmärkte
- Psychologische Belastung (Drawdowns)
- Transaktionskosten in Seitwärtsmärkten

Das VS-Breakout-Handelssystem in der Praxis

Strategievarianten: Das VS-Breakout-Handelssystem erzeugt sowohl Long-, Short- und Out of the Market-Signale. Damit kann es in nahezu jeder Marktphase gehandelt werden. Voraussetzung sind liquide Märkte und funktionierende Preisbildungsmechanismen. Die Ergebnisse des Systems werden mit der klassischen **Buy & Hold-Strategie** (Long Position) verglichen. Bei einer Buy & Hold-Strategie wird das Handelsobjekt über den gesamten Betrachtungszeitraum gehalten und erst am Ende verkauft. Es finden zwischendurch keine Transaktionen statt.

Bei der **konservativen Variante** des VS-Breakout-Handelssystems werden die Bewegungen des Handelsobjektes im Verhältnis 1:1 nachvollzogen. Fällt der Dax-Index um 50 % von 4.000 auf 2.000 Punkte, so wird das Handelssystem einen Gewinn-

Trade von +50 % bei entsprechender Short-Positionierung verbuchen.

Handelt es sich dagegen um einen „echten" Leerverkauf, so sieht die Performance-Berechnung anders aus: Der Index wird per Termin zu 4.000 Punkten verkauft. Durch entsprechende Bestände bzw. Wertpapierleihe wird eine Deckung gewährleistet. Bei einem Indexstand von 2.000 Punkten erfolgt die Eindeckung der Position. Demgegenüber führt die Realisierung der Abnahmeverpflichtung des Kontrahenten zu 4.000 Indexpunkten folglich zu einem Gewinn von +100 % ((4.000 – 2.000) ÷ 2.000) × 100 je Eindeckung). Diesen Unterschied gilt es im Vergleich zur konservativen Variante zu berücksichtigen.

Die **gehebelte Variante** ist eine Modifikation der konservativen Methode. Durch den Einsatz von Optionsscheinen, Mini-Futures oder Hebelzertifikaten werden die Bewegungen des Handelsobjektes um ein Vielfaches nachvollzogen.

Signal-Performance, Hebeleffekte und Betrachtungszeiträume: Im Beispiel (Abbildung 129) erleidet der Anleger mit einer Buy & Hold-Strategie auf den SMI-Index (Schweiz) einen Verlust in Höhe von insgesamt –8 % in sechs Jahren. Verwendet er dagegen die konservative VS-Breakout-Handelsstrategie, so kann er sich über einen Gewinn von +70,86 % freuen. Bei einem Hebel von 4 sind es +294,67 % Gewinn. Die teilweise exorbitanten Gewinne sollten nicht dazu verführen, diese als Basis für eine Anlagestrategie zu verwenden. Der Hebel wirkt in beide Richtungen.

Der durchschnittliche Gewinn über alle Positionen bzw. je Trade lässt keinen unmittelbaren Rückschluss auf die Gesamtperformance des Handelssystems zu. Erst die Hochrechnung der generierten Trades auf den gesamten Betrachtungszeitraum gibt Aufschlüsse über den Gesamterfolg.

In der Abbildung 130 (S. 178) gibt der obere Chart den Kursverlauf des Handelsobjektes wieder. Auf der rechten Skala kann dort bequem die Gesamtperformance bei einer Buy & Hold-Strategie abgelesen werden. In der unteren Hälfte wird die Gesamtperformance bei Befolgung aller Handelssignale des VS-Break-

Typ	Von	Bis	Gewinn je Trade	Tref-fer	Gewinne hochgerechnet (Basis 100)			
					Konservativ	Hebel 2	Hebel 3	Hebel 4
					100,00	100,00	100,00	100,00
Long	18.09.1997	24.08.1998	31,70%	ja	131,70	163,40	195,10	226,80
Short	24.03.1999	29.06.1999	2,45%	ja	134,93	171,41	209,44	249,03
Long	16.08.1999	21.10.1999	– 1,67%	nein	132,67	165,68	198,95	232,39
Long	01.12.1999	09.02.2000	– 6,51%	nein	124,04	144,11	160,09	171,88
Short	15.02.2000	28.03.2000	– 6,75%	nein	115,66	124,66	127,67	125,47
Long	09.05.2000	16.02.2001	2,39%	ja	118,43	130,61	136,83	137,46
Short	14.03.2001	08.11.2001	12,90%	ja	133,71	164,31	189,78	208,40
Short	14.12.2001	18.03.2002	– 5,21%	nein	126,74	147,19	160,12	164,97
Short	26.04.2002	offen	34,81%	ja	170,86	249,66	327,33	394,67
			7,12%	56%	70,86%	149,66%	227,33%	294,67%
					Gesamtperformance VS Breakout			

Buy & Hold in der gleichen Zeit: – 8,00%

Hebeleffekte: Auswirkungen auf den absoluten Performance-Verlauf

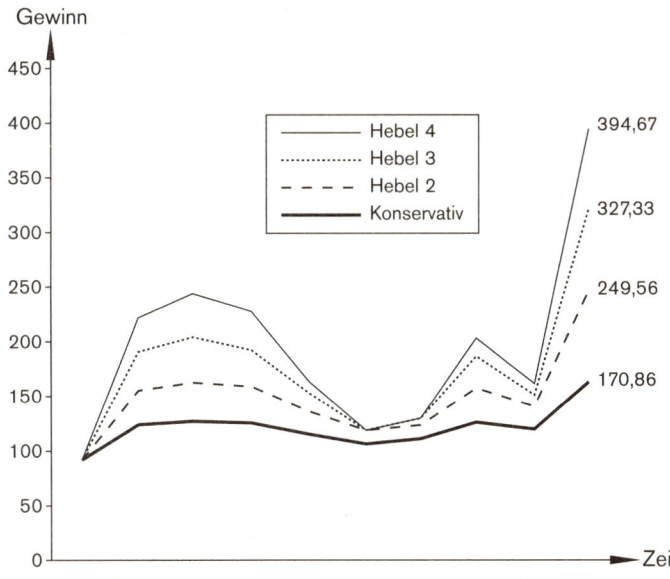

Abb. 129: Die Signal-Performance des Schweizer Aktienindex SMI über einen 6-Jahres-Zeitraum per 26.3.03

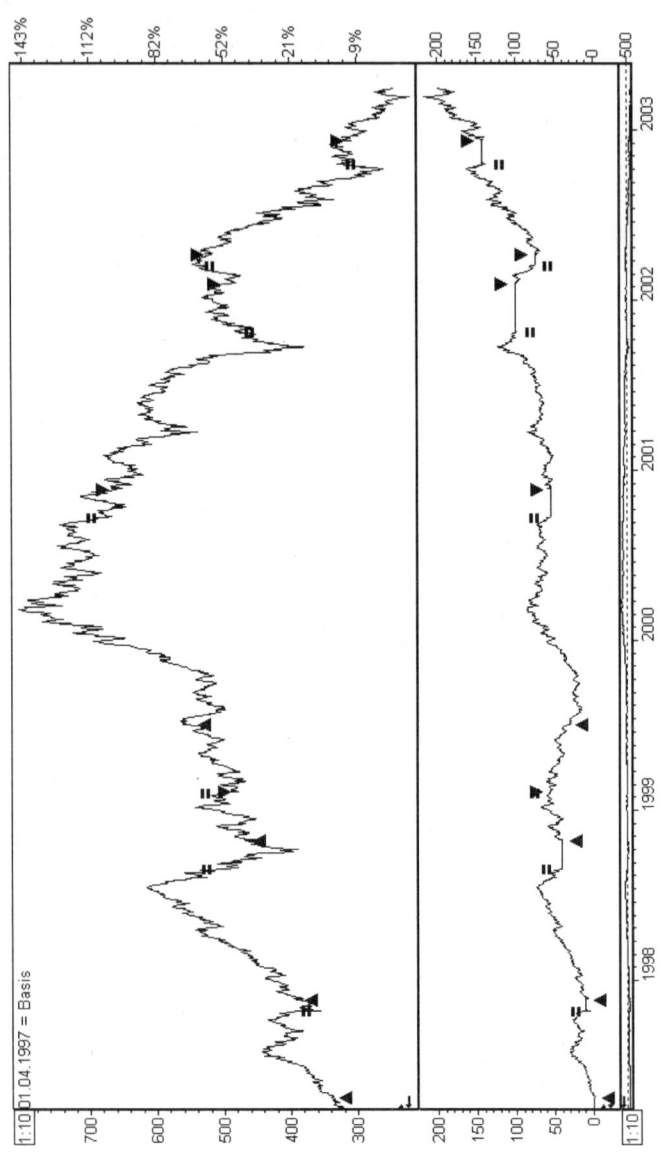

Abb. 130: Dax mit Performance-Chart vom 1.1.1997 bis 26.3.2003

out-Handelssystems errechnet. Im Idealfall verläuft der Performance-Chart kontinuierlich von links unten nach rechts oben.

Bei den nachfolgenden Auswertungen wird ein Beobachtungszeitraum von mindestens 6 Jahren (1.1.1997 bis 31.3.2003) – sofern möglich – verwendet. Damit ist gewährleistet, dass sowohl Hausse-Phasen als auch Baisse-Märkte berücksichtigt werden. Gravierende Trendwechsel (Start der Aktienbaisse im Jahr 2000) inbegriffen.

11.5 Die Ergebnisse im Überblick

Abbildung 131 fasst die wesentlichen Ergebnisberechnungen der letzten sechs Jahre zusammen.

1.1.1997 bis 31.3.2003*			Performance-Vergleich in Prozent	
Region	Handelsinstrument	Indexstand Anfang 1997*	Index	VS-Breakout
Deutschland	Dax	2.848,00	– 14,97	252,32
Deutschland	Technology All Share*	979,00	– 60,67	411,96
England	FTSE 100	4.057,00	– 10,87	33,60
Europa	DJ Euro Stoxx 50	1.853,00	9,88	365,01
Finnland	HEX All Share	2.495,00	99,40	763,68
Frankreich	CAC 40	2.315,00	34,43	354,33
Griechenland	Athens General*	1.541,00	– 4,80	130,62
Holland	AEX	294,00	– 15,51	218,43
Italien	BCI General	642,00	57,17	271,01
Japan	Nikkei 225	19.361,00	– 58,82	72,10
USA	Dow Jones	6.442,00	24,06	18,51
USA	S&P 100	359,00	19,50	154,97
USA	S&P 500	740,00	14,59	130,65
USA	Nasdaq 100	815,00	24,91	522,06
USA	Nasdaq Composite	1.280,00	4,77	236,79
Welt	MSCI Welt (EUR)	68,00	3,06	145,87

*Sofern ausreichend Daten vorhanden sind

Abb. 131: Zusammenfassung der Ergebnisse (1.1.1997 bis 31.3.2003)

Typ	Von	Bis	Gewinn je Trade	Tref-fer	Gewinne hochgerechnet (Basis 100)			
					Konser-vativ	Justie-rung	Hebel 1,5	Hebel 2
					100,00	100,00	100,00	100,00
Long	08.01.1997	28.10.1997	31,09%	ja	131,09	87,45	146,64	162,18
Long	20.11.1997	27.08.1998	26,11%	ja	165,32	110,28	204,06	246,87
Long	27.10.1998	05.02.1999	10,82%	ja	183,20	122,22	237,18	300,29
Short	10.02.1999	02.07.1999	−16,25%	nein	153,43	122,22	179,37	202,70
Long	02.07.1999	20.09.2000	18,79%	ja	182,26	145,19	229,93	278,87
Short	20.11.2000	24.10.2001	29,39%	ja	235,83	187,86	331,29	442,79
Short	05.02.2002	15.03.2002	−12,94%	nein	205,32	163,55	266,99	328,20
Short	08.04.2002	21.10.2002	38,96%	ja	285,31	227,26	423,01	583,93
Short	09.12.2002	n/a	23,49%	ja	352,32	280,65	572,06	858,26
			15,40%	78%	252,32%	180,65%	472,06%	758,26%
					Gesamtperformance VS Breakout			
					Buy & Hold: −14,92%			

Hebeleffekte: Auswirkungen auf den absoluten Performance-Verlauf

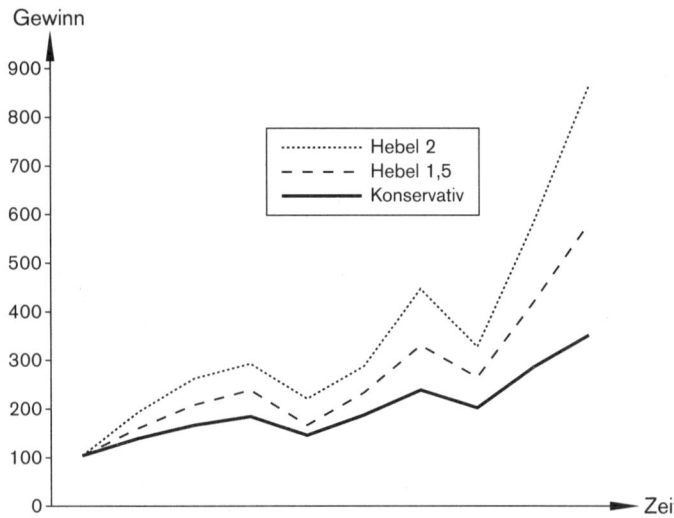

Abb. 132: Transaktionen des VS-Breakout-Handelssystems für den Dax

Die Ergebnisse der Performance-Analyse bei einzelnen Märkten

Im unteren Fenster der Abbildung 132 (S. 180) wird die Performance der konservativen Variante den gehebelten Varianten gegenübergestellt. Im Idealfall verläuft sie von links unten nach rechts oben. Je volatiler der Verlauf, desto stärker wird die Selbstdisziplin des Anlegers herausgefordert.

Die Abbildungen 133 und 134 (S. 182) zeigen die Transaktionen und die Performance bei Anwendung auf den Technology All Share Index.

Typ	Von	Bis	Gewinn je Trade	Treffer	Gewinne
					100,00
Long	27.11.1998	17.05.1999	22,66%	ja	122,66
Long	18.06.1999	05.08.1999	− 7,40%	nein	113,58
Long	30.12.1999	03.04.2000	27,22%	ja	144,50
Long	28.08.2000	06.10.2000	−18,56%	nein	117,68
Short	09.11.2000	18.01.2001	26,64%	ja	149,03
Short	07.02.2001	26.04.2001	28,44%	ja	191,42
Short	11.06.2001	11.10.2001	44,36%	ja	276,33
Short	14.12.2001	17.10.2002	59,36%	ja	440,36
Short	09.12.2002	n/a	16,26%	ja	511,96
			22,11%	78%	411,96%
			Buy & Hold:		−60,67%

Abb. 133: Transaktionen des VS-Breakout-Handelssystems für den Technology All Share

Es ist bezeichnend für das VS-Breakout-Handelssystem, dass es seine besten Ergebnisse in ausgeprägten Trendmärkten liefert. So ist es nicht witer verwunderlich, dass es auch bei der amerikanischen Technologiebörse Nasdaq (Abbildung 135, S. 183 und Abbildung 136, S. 184) – gut funktioniert.

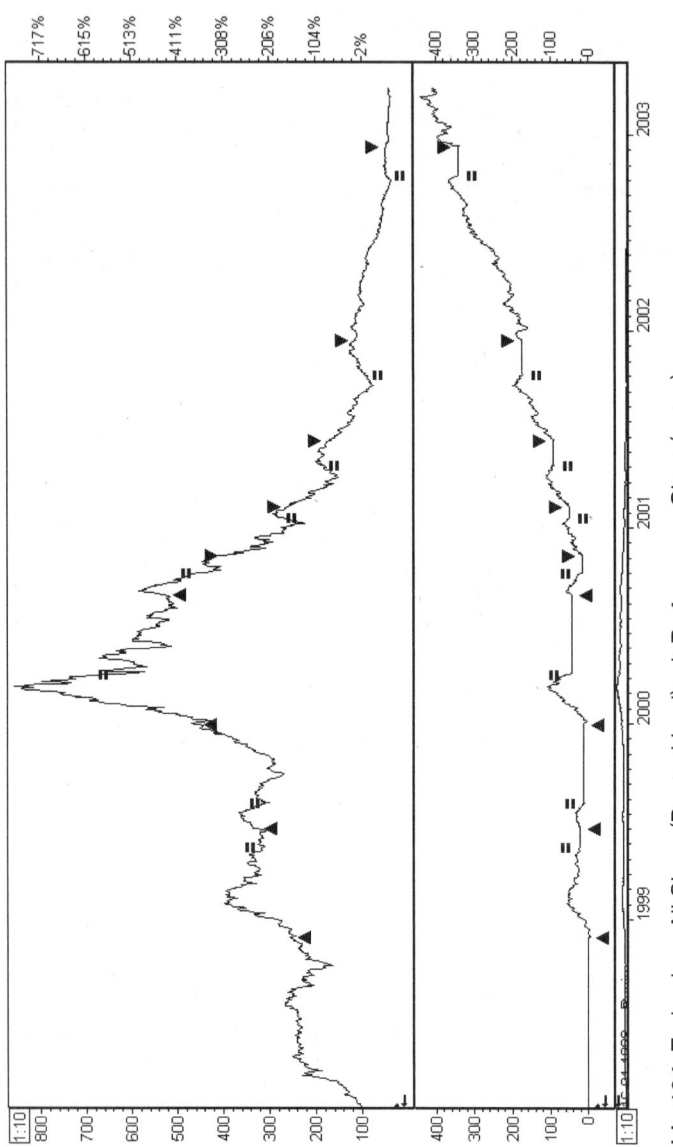

Abb. 134: Technology All Share (Deutschland) mit Performance-Chart (unten)

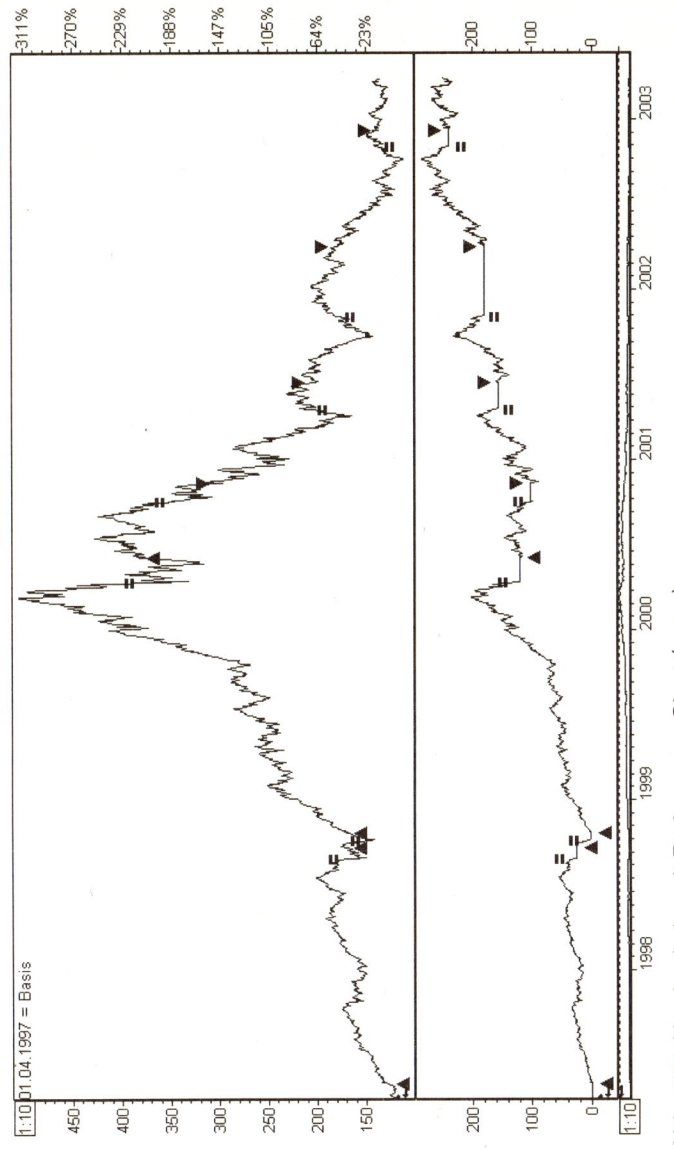

Abb. 135: Nasdaq Index mit Performance-Chart (unten)

Typ	Von	Bis	Gewinn je Trade	Tref- fer	Gewinne
					100,00
Long	07.01.1997	19.03.1997	− 4,63%	ja	95,37
Long	01.05.1997	27.08.1998	25,61%	ja	119,79
Long	22.09.1998	07.10.1998	− 19,38%	nein	96,58
Long	22.10.1998	12.04.2000	117,07%	ja	209,64
Long	02.06.2000	03.10.2000	− 7,81%	nein	193,27
Short	10.11.2000	18.04.2001	26,45%	ja	244,39
Short	14.06.2001	05.11.2001	9,53%	ja	267,68
Short	02.04.2002	04.11.2002	21,48%	ja	325,18
Short	09.12.2002	n/a	3,57%	ja	336,79
			19,10%	**67%**	**236,79%**
				Buy & Hold: 4,77%	

Abb. 136: Transaktionen des VS-Breakout-Handelssystems für den Nasdaq Composite

12. Außergewöhnliche Marktsignale

12.1 Fund Flows und Liquidität

Ohne Liquidität kann die Börse nicht steigen. Geld im Überfluss ist der Schmierstoff für steigende Kurse. Geld, Wirtschaft und Psychologie sind die Schlüsselfaktoren zum Verständnis der Märkte. Die wirtschaftliche Entwicklung findet sich langfristig in den Kursen wieder, während die Liquiditätsversorgung und die Marktstimmung eher kurz- bis mittelfristige Effekte entfalten. Nur wenn die Käufer über genügend Geld verfügen, können die Preise steigen. Aber auch nur dann, wenn es investiert wird.

Die Notenbanken haben einen entscheidenden Einfluss auf die Geldmenge. Durch die Höhe der Leitzinsen oder den Rückkauf bzw. Ausgabe von Staatsanleihen können sie den Geldkreislauf beeinflussen. Nicht umsonst achten viele Investoren auf die Äußerungen der Notenbankchefs. Ein prominentes Beispiel ist der amerikanische FED-Vorsitzende Alan Greenspan. Er kann die Märkte bereits durch seine Äußerungen beeinflussen. Manche Beobachter gehen sogar so weit, vor wichtigen Sitzungen anhand des Umfangs seiner Aktentasche Rückschlüsse auf Zinsentscheidungen zu ziehen.

Der amerikanische Notenbank-Chef Alan Greenspan lässt die Geldpresse rotieren und schafft die Voraussetzung für einen exzessiven Börsenboom (Abbildung 137, S. 186).

Sinkende (niedrige) Zinsen verbilligen die Beschaffung von Geld und setzen Reserven frei (Abbildung 138, S. 186). Hypotheken können zu niedrigeren Sätzen umgeschuldet werden, Konsumentenkredite werden billiger. Die frei werdenden Mittel können anderweitig verwendet werden. Darum sind sinkende Zinsen vorteilhaft für Aktien, aber nur, wenn es vorher keine exzessiven Übertreibungen gegeben hat oder eine Deflation naht!

Welche anderen Faktoren beeinflussen die Geldmengenentwicklung? Internationale Kapitalströme, Steuerpolitik, Wirtschaftswachstum, Sparquote usw. Es ist nicht erforderlich, alle

Abb. 137: US-Geldmenge M3

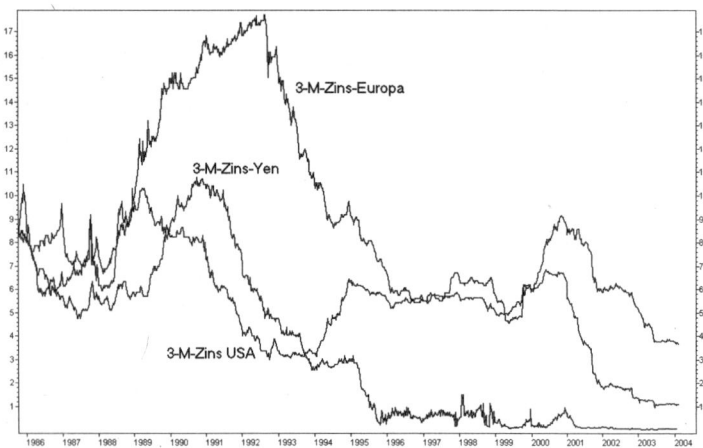

Abb. 138: 3-Monats-Zinssätze im Vergleich

Faktoren zu beobachten. Entscheidend ist die Konzentration auf das Wesentliche.

Behalten Sie die Liquiditätsquote der großen Investment- und Pensionsfonds im Auge (Abbildung 139). Im Jahr 1990 erreichen die Barreserven ihren Höhepunkt. In den kommenden zehn Jah-

Abb. 139: Liquiditätsquote der US-Investment- und Pensionsfonds

ren werden diese sukzessive abgebaut. Sie sinken auf unter 4 %
bis zum Jahr 2000 – dem Jahr, an dem der Abstieg der Aktien
beginnt.

Im Gegenzug starten die Aktienmärkte seit 1990 richtig durch.
Zum Höhepunkt der Euphorie (die Barbestände sind auf historische Tiefstände gesunken, die Wirtschaft hat ihren Zenit bereits überschritten und die KGVs sind astronomisch hoch) brechen dann die Kurse im Jahr 2000 ein. Zunächst glauben viele
Anleger an eine günstige Nachkaufgelegenheit („Buy on Dips").
Heute wissen wir, dass es noch viel schlimmer kommt. Die KGVs
explodieren (Abbildung 140, S. 188): Bei einzelnen Aktien drei-
bis vierstellig!

In Folge der Baisse fließen immer geringere Geldbeträge in Aktienfonds. Obwohl der Nettosaldo bis zum Jahr 2002 noch positiv ist, reicht er zur Stabilisierung der Aktienkurse nicht aus. Das
zeigt, wie wichtig die Analyse der Kapitalflüsse und Niveauän-
derungen ist.

Neben den veröffentlichten Sparquoten und Geldmengenag-
gregaten M1, M2 oder M3 sollten die internationalen Kapitalströme genauestens verfolgt werden. Angenommen, die Japaner
verkaufen nur einen kleinen Teil ihrer amerikanischen Staatsan-

leihen, so wären die Devisen-, Bond- und Aktienmärkte davon strukturell stark betroffen.

Beobachten Sie die makroökonomischen Größen. Wenn die bedeutenden globalen Trends rechtzeitig erkannt werden und die Anlagestrategie angepasst wird, dann ist die Einzeltitelauswahl fast Nebensache.

Abb. 140: Durchschnittliche KGVs der Unternehmen im Dow Jones Industrial Index

12.2 Wenn Chefs Aktien verkaufen

Insider-Aktivitäten sind ein guter Indikator für die Gewinnaussichten der Unternehmen. Immer dann, wenn die Chefs und gut informierte leitende Angestellte die Aktien ihrer Firma verkaufen, sollte man hellhörig werden. Denn die Insider kommen an Informationen, die Außenstehende gar nicht erfahren bzw. erst dann, wenn der Aktienkurs schon reagiert hat.

Die Offenlegungspflichten der Insider-Aktivitäten sind in Amerika strenger als in Deutschland. Dort müssen die geplanten Transaktionen vor der Durchführung veröffentlicht werden. Die Daten sind im Internet auf der Homepage der SEC einsehbar. Wenn Sie die Internetseite aufrufen, werden Sie mit einer Vielzahl von gemeldeten Transaktionen überschüttet. Hier den Überblick zu bekommen, bedarf es Zeit und Geduld.

Eine zeitsparende Alternative ist die Inanspruchnahme professioneller Research-Anbieter wie Thomson Financial. Diese bereiten die Informationen für Investoren anwenderfreundlich auf, so dass schnell aussagefähige Analysen erstellt werden können.

Es muss jedoch davor gewarnt werden, jede einzelne Insider-Aktivität als wichtige Handlungsempfehlung zu interpretieren. Denn auch Insider können interne Vorgänge falsch einschätzen oder haben andere Gründe für einen Verkauf (z. B. Portfoliostrukturierung). Es ist sicherlich ein Unterschied, ob Microsoft-Chef Steve Ballmer für eine Milliarde US-$ Aktien seines Unternehmens verkauft (er hat immerhin noch Microsoft-Aktien im Wert von 10 Milliarden US-$), oder der Angestellte einer kaum bekannten Firma.

Die Insiderverkäufe haben zu Anfang des Jahres 2000 – also vor Beginn des Bärenmarktes – stark zugenommen. Studien zeigen, dass nach einem deutlichen Netto-Insider-Verkäuferüberhang der S&P 500 Index in den folgenden 12 Monaten immer tiefer gestanden hat.

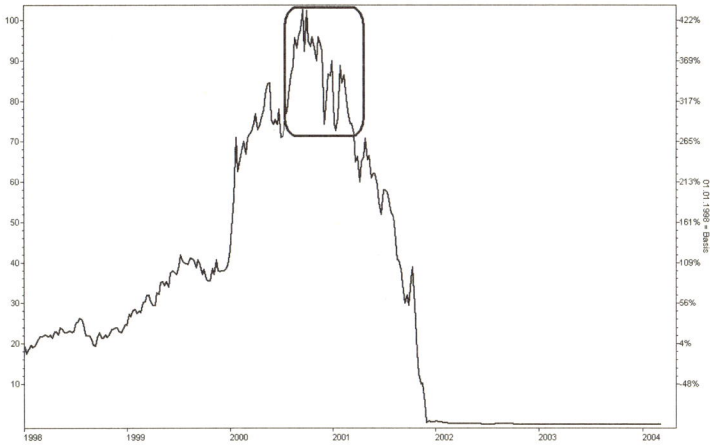

Abb. 141: Enron-Aktie fällt schon vor Veröffentlichung der Bilanzfälschungen

Der Enron-Skandal: Bilanzmanipulationen und Betrug in bisher ungekannter Dimension führen bei dem größten US-Energiehändler zu einem Finanzgau. Deutlich ist die Topping Out-Phase im Sommer 2000 auf dem Chart zu erkennen (Abbildung 141, S. 189). Bevor der endgültige Absturz im März 2001 erfolgt, werden vorher massiv Aktien veräußert (Distribution). Sind hier die Insider schneller, bevor der Skandal öffentlich bekannt wird?

Das Verhältnis der Vorstände, die kaufen bzw. verkaufen, ist ein brauchbarer Indikator für die Gewinnaussichten der US-Unternehmen. Seit 2002 dürfen US-Manager keine exklusiven Vorab-Informationen mehr an die Analysten weitergeben, die von wesentlicher Bedeutung für die Geschäftentwicklung sind. Durch diese Regelung dürften Insider-Mitteilungen als Indikator weiter an Bedeutung gewinnen.

12.3 Commitment of Traders Report

In dem regelmäßig veröffentlichten Commitment of Traders Report (COT) finden sich wertvolle Hinweise auf die Meinung verschiedener Händlergruppen zum Markt. Der Report enthält Informationen zu verschiedenen Handelsobjekten, die analysiert und interpretiert werden können. Daraus lassen sich in Verbindung mit der klassischen Chart- und Indikatorenanalyse Handlungsempfehlungen ableiten.

Die Gruppe der Commercials besteht aus professionellen Hedgern der institutionellen Adressen, während die Small und Large Speculants in der Mehrzahl Trader sind. Immer dann, wenn die Positionierung der Hedger und Trader weit auseinander laufen, besteht kurz- bis mittelfristig die Gefahr eines Marktumschwunges. Meistens liegen die Hedger (Commercials) mit ihrer Markteinschätzung richtig. In Verbindung mit der klassischen Charttechnik lassen sich Handelssignale ableiten.

Nach dem Kursanstieg zum Jahresende setzt eine scharfe Korrektur im Goldmarkt ein (Abbildung 142). Wer die Positionierung der Commercials verfolgt hat, wäre gewarnt worden. Beobachten Sie die Commercials und handeln Sie als Trader nicht gegen sie!

Unter der Internetadresse http://www.cftc.gov/cftc/cftchome.
htm sind die Daten der Commitment of Traders Reports verfügbar. Technisch versierte Leser können die Daten in ein Tabellen-kalkulationsprogramm übertragen und auswerten.

Abb. 142: Goldkurs und die Positionierung der Commercials

12.4 Der Gummibandeffekt

Von Zeit zu Zeit neigen die Kurse dazu, stark vom langfristigen Trend abzuweichen. In solchen Extremsituationen werden sie dann wie von einem straff gespannten Gummiband erneut in Richtung des langfristigen Trends gezogen. Dieser Effekt ist auf beiden Charts gut erkennbar (Abbildung 143, S. 192 und Abbildung 144, S. 193).

Im unteren Teil der Grafik wird die prozentuale Abweichung vom 200-Tage-Durchschnitt aufgetragen. Direkt darüber ist die Kursentwicklung zu sehen. Auf dem Höhepunkt der Hausse im Jahre 2000 haben die Indizes einen sehr großen Abstand zur 200-Tage-Linie erreicht. Der Dax-Index befindet sich mehr als 34 % über seinem 200-Tage-Durchschnitt, der Nasdaq Index fast 50 %.

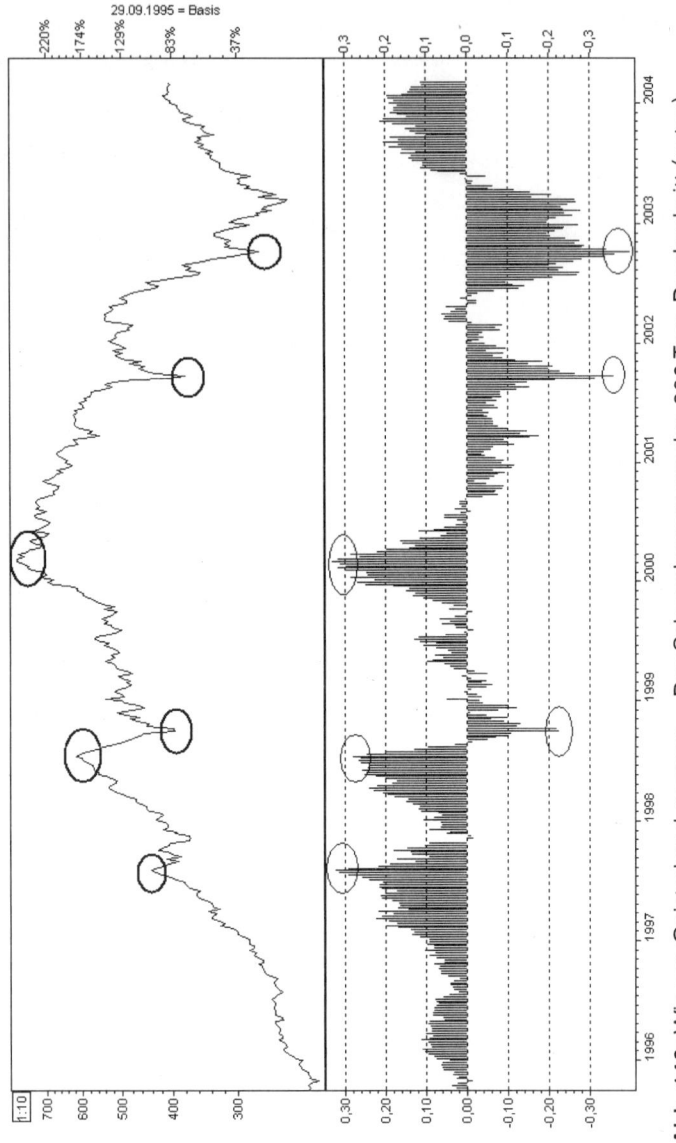

Abb. 143: Wie von Geisterhand gezogen – Dax-Schwankungen um den 200-Tage-Durchschnitt (unten)

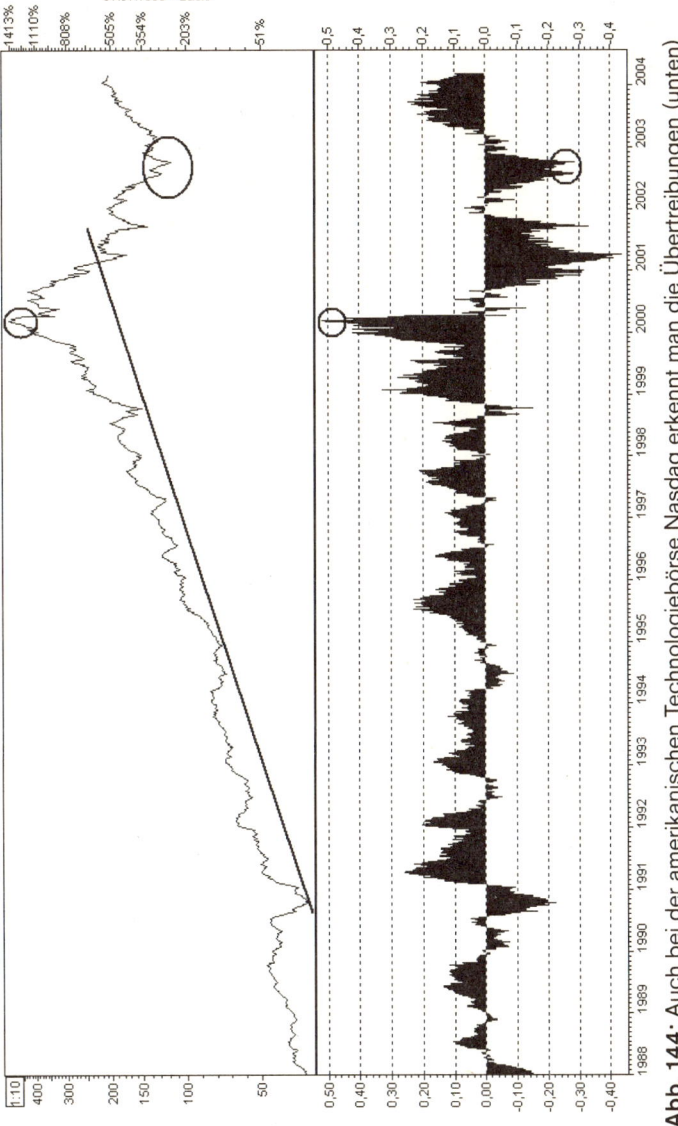

Abb. 144: Auch bei der amerikanischen Technologiebörse Nasdaq erkennt man die Übertreibungen (unten)

Unterstützt durch den Gummibandeffekt und den Start der Baisse im Jahre 2000, fallen Dax und Nasdaq in die Tiefe. Immer dann, wenn Extrempunkte erreicht werden, erfolgt eine Verschnaufpause oder Gegenbewegung.

Dieser Effekt, der übrigens auch bei Aktien und anderen Handelsobjekten zu beobachten ist, leistet gute Dienste bei Timing-Entscheidungen. Ein Trader kann Extremsituationen dazu nutzen, Positionen einzunehmen. Dennoch ist es ratsam, nur in Richtung des übergeordneten Primärtrends zu handeln.

12.5 Zeichnungsgewinne als Stimmungsindikator

Am Neuen Markt in Deutschland konnte man einen interessanten Zusammenhang zwischen der Indexentwicklung und den Zeichnungsgewinnen bei Neuemissionen beobachten. Notierte der Emissionskurs deutlich über dem Ausgabepreis, war der Markt bereits sehr euphorisch und anfällig für Rückschläge. So kommt es in der Vergangenheit regelmäßig nach Phasen mit hohen Zeichnungsgewinnen zu schmerzhaften Korrekturen.

Im Frühjahr 1999 eilt der Markt von Hoch zu Hoch (Abbildung 145). Der Index legt zeitweise um über 30 % allein in einem Monat zu. Der Boomphase sind steigende Zeichnungsgewinne vorausgeeilt. Zum Schluss werden nahezu alle Neuemissionen ohne Rücksicht auf fundamentale Daten den Banken zu jedem Preis aus den Händen gerissen. Nachdem die Zeichnungsgewinne wieder schrumpfen, bricht der Gesamtmarkt ein. Die Jahre 1998 und 2000 verlaufen ähnlich.

So wie sinkende Notierungen bei Neuemissionen ein Hinweis auf einen fallenden Index sind, signalisierten steigende Zeichnungsgewinne einen Kursaufschwung am Neuen Markt. Auch wenn der Neue Markt nicht mehr existiert, gelten diese Verhaltensweisen auch heute noch an den Börsen. Sobald wieder vermehrt junge Firmen erfolgreich an der Börse platziert werden – begleitet von steigenden Zeichnungsgewinnen – erhöhen sich die Chancen auf eine temporäre Kurserholung.

Wenn der Börsenaufschwung schon sehr weit fortgeschritten

ist und die Euphorie ihren Höhepunkt erreicht hat, haben auch die Neuemissionen den Zenit überschritten. Durch die Börsengänge wird den Märkten Liquidität entzogen. Dem Markt geht der Treibstoff aus und er fängt an zu fallen. Schließlich schlägt die Stimmung um. Der Kreislauf schließt sich.

Abb. 145: Zeitgleich mit dem Einbruch des Aktienmarktes im Jahr 2000 ebben die Neuemissionen ab

12.6 Andere Zeiten – gleiche Verhaltensweisen

> „Die Märkte haben nie unrecht, die Menschen oft."
> *Jesse Livermore, 1877–1940*

Manche Verhaltensweisen ändern sich anscheinend nie. So beschäftigte sich der berühmte französische Arzt und Soziologe Gustave Le Bon bereits im 18. Jahrhundert mit der Psychologie der Massen. Die dort beschriebenen Verhaltensweisen existieren heute noch – besonders in Börsensälen.

Die Börse funktioniert heute genauso wie früher, nur das Umfeld hat sich geändert. Es lohnt sich, die Vergangenheit zu studieren, um daraus wichtige Erkenntnisse für die Zukunft zu gewinnen.

Im ersten Drittel des letzten Jahrhunderts handelte der legendäre Jesse Livermore sehr erfolgreich an der Wall Street. Seinen Ruf verdankte er einer großen Baumwolle-Spekulation. Er kaufte sich derart massiv in Baumwolle ein, dass der Kurs stark nach oben getrieben wurde.

Durch seine Transaktionen bestimmte er praktisch den Marktpreis. Da der Markt aber sehr eng war, hatte er ein Problem: Er konnte sich nicht wieder von den Baumwollkontrakten trennen, ohne die Preise in den Keller zu jagen.

Wenn die anderen Spekulanten davon erfahren hätten, wäre seine Karriere als Finanzjongleur beendet gewesen. Diese hätten die Chance erkannt und Gegenpositionen (Leerverkäufe) eingenommen. Livermore hätte nicht mehr gegenhalten können, da er sein ganzes Vermögen bereits investiert hatte.

Dann geschah das Wunder. Ein Journalist bemerkte die Kurssteigerungen und fand heraus, dass sich ein bedeutender Spekulant massiv in diesen Markt einkaufte. Die Nachricht fand ihren Weg in die Schlagzeilen. In großen Lettern war zu lesen, dass sich Jesse Livermore in Baumwolle einkaufen wollte. Die Spekulanten witterten ein großes Geschäft und investierten kräftig. Die Baumwollpreise explodierten und zogen weitere Glücksritter an.

Doch was tat Jesse Livermore? Er hatte nun die einmalige Chance seinen Fehler zu korrigieren und verkaufte seine Kontrakte zu hohen Preisen. Zwei Dinge kann man daraus lernen:

(1) Wenn die Preise bei niedrigem Volumen steigen, kann sehr schnell Abgabedruck entstehen, sobald Volumen in den Markt kommt. Ein Blick auf Volumen- und Preis-Charts ist hilfreich.

(2) Eine Information kann durchaus auf „richtigen" Tatsachen beruhen, aber dennoch zu einer Fehleinschätzung führen.

Auch heute noch gibt es zahlreiche Spekulanten und Jesse Livermores, die mit Aktien zocken. Hinterfragen Sie kritisch jede Nachricht – auch wenn die Information auf den ersten Blick logisch erscheint.

12.7 Präsidentschafts-Zyklus & Co.

„Oktober ist ein sehr gefährlicher Monat, um an der Börse zu spekulieren. Andere gefährliche Monate sind: Januar, Februar, März, April, Mai, Juni, Juli, August, September, November und Dezember."
Mark Twain

In den verschiedensten Bereichen des Lebens lassen sich auffällige zeitliche Saisonalitäten und Zyklen beobachten. So etwa der neuneinhalb Jahreszyklus beim Massenvorkommen des atlantischen Lachses oder der durchschnittlich elf Jahre dauernde Zyklus der Sonnenflecken.

Es scheint irgendeine Kraft zu geben, die bestimmte zeitliche Wiederholungen verursacht. Wenn diese Zyklen regelmäßig auftreten, kann man von deren Kenntnis profitieren. Der berühmte Kondratieff-Zyklus ist hilfreich bei der Ermittlung langfristiger wirtschaftlicher Trends. Die Zyklusanalyse als Teil der technischen Analyse beschäftigt sich mit der zeitlichen Dimension von Kursbewegungen.

Der viel zitierte vierjährige Präsidentschafts-Zyklus beeinflusst den US-Aktienmarkt (und damit indirekt auch die europäischen Börsen). Das Vorwahl- und das Wahljahr sind üblicherweise gute Börsenjahre, während das Nachwahljahr und das folgende Jahr häufig schlecht abschneiden.

Die Verlässlichkeit dieses zyklischen Musters ist verblüffend, die Erklärung dafür einfach: Jeder Präsident möchte wieder gewählt werden. Also sorgt man im Vorwahljahr für gute Stimmung und kurbelt die Wirtschaft an. Nach der Wahl kehrt Ernüchterung ein, die sich in bescheideneren Aktienkursen widerspiegelt.

Regelmäßig zum Jahresanfang wird auf das Januar-Barometer geschaut. Danach ist die Entwicklung des S & P 500 im Januar maßgeblich für die gesamte Jahrestendenz. Eine populäre Variante bezieht sich auf die ersten fünf Handelstage im Januar. Urteilen Sie bitte selbst anhand der Abbildung 146 (S. 198).

Auch an der Nasdaq lassen sich Zyklen beobachten. Schaut

man sich die zwanzig größten prozentualen Aufwärtsbewegungen an, so verbucht der Freitag die meisten Anstiege. Montag und Donnerstag bilden die Schlusslichter. Die folgenden Auswertungen beziehen sich ausschließlich auf die amerikanische Börse Nasdaq (Februar 1971 bis Juni 2003). Das verwendete Datenmaterial stammt überwiegend aus dem VTO Report.

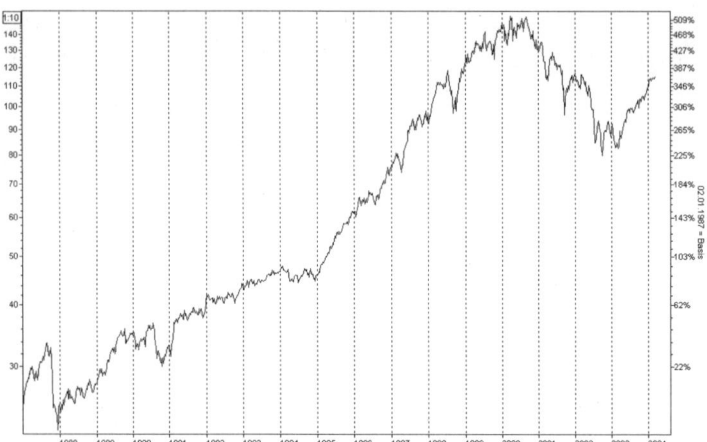

Abb. 146: Januar-Barometer und die tatsächliche Kursentwicklung des S&P 500 Index

Geht man nun weiter ins Detail, so fällt der Mittwoch mit dem größten Tagesgewinn ins Auge, während der Freitag viele Gewinne auf sich vereint (Abbildung 147).

Betrachtet man die Höhe und Häufigkeit der Kursgewinne, so schneidet der Montag am schlechtesten ab. Top-Performer ist der Mittwoch, aber der Freitag hat die Nase insgesamt vorn (Abbildung 148).

Eine weitere Analyse bestätigt die Vermutung, dass der Montag zu den durchschnittlich schlechtesten Tagen gehört, während der Freitag zu den Besten zählt (Abbildung 149, S. 200). Auffällig ist das schlechte Abschneiden des Dienstags, obwohl dieser nach Häufigkeit der prozentual größten Aufwärtstage direkt nach dem Spitzenreiter Freitag kommt.

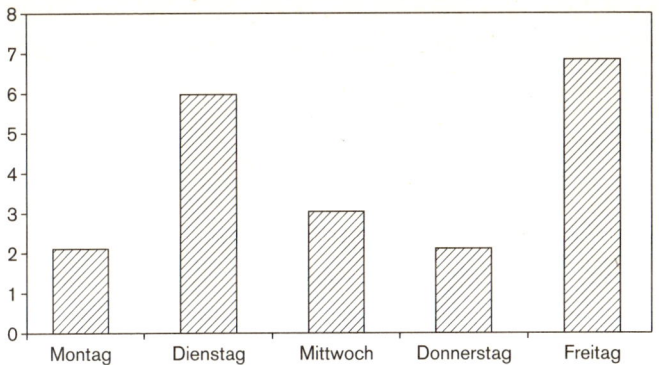

Abb. 147: Anzahl der prozentual größten Aufwärtstage: Freitage sind statistisch gute Börsentage

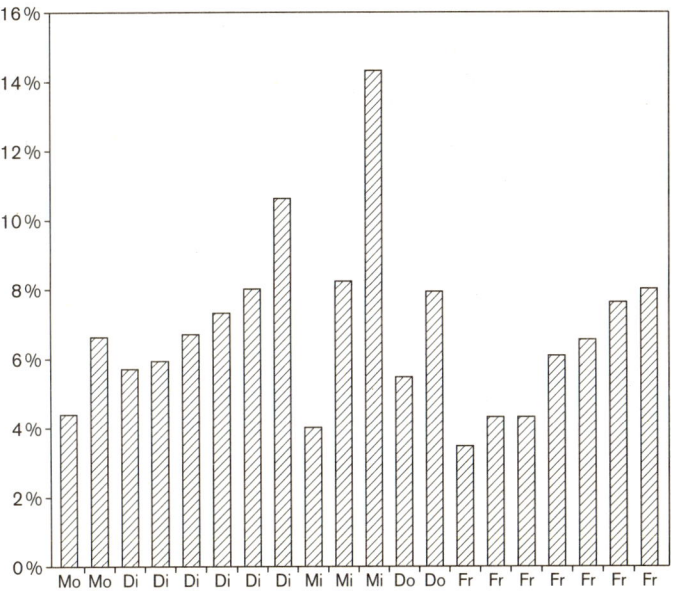

Abb. 148: Die zwanzig prozentual größten Aufwärtstage: Top-Performer ist der Mittwoch

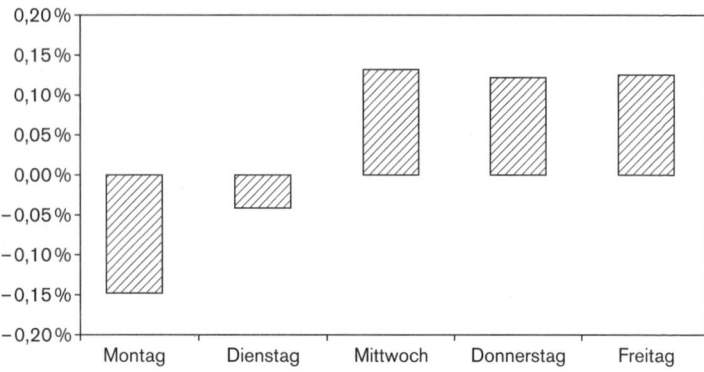

Abb. 149: Gute und schlechte Börsentage

Fasst man nun die Daten in Drei-Monatsabschnitte zusammen, so wird deutlich, dass um die Jahreswende die besten Anlageergebnisse erzielt werden. Die Gültigkeit der populären Börsenregel „sell in May and go away" muss anhand dieser Daten relativiert werden: Das Sommerloch beginnt nicht im Mai! Beste Zeit für Nasdaq-Aktien ist die Jahreswende (Abbildung 150).

Analysiert man die gleichen Zeitreihen auf Monatsbasis, so lässt sich die Börsenweisheit „sell in May" zumindest teilweise verifizieren (Abbildung 151). In der Tat gibt es ein Sommerloch, an dem sich die Märkte schlecht entwickeln. Auffällig ist der überraschend gute Juni. Demzufolge müsste die Börsenregel heißen „verkaufe Ende Juni...", wenn man nicht eine starke Phase verpassen möchte.

Dagegen ist der September sehr schwach. Hier hätte man eher den gefürchteten „Crash-Monat" Oktober erwartet. Fazit für die eigene Anlagestrategie: Die ertragreichste Zeit für Nasdaq-Aktien scheint von November bis Juni zu sein.

Bemerkenswert ist die beobachtete Häufung von Aufwärtswahrscheinlichkeiten speziell vor US-Feiertagen (Abbildung 152 und 153, S. 202). Die Tabelle und Grafik verdeutlichen diesen Zusammenhang. Anhand der gezählten Tage mit Kursgewinnen vor bzw. nach Feiertagen lassen sich historische Wahrscheinlichkeiten ermitteln.

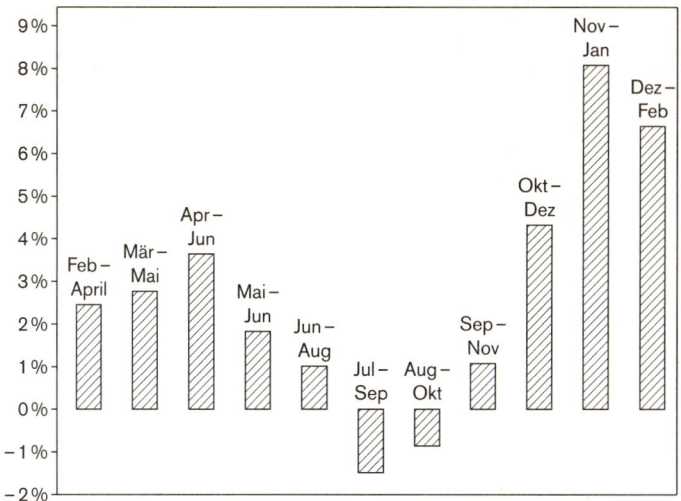

Abb. 150: Durchschnittlich beste bzw. schlechteste Drei-Monatsabschnitte: Das berühmte Sommerloch beginnt im Juli

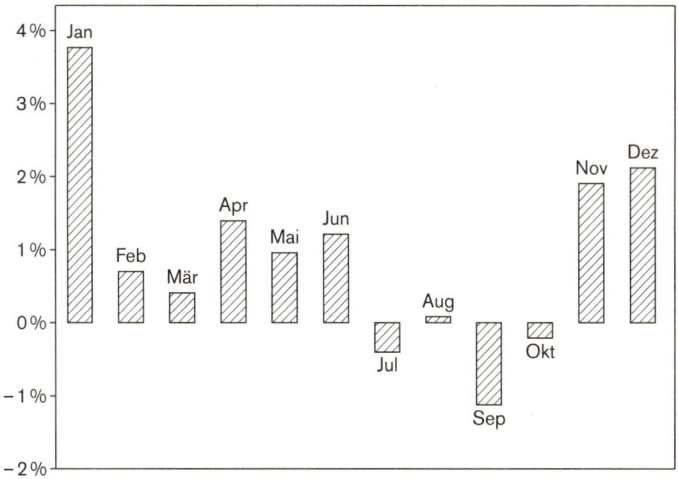

Abb. 151: Durchschnittlich beste bzw. schlechteste Monate: November bis Juni statistisch positiv für Nasdaq-Aktien

12. Außergewöhnliche Marktsignale

Feiertag in USA	Tag davor				Tag danach			
Nasdaq	Auf-wärts	Ab-wärts	Total	% Up	Auf-wärts	Ab-wärts	Total	% Up
New Year's Day	29	3	32	90,63	15	17	32	46,88
Martin Luther King Jr. Day	3	3	6	50,00	3	3	6	50,00
Washington's Birthday	16	17	33	48,48	10	23	33	30,30
Good Friday	23	10	33	69,70	10	23	33	30,30
Memorial Day	20	13	33	60,61	14	19	33	42,42
Independence Day	20	11	32	62,50	12	20	32	37,50
Labor Day	24	8	32	75,00	14	18	32	43,75
Thanksgiving Day	26	6	32	81,25	28	4	32	87,50
Christmas Day	24	8	32	75,00	23	9	32	71,88

Stand: Juni 2003

Abb. 152: US-Feiertage und Börsengewinne

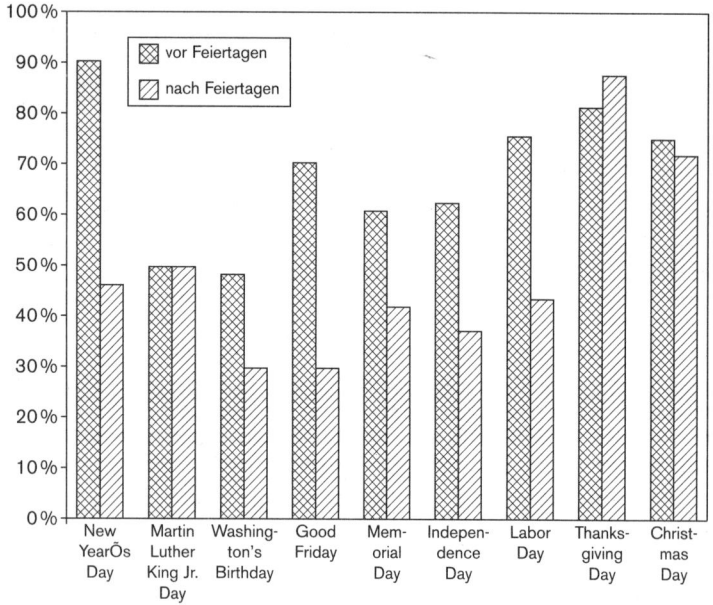

Abb. 153: Kursanstiege vor bzw. nach US-Feiertagen

Besonders gut schneiden Thanksgiving, Weihnachten und Neujahr ab. Diese Feiertage sorgen für Kauflaune, die sich auf die Börse überträgt. Aber auch die übliche Bilanzkosmetik (window dressing) der Fondsgesellschaften zum Jahresende und das Prinzip der sich selbst erfüllenden Prophezeiung tragen dazu bei.

12.8 Vorsicht Fusion!

Seit Januar 2000 hat es eine ganze Reihe von Fusionen gegeben. In den wenigsten Fällen gehören die Aktionäre zu den Profiteuren. Gerade große Fusionen kosten zunächst einmal Zeit, Kraft und Geld. Ob sich dann nach Jahren der „Fusionitis" die erhofften Synergien einstellen, ist mehr als fraglich.

Für den Anleger sind solche Spekulationen höchst zweifelhaft. Besser ist es, die Finger davon zu lassen und eine Neubewertung des Unternehmens zu einem späteren Zeitpunkt vorzunehmen. Es gibt andere Anlagemöglichkeiten mit einem attraktiveren Chance-Risikoprofil.

Am Beispiel der Fusion von AOL und Time Warner im Jahr 2001 möchte ich meine Überlegungen verdeutlichen. Den folgenden Kurzkommentar habe ich zu Jahresbeginn 2000 publiziert (Auszug):

Die erste Megafusion des Jahres steht ins Haus. Der weltgrößte Online Service Provider, AOL, und der Medienriese Time Warner fusionieren. Damit entsteht ein Mediengigant mit einer Marktkapitalisierung von über 350 Milliarden US-$.

Die Fusion wird als richtige strategische Entscheidung begrüßt, da hier langfristig erhebliche Synergien freigesetzt werden können. Das setzt jedoch eine sinnvolle Kombination der Geschäftsbereiche voraus.

Erfahrungsgemäß verläuft eine Verschmelzung gerade bei großen Unternehmen niemals ohne Probleme, so dass durchaus mit Belastungen des Aktienkurses – speziell von AOL – zu rechnen ist.

Wesentlich ist für uns die Tatsache, dass die bisherigen AOL-Gewinnwachstumsraten um 50 % p.a. durch die Time Warner Gewinnwachstumsraten von ca. 15 % p.a. deutlich fallen werden. Fallende Gewinnwachstumsraten sind jedoch Gift für hoch bewertete Unternehmen wie AOL.

Ein Neuengagement in AOL-Time Warner drängt sich somit aktuell nicht auf. Hier sollte zunächst eine Bodenbildung abgewartet werden.

Diese Megafusion zeigt, dass die Internet Blue Chips in eine neue Dimension hineinwachsen: Vor Jahren kaum bekannte (kleine) Unternehmen wie AOL machen Jagd auf etablierte Traditionsunternehmen und übernehmen diese!

Damit wird die unter bewertungstechnischen negativ zu sehende hohe Marktkapitalisierung zur Geheimwaffe der führenden Internet Companies.

Aber, was für die Unternehmen gut ist, muss für die beteiligten Aktionäre nicht positiv sein. Hier heißt es jetzt, höllisch aufzupassen! Das gilt grundsätzlich für alle Fusionen, da erfahrungsgemäß die Aktienkurse zunächst stark leiden. (Auszug Ende)

So ist es! Abbildung 154 zeigt die Konsequenzen. Der Aktienkurs hat bereits zu viele positive Erwartungen antizipiert. Bevor Sie eine Fusions-Spekulation riskieren, wägen Sie vorher das Chance-/Risikoverhältnis genau ab.

Abb. 154: AOL nach der Fusion mit Time Warner (Rechteck)

13. Noch ein Wort zu Aktien

13.1 Eigenschaften eines Börsianers

Grundsätzlich sollte sich jeder Anleger über zwei Sachverhalte Gedanken machen, bevor er in Aktien investiert:
(1) Benötigt man das Geld anderweitig?
(2) Sind die persönlichen Voraussetzungen gegeben, um ein erfolgreicher Börsianer zu werden?

Zunächst ist es ratsam, einen Blick auf die Familienfinanzen zu werfen. Wenn mit dem Geld in ein oder zwei Jahren ein Immobiliendarlehen zurückgeführt werden soll oder man die Universitätsausbildung der Kinder unterstützen möchte, dann sind Aktien nicht die richtige Wahl. Es ist nicht prognostizierbar, ob die Kurse dann tiefer oder höher stehen. Auch Blue Chips können überraschend einbrechen und auf niedrigem Niveau viele Jahre verharren. Investieren Sie nur in Aktien, wenn Sie das Geld mindestens fünf bis zehn Jahre „übrig" haben.

Kommen wir nun zu der wichtigen zweiten Frage. Als Börsianer sollte man über reichlich Geduld, Offenheit, Selbstvertrauen und Flexibilität verfügen, sowie die Bereitschaft, eigene Fehler einzugestehen und daraus zu lernen. Sie müssen die Fähigkeit haben, sich von einer allgemeinen Panik nicht anstecken zu lassen. Gleichzeitig ist es absolut erforderlich, mit beiden Füßen auf dem Boden der Tatsachen zu bleiben und sich nicht durch spektakuläre Kursgewinne zu unklugem Verhalten verleiten zu lassen.

Gerade in der heutigen schnelllebigen Zeit möchte jeder sofort große Kursgewinne erzielen. Leider bewirkt hektisches, unsystematisches Kaufen und Verkaufen eher das Gegenteil. Die Erfahrung zeigt, das große Vermögen oftmals durch eine langfristige und kontinuierliche Anlagepolitik erzielt wurden (nicht zu verwechseln mit einer Buy & Hold Strategie).

Das in Mode gekommene Day Trading hat den Charakter eines Glückspiels und endet für viele Anleger katastrophal. Jahrelang kann es gut gehen. Häufig wird dann im Zeitablauf immer spekulativer investiert. Zwei, drei falsche Trades auf den „todsicheren Tipp" – und der gesamte Gewinn ist verspielt. Sieger sind in jedem Fall die Broker und Investmentbanken durch die erzielten Umsatzprovisionen.

Wer es trotzdem versuchen möchte, sollte seinen maximalen Kapitaleinsatz auf einen Bruchteil des Gesamtvermögens beschränken. Betrachten Sie den Einsatz als Spielgeld.

Es ist erstaunlich, wie oft vermeintliche Börsenexperten Kursziele nennen und dabei den Eindruck erwecken, dass diese selbstverständlich auch erreicht werden. Niemand kann die Börsenentwicklung vorhersehen! Es ist schon eine Kunst, mittel- bis langfristig die richtige Tendenz zu erkennen. Folgen Sie nicht jeder Empfehlung, ohne sich selbst vorher Ihre Gedanken darüber gemacht zu haben.

Gerade wenn alle Anleger und Börsenbriefe positiv für den Gesamtmarkt gestimmt sind, tritt häufig das Gegenteil ein: Die Kurse fallen plötzlich und überraschend. Es ist immer wieder verblüffend, wie schnell die Stimmung der Anleger kippen kann. Vorher wurden die Kursziele immer höher und höher gesetzt – ein Ende des Booms ist nicht in Sicht. Mitten in der Euphorie kommt es dann zu einem plötzlichen Stimmungsumschwung und die Kurse fallen abrupt.

13.2 Elementare Kennzahlen

Kennzahlen werden häufig zur Begründung bei der Aktienauswahl herangezogen. Sie erleichtern die Auswahlentscheidung, indem verschiedene Aktienkategorien mit Hilfe unterschiedlicher Parameter verglichen werden. Kennzahlen führen zu einer erhöhten Transparenz und besseren Vergleichbarkeit, dürfen aber in ihrer Aussagekraft nicht überschätzt werden.

(1) Das Kurs-Gewinn-Verhältnis (KGV)

Für viele Anleger sind Aktien mit niedrigen KGVs äußerst attraktiv. Das aktuelle KGV erhält man, indem der Aktienkurs durch den Gewinn pro Aktie dividiert wird. Je höher der Wert ist, desto mehr muss der Investor für den Gewinn des Unternehmens bezahlen, und desto größer sind die Erwartungen an das zukünftige Gewinnwachstum.

Anleger, die Aktien mit niedrigem KGV bevorzugen, gehen davon aus, diese preiswert zu erwerben. Sie unterstellen generell, dass bei einem hohen KGV unrealistische Erwartungen hinsichtlich des zukünftigen Gewinnwachstums der Aktie bestehen. Sie sind davon überzeugt, dass diese überzogenen Hoffnungen enttäuscht werden und der betreffende Aktienkurs zusammenfällt. Analog dazu erscheint es ihnen logisch, das niedrig bewertete Aktien günstig gehandelt werden und sich erholen, sobald die Gewinne wieder ansteigen.

Kritisch anzumerken ist, dass nach diesem Kriterium Aktien bekannter Unternehmen wie Microsoft oder SAP niemals hätten gekauft werden dürfen, da diese immer durch ein hohes KGV gekennzeichnet waren. Umgekehrt gibt es auch zahlreiche Aktien mit einem niedrigen KGV, die trotzdem keine nennenswerten Kurssteigerungen über die Jahre aufweisen. Die Aktien sind „billig" geblieben – zur Enttäuschung der Anleger.

(2) Die Gewinnwachstumsrate

Wenn Sie ein Unternehmen finden, dass Jahr für Jahr die Preise erhöhen kann, ohne Kunden zu verlieren, dann handelt es sich um ein hervorragendes Investment. Gelingt es dem Unternehmen auch noch bei unveränderter Produktqualität die Kosten zu senken: Herzlichen Glückwunsch!

Unternehmen, die es schaffen, kontinuierlich ihre Gewinne zu steigern und dieses Wachstum über viele Jahre beibehalten, sind attraktiv. Gewinne und nochmals Gewinne sind mit die wesentlichen Faktoren für Kurssteigerungen.

Wenn ich die Wahl hätte zwischen zwei völlig identischen Firmen, würde ich das Unternehmen mit dem höheren (nachhaltigen) Gewinnwachstum wählen. Durch das größere Gewinnwachstum kann der Aktienkurs stärker steigen.

Aber Vorsicht: Hohe Wachstumsraten sind zeitlich nur begrenzt durchzuhalten, da der Wettbewerb in diese lukrativen Bereiche vorstoßen wird. Früher oder später setzt ein Margenverfall ein. Sobald absehbar ist, dass das tatsächliche Gewinnwachstum unter den allgemeinen Erwartungen liegt, ist mit (heftigen) Kursabschlägen zu rechnen.

(3) Das Verhältnis aus KGV und der Gewinnwachstumsrate

Nach diesem Kriterium entspricht das KGV eines „fair" bewerteten Unternehmens seiner Gewinnwachstumsrate.

Wenn das KGV von Schering 20 beträgt und die erwartete Gewinnwachstumsrate mit 20 Prozent pro Jahr geschätzt wird, so wäre das Unternehmen fair bewertet. Liegt das KGV niedriger als die Wachstumsrate, so könnte ein interessantes Investment vorliegen. Im Umkehrschluss ist ein KGV über der Wachstumsrate ungünstig und die Aktie reif für einen Rückschlag.

Allgemein gilt, dass ein KGV, welches die Hälfte der Gewinnwachstumsrate beträgt, äußerst positiv zu beurteilen ist, während eines, das das Doppelte der Wachstumsrate beträgt, sehr teuer ist.

(4) Kurs-Umsatz-Verhältnisse (KUV)

Das Kurs-Umsatz-Verhältnis ist mit dem KGV eng verwandt, setzt aber den Aktienkurs in Relation zu den jährlichen Umsätzen je Aktie (bzw. Marktkapitalisierung dividiert durch den Umsatz).

Käufer niedriger KUVs sind auf der Suche nach substanziell unterbewerteten Aktien. Sollte die Kennzahl bereits einen sehr hohen Wert aufweisen, deutet das auf eine gewisse Popularität der Aktie hin. Wehe, wenn die Popularität schwindet!

(5) Der Buchwert

Viele Anleger sind überzeugt, dass niedrige Preis-Buchwert-Relationen auf unterbewertete Aktien hinweisen. Dahinter steht die Überlegung, etwas zu einem niedrigeren Preis zu bekommen, wenn der Buchwert pro Aktie 100,- Euro beträgt und die Aktie bei 60 Euro notiert.

Problematisch ist jedoch, dass der ausgewiesene Buchwert nur sehr wenig über den wirklichen Wert einer Firma aussagt. Überbewertete Aktiva auf der linken Seite der Bilanz sind besonders kritisch, wenn auf der rechten Seite hohe Verbindlichkeiten stehen.

Sie müssen eine genaue Vorstellung davon haben, um welche tatsächlichen Werte es sich bei der Ermittlung des Buchwertes handelt. Das ist selbst für Fachleute und Insider ein höchst gewagtes Unterfangen.

(6) Die Dividenden

Das Vorhandensein einer hohen Dividende kann den Aktienkurs davor bewahren, so weit zu fallen, wie er es ohne Dividende tun würde. So wird unter dem Aktienkurs quasi ein Sicherheitsnetz gespannt, aber nur solange wie die Dividende sicher ist. Dividenden sind nicht garantiert. Ein weiteres Argument für Aktien mit hoher Dividendenrendite ist, das Firmen ohne Ausschüttungen die überflüssige Liquidität nicht effizient reinvestieren. Aktien mit einer hohen Dividendenrendite werden von ertragsorientierten Anlegern bevorzugt.

Abb. 155: Dividendenrendite von Dax- und US-Aktien

Die Dividendenrendite der Unternehmen im Dax bzw. Dow Jones erreicht zum Höhepunkt der Aktienhausse im Jahr 2000 Tiefststände (Abbildung 155, S. 209). Niedrige Dividendenrenditen sind ein Warnsignal für überteuerte Märkte.

(7) Der Cash Flow

Der Cash Flow ist der Geldbetrag, der einem Unternehmen aus seiner Geschäftstätigkeit zufließt. Er errechnet sich, indem man zu den Einkünften (bereinigt um außerordentliche Kosten und Erlöse) die Abschreibungen und Amortisation hinzuaddiert. Diese Kennzahl ist durch die Bilanzabteilung der Unternehmen schwieriger zu manipulieren als der ausgewiesene Gewinn. Daher bevorzugen viele wertorientierte Investoren diese Kennziffer. Ein hoher Cash Flow je Aktie ist positiv zu bewerten.

(8) Der Verschuldungsgrad

Die gewöhnliche Bilanz eines Unternehmens hat zwei Seiten. Auf der linken Seite stehen die Vermögenswerte, die rechte Seite zeigt, wie diese Vermögenswerte finanziert werden. Die Finanzkraft eines Unternehmens lässt sich schnell ermitteln durch die Gegenüberstellung von Eigenkapital und Schulden. In der Regel weist eine Firmenbilanz 70 Prozent Eigenkapital und 30 Prozent Schulden auf.

Gerade in einer Krise kommt dem Verschuldungsgrad eine wichtige Rolle zu. Er entscheidet darüber, welche Unternehmen in schwierigen Situationen überleben können und welche pleite gehen. Hoch verschuldete Unternehmen sind immer gefährdet.

Nicht nur die Höhe der Schulden entscheidet über Fortbestehen oder Untergang, sondern auch die Art der Verbindlichkeiten: Bankschulden oder Kapitalmarktschulden. Bankschulden sind zu tilgen, sobald es verlangt wird. Häufig handelt es sich dabei um kurz- bis mittelfristige Darlehen. Bei Kapitalmarktschulden handelt es sich meistens um Industrieanleihen mit langfristigen Laufzeiten. Derartige Verbindlichkeiten geben einem Unternehmen Zeit, mit auftretenden Schwierigkeiten selbst fertig zu werden.

Falls vor einer anstehenden Darlehensverlängerung die allgemeinen Kapitalmarktzinsen deutlich gestiegen sind, führt der
Zinsanstieg zu einer höheren Unternehmensbelastung. Dieser
Zusammenhang ist auch ein Grund dafür, dass gerade die Aktien junger, wachstumsstarker Unternehmen heftig auf Zinserhö-
hungen reagieren. Folglich sollten Sie besonders bei Turnaround-
Werten und angeschlagenen Firmen auf deren Verschuldung achten. Diese entscheidet in Krisenzeiten über das Fortbestehen der
Unternehmen.

(9) Die relative Stärke

Mit der relativen Stärke sind hier Aktien gemeint, die in steigenden Märkten überdurchschnittlich abschneiden und sich
auch bei fallenden Börsen besser entwickeln als der Marktdurchschnitt. Auf den Punkt gebracht bedeutet das: Setzen Sie auf die
Gewinner, denn die Wahrscheinlichkeit ist hoch, dass diese sich
wiederum überdurchschnittlich entwickeln. Im Umkehrschluss
sind Verliereraktien zu meiden, denn diese schneiden erneut
schlechter ab.

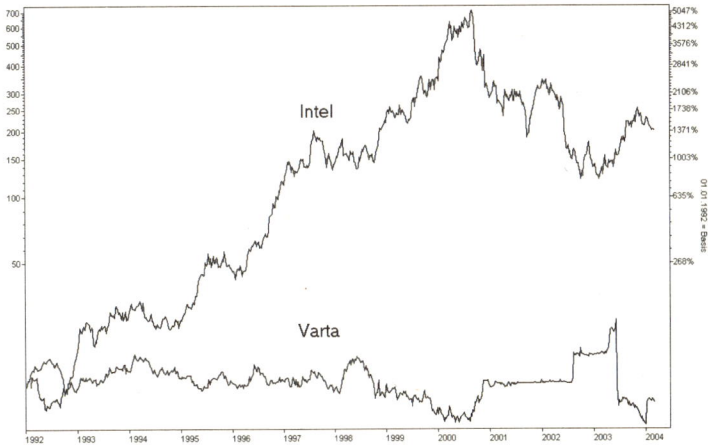

Abb. 156: Zwischen der Kursentwicklung liegen Welten, obwohl beide
Unternehmen ihre Qualitäten haben

211

Die relative Stärke ist eine der wichtigsten Kennzahlen überhaupt. Die Börsenweisheiten „der Trend ist Dein Freund" oder „begrenze die Verluste und lasse die Gewinne laufen" basieren darauf. Vergleichen Sie die Kursentwicklung des Weltkonzerns Intel mit einer Durchschnittsaktie wie Varta (Abbildung 156, S. 211). Berücksichtigen Sie die relative Stärke bei Ihren Auswahlentscheidungen. Stellen Sie sich nicht gegen sie.

13.3 Aktienkategorien

Das Einteilen von Aktien in Kategorien erleichtert die Auswahl erheblich. Es gibt zahlreiche Methoden, Aktien zu klassifizieren. Die folgenden fünf Bereiche decken alle wichtigen Eigenschaften ab: Substanzwerte, Turnaround-Aktien, Zykliker sowie etablierte und aggressive Wachstumsaktien.

Vorab sollten Sie sich jedoch über die Größe eines Unternehmens Gedanken machen. Aktien von Großunternehmen bewegen sich in kleinen Schritten. Die dynamischen Bewegungen vollführen die kleinen Werte. Für Großunternehmen ist es schon mathematisch unmöglich, den Gewinn permanent zu vervielfachen. Bei kleineren Unternehmen sehr wohl, da die Ausgangsbasis absolut betrachtet deutlich niedriger liegt.

Da gerade schnelles und hohes Gewinnwachstum den Kursen auf die Sprünge hilft, ist es keine Überraschung, dass ein Großunternehmen wie Siemens seinen Aktienkurs nicht so schnell steigern kann wie es eine kleine, aber aggressiv wachsende Firma vermag (Basiseffekt).

Abbildung 157 zeigt die Auswirkung des Basiseffektes bei guter Geschäftsentwicklung. Der Aktienkurs profitiert in der Regel überproportional davon. Die „große" Weltfirma Siemens stößt an Wachstumsgrenzen, während die „kleine" InVision Technologies noch stark expandieren kann.

Im Zeitablauf wachsen einige der kleinen Unternehmen in die Schuhe der Großen hinein. Der Aktienkurs wird sich dann beruhigen. Wenn es zwischen den Unternehmen sonst keinen Unterschied gibt, bevorzuge ich das kleinere.

Abb. 157: Klein- und Großunternehmen mit unterschiedlicher Kursdynamik

(1) Substanzwerte

Ein Substanzwert verfügt über Vermögenswerte, die sich im Aktienkurs noch nicht widerspiegeln. Es handelt sich dabei um unentdeckte Werte, die von der Börse noch nicht realisiert worden sind.

Angesichts der zahlreichen Analysten scheint es kaum vorstellbar, dass es noch solche Werte gibt. In der Tat wird es immer schwieriger, Substanzperlen zu entdecken. Vielleicht kennen Sie ein Unternehmen in Ihrer Region, das in diese Kategorie fällt?

Der Düngemittelhersteller Kali + Salz (Abbildung 158, S. 214) ist zwar nicht mehr unentdeckt, dennoch aber ein Substanzwert. Es müssen nicht immer Unternehmen mit fantastischen „Stories" sein – auch „langweilige" Firmen bieten Chancen.

In diesem Fall sogar zu einem attraktiven Chance-/Risikoverhältnis. Kali + Salz ist nur mit einem Bruchteil seines Umsatzes bewertet. Sein Geschäftsbereich ist von Wettbewerbern nicht leicht zu kopieren, so dass die Gewinnmarge durch neue Wettbewerber nicht geschmälert wird. Ganz im Gegensatz zu Hochtechnologiefirmen.

Abb. 158: Substanzaktie Kali + Salz

(2) Turnaround-Aktien

Turnaround-Aktien sind potenzielle Todeskandidaten. Sie sind stark mitgenommen und so geschwächt, dass ein Konkurs droht. Sie weisen kein Wachstum mehr auf. Die Kurse sind auf dem Tiefststand. Turnaround-Aktien können verloren gegangenen Boden schnell zurück gewinnen. Die Kurse explodieren förmlich bei einer wirtschaftlichen Besserung. Darin liegt der Reiz dieser Spekulation.

In jedem Fall muss man reichlich Geduld und Nerven mitbringen. Das Risiko eines Totalverlustes ist jederzeit möglich. Zudem ist das Geld oft auf Jahre hinaus gebunden. Schauen Sie sich den Kursverlauf der damals in Deutschland sehr beliebten Turnaround-Spekulation der Aktie Bremer Vulkan an (Abbildung 159). Vergleicht man die Aktienkursentwicklung mit einem Weltkonzern wie General Electric (die „amerikanische Siemens"), offenbart sich das Risiko einer Turnaround-Spekulation.

Es gibt verschiedene Arten von Turnaround-Werten: Unternehmen, deren Überleben von einer Bürgschaft abhängt, die ansonsten aber kerngesund sind. Andere geraten durch ein kleines, aber unerwartetes Problem in Schwierigkeiten. Wird das kleine Problem hochstilisiert zum riesigen Unglück, so ergibt sich eine interessante Investmentchance.

Ein weiterer Bereich sind Restrukturierungsmaßnahmen zur Steigerung des Aktionärsvermögens. Durch Restrukturierung trennt sich das Unternehmen von nicht profitablen Teilen und besinnt sich auf seine Kernaktivitäten. Der Unternehmenswert soll aus Sicht der Aktionäre erhöht werden.

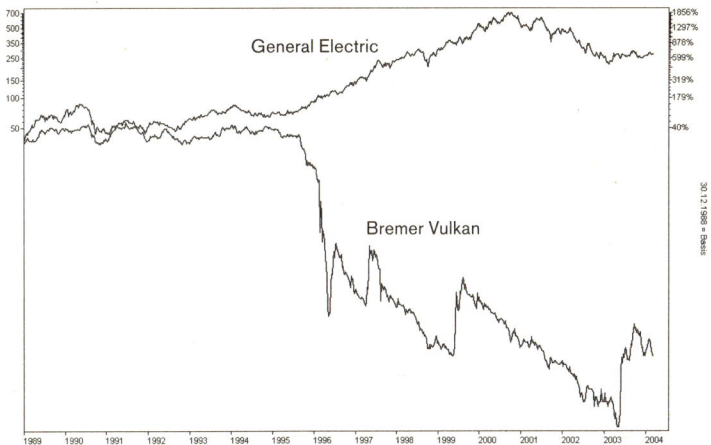

Abb. 159: Ein Weltkonzern wie General Electric im Vergleich zur ewigen Turnaround-Spekulation Bremer Vulkan

Eine andere Variante ist die Situation einer „profitablen Firma innerhalb eines konkursreifen Unternehmens". Wenn das profitable Teilunternehmen erfolgreich aus dem Gesamtverbund herausgelöst wird, sind Kurssteigerungen fast vorprogrammiert.

(3) Zykliker

Gewinne und Umsätze eines zyklischen Unternehmens steigen und fallen in regelmäßiger Art und Weise. In einer zyklischen Branche lösen sich Expansion und Schrumpfung ab. Luftfahrtgesellschaften, Autohersteller, Chemieunternehmen, Stahlfirmen, Rüstungsunternehmen und Reifenproduzenten verhalten sich zyklisch.

Die Charts zyklischer Aktien verlaufen in mehr oder weniger starken Wellenbewegungen. Nach einer Rezession florieren die zyklischen Firmen besonders. Die Aktienkurse tendieren dazu stärker zu steigen als die der etablierten Wachstumswerte. Im Umkehrschluss fallen sie aber auch umso mehr, wenn die Konjunktur ihren Höhepunkt überschritten hat. Mit Zyklikern kann man sehr schnell mehr als die Hälfte des Kapitals verlieren, wenn zum falschen Zeitpunkt gekauft wird.

Selbst unter den Zyklikern gibt es im Kursverlauf deutliche Unterschiede wie hier im Beispiel zwischen Thyssen-Krupp und dem US-Aluminiumproduzenten Alcoa (Abbildung 160) oder VW und Gillette (Abbildung 161). Die tägliche Rasur ist für viele Männer Pflicht. Einen neuen Wagen kauft man nicht unbedingt in wirtschaftlich düsteren Zeiten.

Abb. 160: Thyssen-Krupp- (unten) und Alcoa-Aktie im Vergleich

Viele Anleger begehen den Fehler, nicht zu unterscheiden zwischen etablierten Wachstumswerten und Zyklikern. Je nach Markt- und Branchenzyklik führt diese fehlende Differenzierung zu schlechten Anlageergebnissen in vermeintlich soliden Werten.

Bei den Zyklikern ist das richtige Timing alles. Sie müssen

über eine hervorragende Kenntnis dieser Branchen verfügen, um die Signale rechtzeitig zu erkennen, die auf einen Ab- oder Aufschwung hindeuten.

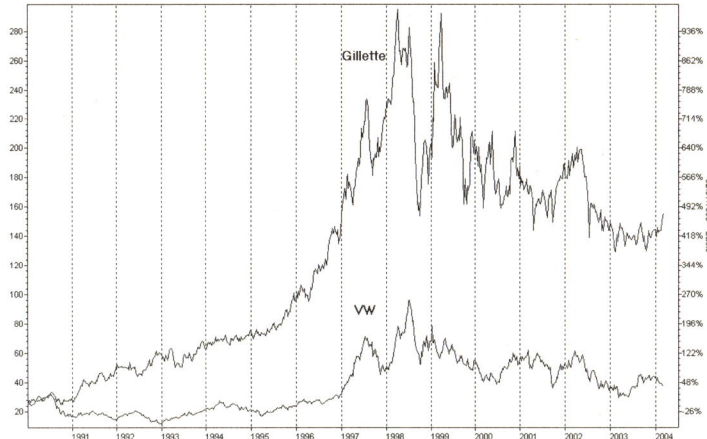

Abb. 161: Nicht-zyklischer Weltkonzern Gillette (oben) im Vergleich zum Zykliker VW

(4) Etablierte Wachstumswerte

Zu den etablierten Wachstumswerten gehören große finanzstarke Unternehmen, die durch eine hervorragende Marktstellung und kontinuierliches Gewinnwachstum gekennzeichnet sind. Dazu zählen bekannte Firmen wie Bed Bath & Beyond, Home Depot, Coca-Cola, General Electric oder Nokia.

Es müssen nicht immer Hightech-Firmen sein. Der Einrichtungsspezialist Bed, Bath & Beyond zeigt das eindrucksvoll (Abbildung 162, S. 218). Auch in schlechten Zeiten bieten solche Werte eine gute Absicherung, sofern sie ihre Markt- und Technologieführerschaft behaupten können. Vor massiven Kursverlusten sind allerdings auch diese Werte nicht gefeit. Je höher das (erwartete) Gewinnwachstum der Unternehmen ist, desto stärker werden die Aktien schwanken.

Im allgemeinen kann man davon ausgehen, dass diese Unternehmen auch nach einer Marktbereinigung wieder zu den

Hauptprofiteuren gehören. Im vorherigen Kapitel habe ich das Phänomen der relativen Stärke erläutert. Die relative Stärke ist der beste Verbündete der etablierten Wachstumswerte.

Abb. 162: Bed, Bath & Beyond-Aktie hält sich auch in der Baisse hervorragend

(5) Aggressive Wachstumsaktien

Ein rasant wachsendes Unternehmen muss nicht aus einer schnell expandierenden Branche stammen. Es reicht völlig aus, dass es innerhalb einer Nische in einer stagnierenden Branche wachsen kann.

Nastech Pharmaceuticals ist ein typischer Biotechnologiewert (Abbildung 163). Die Aktie lebt (noch) überwiegend von der Hoffnung bahnbrechender Produkte, die in Zukunft vermarktet werden sollen. Die Fantasie treibt den Wert nach oben. Der Dax kann da nicht mithalten.

Die wachstumsstarken Unternehmen sind sehr risikoreich. Insbesondere die mit wenig Kapital ausgestatteten, jüngeren Firmen. Bekommt das Unternehmen (auch nur vorübergehende) finanzielle Probleme, so führt das schnell zum Konkurs. Die Börse ist ungnädig, wenn die Erwartungen nicht erfüllt werden. Kursstürze sind die Folge. Werden die Erwartungen dagegen überraschend

übertroffen, so wird der Anleger belohnt. Während einem kleinen, aggressiven Unternehmen in der Krise der Untergang droht,
bleibt es bei den etablierten Wachstumstiteln bei einem Kursver-
lust, der im Zeitablauf wieder aufgeholt werden kann. Aggressive
Wachstumsaktien sind nur etwas für spekulativ eingestellte Anleger, die auch einen Totalverlust riskieren wollen.

Abb. 163: Small Cap-Aktie Nastech Pharmaceuticals überflügelt den
Dax-Index

13.4 Populäre Strategien

Für die Direktanlage in Aktien gibt es zahlreiche Methoden,
Strategien und Techniken. Die Frage, welche davon am besten
abschneidet, lässt sich so nicht beantworten. Schließlich muss
jeder Anleger für sich selbst entscheiden, welche am besten zu
ihm passt.

(1) Day Trading

Wer hat nicht schon einmal vom schnellen Geld durch den
blitzschnellen Handel von Aktien innerhalb weniger Minuten
oder Stunden eines Tages geträumt? Der aus den USA kommen-

de Trend greift auch in Europa um sich. Day Trading hat mit einer langfristigen Anlagepolitik nichts gemeinsam. Die Aktienanlage mutiert zum Glücksspiel. Am PC wird jede Kursbewegung verfolgt, um dann im vermeintlich günstigsten Moment zu kaufen oder zu verkaufen.

Ob die Erfolge der Day Trader wirklich „so enorm" sind wie es einem manchmal glaubhaft gemacht wird, möchte ich stark bezweifeln. Wer redet schon gerne über erlittene Verluste – möchte nicht jeder als Sieger dastehen? Selbst Glücksritter können nach Jahren erfolgreicher Tradingaktivitäten alles in wenigen Stunden wieder verlieren. Day Trading mag seine Daseinsberechtigung haben, aber leicht ist diese Disziplin sicherlich nicht.

(2) Dividendenstrategien

Durch die Konzentration auf Aktien mit der höchsten Dividendenrendite richtet der Anleger seinen Fokus auf Aktien bekannter Unternehmen, die auf eine lange Tradition zurückblicken können und im Blickfeld zahlreicher Analysten stehen. Es gibt regelmäßig aktuelle Informationen zum Unternehmen.

Ziel der Dividendenstrategie ist es, durch eine systematische Titelauswahl höhere Renditen zu erwirtschaften als Investoren, die einen entsprechenden Börsenindex abbilden.

Die Vergangenheit hat gezeigt, dass durch Fokussierung auf Dividendentitel eine bessere Durchschnittsrendite als mit dem entsprechenden Index erzielt wird. Die Dividendenstrategie bietet sich insbesondere für ertragsorientierte und auf Sicherheit bedachte Anleger an, die relativ bequem eine überdurchschnittliche Rendite erzielen möchten.

Die Depots, die auf Grundlage der Dividendenstrategie gemanagt werden, müssen einmal im Jahr an die erforderlichen Gegebenheiten des Marktes angepasst werden. Hinsichtlich der Strategietypen basieren die meisten auf den bekannten Marktbarometern wie der amerikanische Dow Jones oder Standard & Poor's Index. Empfehlenswert sind ebenso der europäische Euro-Stoxx 50 Index sowie der Dax.

Bei der Dax-Dividendenstrategie werden aus den 30 Dax-Titeln die 10 mit der höchsten Dividendenrendite ausgewählt. Erhaltene Dividenden und realisierte Kursgewinne legt man nach Ablauf eines Jahres bei der neuen Zusammensetzung des Depots wieder an. Einmal pro Jahr erfolgt zum gleichen Zeitpunkt eine Überprüfung der Zusammensetzung.

Die Strategie kann dahingehend erweitert werden, dass von den zehn Werten mit der höchsten Dividendenrendite diejenigen fünf herausgesucht werden mit dem nominal niedrigsten Kurs. Auch hier sollte einmal im Jahr eine Überprüfung erfolgen. Durch die Beschränkung auf nur fünf Titel steigt das durchschnittliche Risiko. Die Konzentration auf die so genannten „Low Five" statt der zehn Dividendentitel führte in der Vergangenheit zu einer besseren Rendite.

(3) Investiere 90 % – spekuliere mit 10 %

Der Anleger muss nicht am Aktienmarkt direkt engagiert sein. Er kann sein Kapital auch in kurzlaufende Zinsanlagen (Sicherheit!) und Kaufoptionen (Risiko!) investieren, um damit den gleichen Ertrag wie mit komplex abgesicherten Aktiendepots zu erzielen.

Dabei werden üblicherweise 90 % in sichere Anleihen investiert und der Rest in Optionen. Der Vorteil dieser Strategie liegt darin, dass durch die sicheren Zinszahlungen der Werterhalt des Depots faktisch garantiert ist. Der Gewinn wird dagegen mit den Kaufoptionen erwirtschaftet.

In guten Börsenzeiten kann durch die Hebelwirkung mit dem verhältnismäßig kleinen 10%igen Anteil der Option ein beträchtlicher Gesamtgewinn erzielt werden. Bricht die Börse dagegen wider Erwarten ein, so ist durch den hohen Anteil der Zinspapiere der Kapitalerhalt sichergestellt. Diese Strategie hat sich in Krisenzeiten bewährt.

(4) Die Wachstumsstrategie

Dieser Begriff wird synonym für die unterschiedlichsten Anlagestrategien verwendet. Ich verstehe darunter die Fokussierung auf etablierte Unternehmen, die sich durch eine ausgezeichnete Marktstellung und kontinuierliches Gewinnwachstum hervortun.

Diese Unternehmen besitzen eine hohe Finanzkraft, so dass sie in der Lage sind, ernstzunehmende Wettbewerber durch einen längeren Preiskrieg an die Wand zu drücken oder zu übernehmen. Diese Strategie verfolgt seit vielen Jahren Microsoft. Taucht ein neuer Konkurrent mit einer besseren Technologie auf, so wird er kurzerhand geschluckt, integriert und dessen Technologie unter dem Dach des Großen weiter vermarktet.

Dell Computer hat nicht nur eine spektakuläre Entwicklung hinter sich, sondern hält sich aufgrund seiner hervorragenden Geschäftsstrategie auch in der Baisse gut (Abbildung 164).

Abb. 164: Dell-Aktie seit 1995

Auch in schlechten Zeiten bieten solche Titel einen relativ sicheren Hafen vor Konkursen, sofern sie ihre dominante Marktstellung wahren können. Im Gegensatz zu jungen, kapitalschwachen Wachstumsunternehmen ist das Risiko eines Totalverlustes eher die Ausnahme.

14. Schützen Sie Ihr Geld!

14.1 Money Management

> „Regel eins lautet: Nie Geld verlieren.
> Regel zwei lautet: Vergiss nie die Regel Nummer eins."
> *Warren Buffet*

Bei jeder Anlageüberlegung stehen drei zentrale Fragen im Vordergrund:

(1) Was ist zu tun (kaufen oder verkaufen)?
(2) Wann ist es zu tun (Timing)?
(3) Wie viel soll investiert werden (Money Management)?

Die erste Frage wird durch die richtige Kursprognose beantwortet. Ist die Prognose falsch, bleibt nur zu hoffen, dass dann durch die richtige Umsetzung der Fragen zwei und drei der finanzielle Schaden begrenzt wird.

Die technische Analyse ist gegenüber der fundamentalen Einschätzung bei der Wahl des idealen Einstiegs- und Ausstiegszeitpunkt vorrangig (Timing). Die dritte Frage bezieht sich auf die Allokation von Kapital. Dabei werden Aspekte wie Risikokontrolle, Diversifikation oder Portfoliomanagement berücksichtigt. Das richtige Money Management ist ein wesentlicher Schlüssel für den Börsenerfolg. Umso erstaunlicher ist die geringe Aufmerksamkeit, die dieser Disziplin gewidmet wird.

Die besten Trader verdanken ihren Erfolg nur einem kleinen Anteil der durchgeführten Transaktionen. Das sie dennoch per Saldo ein Plus erwirtschaften, liegt an einem ausgewogenen Gewinn-/Verlust-Verhältnis. Für jeden Trade wird ein Gewinnziel formuliert, das ins Verhältnis zum maximal akzeptierten Verlust (Stop Loss) gesetzt wird. Das Gewinnpotenzial sollte mindestens dreimal so hoch sein wie der maximal mögliche Verlust. Nur so besteht die Chance, die anfallenden Verluste auszugleichen. Dahinter steht die Maxime „Gewinne laufen lassen und Verluste begrenzen".

Es ist besser, einen sicheren Verlust zu realisieren, als von der Hoffnung zu leben, dass die Aktie wieder steigt. Die Einstandskurse zu verbilligen birgt ein großes Risiko – oft wird dann gutes Geld schlechtem hinterher geworfen.

Grundsätzlich sollten Sie mit Stop Loss-Limiten arbeiten, da ein Totalverlust niemals auszuschließen ist oder eine Kurserholung ewig dauern kann. Bei einem Kursrückgang von 50 % muss der Aktienfavorit um mindestens 100 % wieder steigen, um den Einstandskurs zu erreichen. Ziehen Sie spätesten bei 20 % bis 25 % Verlust die Notbremse. Sobald der Kursverfall gestoppt ist, kann der Wert wieder ins Depot genommen werden. Vorausgesetzt, die Perspektiven stimmen noch.

In Abhängigkeit vom gewählten Stoppkurs wird der Kapitaleinsatz bestimmt. Hier sollte die Grundregel lauten „je weiter der Stopp vom Einstandskurs entfernt ist, desto weniger Kapital wird eingesetzt". Es gibt keine allgemeingültige Regel für die Platzierung eines Stopps. Es können charttechnische Kriterien herangezogen werden, die bedeutende Unterstützungszonen oder gleitende Durchschnitte berücksichtigen.

So ist bei einer Long-Spekulation ein Stopp 5 % unter dem letzten markanten Tief denkbar oder 3 % unter der 200-Tage-Linie (sofern der 200-Tage-Durchschnitt steigt und die Aktie darüber notiert).

Im Gewinnfall wird das Limit je nach Anlagehorizont nachgezogen (Trailing Stop). Da man in diesem Fall bereits in der Gewinnzone liegt, kann der Stopp großzügiger gewählt werden, um sich nicht durch normale Marktschwankungen aus dem Rennen werfen zu lassen. Das Kriterium des Kapitalerhalts bleibt gewahrt. So hat man die Chance, auch von großen Marktbewegungen partizipieren zu können. Denn leider hat die Börse die unschöne Eigenart, den Anleger vorher in die Irre zu leiten und auszustoppen, um dann in die andere Richtung voll durchzustarten. Bei Erreichen der gesetzten Limite müssen diese strikt befolgt werden. Hier ist eiserne Disziplin und konsequentes Handeln erforderlich.

Sobald sich ein neues markantes Tief gebildet hat, wird das Limit nach oben angepasst (Abbildung 165). Die Gewinne werden gesichert. Der 200-Tage-Durchschnitt ist eine zusätzliche Orientierungshilfe.

Unabhängig davon, für welche Methode Sie sich entscheiden, verwenden Sie in jedem Fall Limite zum Schutze Ihres Kapitals. Renditeüberlegungen sollten erst an zweiter Stelle folgen. Es wird Perioden des Erfolgs und Misserfolgs geben. Bei einer Pechsträhne ist es sinnvoll, sich eine Auszeit zu gönnen und die letzten Trades besonders intensiv zu analysieren.

Abb. 165: Lufthansa-Aktie mit Limiten zur Verlustbegrenzung bzw. Gewinnsicherung

Setzen Sie niemals alles auf eine Karte! Selbst die beste Aktie durchläuft einmal eine Schwächephase. Wer sein Vermögen mit Aktien langfristig vermehren will, sollte Chancen und Risiken auf mehrere Aktien verteilen. Durch Risikostreuung vermeiden Sie, dass Ihr Depot durch einen Fehlgriff stark unter Druck gerät. Diese Anlagestrategie muss nicht so weit übertrieben werden, dass das Depot unübersichtlich wird. Zehn Titel sind genug.

Wer mit zehn Aktien keinen Gewinn erzielt, wird es auch nicht mit 100 schaffen. Hier heißt es, sich auf die Favoriten zu konzentrieren. Wenige Titel lassen sich besser verfolgen. Wenn Sie dagegen beabsichtigen, überwiegend spekulative Werte aufzunehmen, dann ist eine breitere Streuung angebracht. So erhöhen Sie die Wahrscheinlichkeit, eine Kursrakete zu erwischen.

Da sich die Volkswirtschaften weltweit sehr unterschiedlich entwickeln, sollten Sie auf eine entsprechende Länderdiversifikation achten. Dazu gehören Aktien aus den Hauptmärkten USA, Europa und Asien. Berücksichtigen Sie verschiedene Branchen: Pharmazie, Biotechnologie, Konsum, Markenartikel, Finanzdienstleister, Medien, Kommunikation, Hochtechnologie, Maschinenbau, Nahrung und Genussmittel.

Da sich alle Branchen je nach Wirtschaftslage unterschiedlich entwickeln, erreichen Sie so eine bessere Risikostreuung. Erfahrungsgemäß ist die Pharmabranche relativ konjunkturunabhängig, während der Maschinenbau sehr zyklisch verläuft und somit auch die Kursentwicklung stärkeren Schwankungen unterliegt.

Entscheidend für den langfristigen Vermögensaufbau ist die Gesamtentwicklung des Depots und nicht die Entwicklung einzelner Titel.

14.2 Vorbeugen ist besser als Heilen

Nach massiven Kursverlusten stellen sich viele Anleger die Frage, wie man sich davor hätte schützen können – außer durch eine Depotliquidierung.

Neben dem klassischen Einsatz von Stoppkursen zur Verlustbegrenzung bietet sich in Deutschland der Einsatz von Verkaufs-Optionsscheinen (Put-Optionsscheine) oder Short-Zertifikaten an. Dabei handelt es sich um eine spezielle Form des Hedging zur Depotabsicherung gegen Kursverluste.

Beim statischen Hedging wird zu Beginn des Absicherungszeitraumes eine festgelegte Anzahl von Puts gekauft. Verluste bei fallenden Aktienkursen sollen so durch die Gewinne der Put-Optionsscheine gemildert werden.

Aufgrund des Hebeleffektes bei Optionsscheinen ist die relative Wertenwicklung bezogen auf den Kapitaleinsatz höher als bei den zugrunde liegenden Basiswerten. Eine Absicherung im Verhältnis 1:1 ist jedoch nicht ratsam, da die absoluten Veränderungen niedriger sind.

Zur Bestimmung einer optimalen Anzahl an Put-Optionsscheinen kann man sich folgender Faustformel bedienen:

$$\text{Anzahl der Optionsscheine} = \frac{\dfrac{\text{Abzusichernder Betrag}}{\text{Kurs Basisinstrument}}}{\text{Delta x 100 x Bezugsverhältnis}}$$

Der dafür aufgewendete Betrag ist als Versicherungsprämie zu sehen. Kommt es nicht zu dem erwarteten Kurssturz, verlieren die Optionsscheine täglich an Wert. Das Delta misst die Änderung des Optionspreises im Verhältnis zum Basiswert. Ein Delta von –70 % bedeutet, dass bei einer Änderung des Basiswertes um eine Einheit der entsprechende Put-Optionsschein um 0,7 Einheiten in die entgegengesetzte Richtung tendiert.

Ein Problem besteht darin, ein aus vielen Einzelpositionen bestehendes Aktienportfolio adäquat abzusichern. Idealerweise müsste jede Aktienposition mit einem dazugehörigen Optionsschein gehedged werden. Da diese Vorgehensweise nicht praktikabel ist, bietet sich beispielsweise für ein technologielastiges US-Depot eine Put-Option auf den Nasdaq Index an. Nur große Einzelpositionen sollten direkt abgesichert werden.

Bei der Auswahl der Scheine ist der Basispreis von besonderer Bedeutung. Möchte der Anleger nur einen geringen Geldbetrag für die Absicherung aufwenden, so muss er Put-Optionsscheine auswählen, deren Basiswert deutlich unter dem gegenwärtigen Kurs- bzw. Indexniveau liegt. Die Scheine sind dann „aus dem Geld" mit einem entsprechend großen Hebel. Nachteil dabei: Tritt der Kurssturz nicht bald ein, ist der Zeitwertverlust sehr hoch.

Für Spekulanten sind Optionsscheine, die „aus dem Geld" notieren, besonders reizvoll wegen ihres temperamentvollen Charakters. Sobald der Basispreis nach einer schnellen Kursbewegung erreicht oder überschritten wird, explodiert der Kurs des Scheines. Aber nur dann. Leider funktioniert dieser Mechanismus auch in die andere Richtung. Die Kurschance wird mit einem hohen Risiko erkauft.

Wenn die Volatilität des Marktes zunimmt, werden auch die Scheine teurer – unabhängig von der Kursentwicklung des Basisinstrumentes. Spekulanten winkt hier also noch ein netter Zugewinn. Nur beeilen muss man sich, weil die Volatilitätsspitzen meist von kurzer Dauer sind.

Die beschriebene klassische Möglichkeit der Portfolioabsicherung durch den Erwerb von Put-Optionen erweist sich in der in der Praxis als schwierig. So stehen Optionen mit der gewünschten Laufzeit und Liquidität häufig nicht zur Verfügung. Darüber hinaus kann man aktiv gemangte Portfolios nicht identisch absichern. Eine Lösung dieses Problems ist der Kauf von OTC-Optionen. Diese sind in der Regel teurer als börsengehandelte Optionskontrakte.

Die Alternative besteht in einer dynamischen Nachbildung. Man bestückt ein Portfolio mit Wertpapieren bzw. Future- und Kassepositionen. Der Investitionsgrad wird dynamisch der Börsenentwicklung angepasst, so dass er dem Delta der gewünschten Call-Option entspricht.

Da sich das Delta mit der Zeit ändert, ist eine laufende Anpassung des Investitionsgrades erforderlich. Diese Strategie ist prozyklisch, da das Delta eines Calls mit steigenden Kursen größer wird. Der Investitionsgrad erhöht sich bei steigenden Kursen und wird bei fallenden Kursen reduziert.

Die **Zero Cost Collar-Strategie** ist ein solcher Spezialfall. Dabei wird der Kauf von Optionen zur Absicherung durch den gleichzeitigen Verkauf von Optionen mit höherem Ausübungspreis finanziert. Bei einem geringen Kursanstieg partizipiert man voll an der Entwicklung des Basiswertes. Durch diese Konstruktion fallen keine Absicherungskosten an. Ab einem bestimmten Kursniveau nimmt der Anleger dafür nicht mehr an der Wertsteigerung teil (Cap).

Eine weitere Variante ist das **Constant Proportion Portfolio Insurance-Modell (CPPI)**. Hierbei handelt es sich ebenfalls um eine Strategie zur Absicherung der Wertentwicklung eines Portfolios gegen die Risiken volatiler Märkte. Der Grad der Investition in riskanten Anlageobjekten (z. B. Aktien) wird dynamisch so gesteuert, dass beim Eintreten des größten anzunehmenden Verlustes, der mit einer vorgegebenen Wahrscheinlichkeit nicht überschritten wird, der Wert des Portfolios am Ende des Absicherungszeitraums noch oberhalb der vom Investor vorgegebenen Mindestgrenze liegt. Bei Schwankungen der Märkte ist daher eine regelmäßige Anpassung des Investitionsgrades notwendig.

Die dynamische CPPI-Absicherungsstrategie reduziert in einem fallenden Markt den Aktienanteil zu Gunsten von Geldmarktanlagen bzw. Rentenpapieren und umgekehrt bei einem steigenden Markt. Mittels Futures kann ein ähnlicher Effekt erzielt werden.

Auf diese Art und Weise lässt sich auch die Verbindung zwischen der Aktienbörse und dem Rentenmarkt erklären. Je schneller die Aktienkurse fallen, desto stärker wird umgeschichtet.

Im Gegensatz zu klassischen Produkten ist die Performance bei steigenden Kursen nicht konstant. Je aggressiver investiert wird, desto höher ist die Partizipation, und umso schneller muss auf Marktveränderungen reagiert werden. Bei starken und abrupten Marktveränderungen stößt die CPPI-Strategie schnell an ihre Grenzen, da dann die Position nicht rechtzeitig angepasst werden kann. In steigenden Märkten kostet die Strategie fast nichts. In fallenden Märkten stoppt sie sich aus, so dass eine Partizipation an einer späteren Kurserholung nahezu unmöglich ist.

Eine weitere optionsähnliche Variante ist die **Best of Two-Strategie**. Auch hier werden zwei risikobehaftete Anlageklassen nach festen Regeln ausgetauscht. Für die Wahrung der Chancen bei gleichzeitiger Begrenzung starker Schieflagen ist eine Absicherungsprämie zu zahlen. Die Regelgebundenheit und Unabhängigkeit von konkreten Renditeprognosen sind ein wesentliches Charakteristikum der Best of Two-Strategie. Die „Prognosefreiheit" schließt jedoch nicht aus, dass der Investor bestimmte Erwartungen und Annahmen hinsichtlich der Erfolgsfaktoren treffen muss.

14.3 Zehn gut gemeinte Ratschläge

(1) Setzen Sie nicht alles auf eine Karte

Streuen Sie Ihr Kapital auf mehrere Aktien aus unterschiedlichen Ländern und Branchen. Fünf bis zehn Aktien sind ausreichend. Falls Sie spekulative Werte bevorzugen, wählen Sie 20 bis 30 Favoriten aus. So ist die Wahrscheinlichkeit höher, einen Top-Performer zu erwischen. Entscheidend ist der Erfolg des Gesamtdepots, nicht der der einzelnen Werte.

(2) Ordern Sie zu unterschiedlichen Zeitpunkten

Reduzieren Sie das Risiko eines ungünstigen Markt-Timings. Investieren Sie in gleich hohen Beträgen. So erzielen Sie einen Cost Average-Effekt: Bei hohen Kursen erhalten Sie weniger Stücke, bei niedrigeren mehr. Der durchschnittliche Einstandspreis wird mathematisch bedingt stärker reduziert. Prämisse: Der Kurs muss langfristig steigen! Der Cost Average-Effekt ist keine Gewinngarantie.

(3) Kaufen Sie nur das, was Sie kennen

Je mehr Sie über das Unternehmen wissen, desto fundierter wird Ihre Anlageentscheidung ausfallen. Gerade wenn sich der Kurs nicht so entwickelt wie erwartet, hilft eine detaillierte Kenntnis des Unternehmens und des Managements in der weiteren Entscheidungsfindung.

Hier liegt jedoch das Problem des privaten Investors: Wie können diese relevanten Informationen beschafft werden? Welche Schlüsse können daraus gezogen werden? Sind Gespräche mit dem Management möglich?

Praktisch bleibt dann oft nur die Lösung, auf versierte Kenner der Szene, Börsendienste oder exklusive Informationsquellen zurückzugreifen.

(4) The Trend is your friend!

Kämpfen Sie nicht gegen den Trend. Wer glaubt klüger zu sein als der Markt, der wird an der Börse nicht lange durchhalten. Antizyklisches Handeln besteht in der Kunst, frühzeitig dem Trend auf die Schliche zu kommen, um damit auf der richtigen Seite zu stehen. Beantworten Sie für sich gedanklich folgende Frage: Wie hoch ist die Wahrscheinlichkeit, dass eine seit Jahren fallende Aktie genau dann anfängt zu steigen, wenn man den Wert zu seinem persönlichen Favoriten erkoren hat?

(5) Verluste begrenzen, Gewinne laufen lassen

„An Gewinnmitnahmen ist noch keiner gestorben." Leider veräußert man dann auch gute Werte zu früh. Einige prominente Beispiele: Microsoft, SAP oder General Electric.

Diese Börsenregel führt dazu, dass die besten Werte zu schnell verkauft werden und die Verlierer im Depot bleiben. Wenn sich der Anleger nicht von Verlustpositionen trennen kann, ist dieser Effekt umso gravierender.

Limitieren Sie Verluste durch das Setzen von Stop Loss-Marken. Halten Sie diese unbedingt ein. Es ist psychologisch verständlich, dass jeder mindestens den Einstandskurs wieder erzielen möchte (bloß keine Verluste machen!). Doch es ist klüger, in einen besseren Wert zu investieren. So eliminieren Sie die Verlierer automatisch aus Ihrem Depot.

Die richtige Maxime heißt: Gewinne laufen lassen und Verluste begrenzen.

(6) Seien Sie flexibel

Kluge Investoren ändern radikal ihre Meinung, wenn sich die Lage ändert. Das Festhalten an überholten Einschätzungen kann sehr kostspielig werden.

(7) Lernen Sie aus Fehlern

Machen Sie die Börse nicht verantwortlich für persönliche Verluste. Verluste gehören dazu. Akzeptieren Sie die Börse als Lehrmeister. Nur wer aus seinen Fehlern lernt, vermeidet sie in Zukunft.

(8) Spekulieren Sie niemals auf Kredit

Wenn die Börsen steigen, arbeitet der Leverage-Effekt für Sie. Wehe, wenn sie fallen! Dann schwinden die Sicherheiten und irgendwann wird Ihre Bank weitere verlangen. Sind keine vorhanden, werden die Aktien zwangsliquidiert. Unterschätzen Sie nicht die psychologische Belastung fallender Kurse bei Aktienkäufen auf Kredit!

(9) Nicht auf jede Nachricht reagieren

Neue Nachrichten werden stärker gewichtet als ältere. Das führt regelmäßig zu Überreaktionen an der Börse, die sich später wieder abbauen. Jagen Sie erst recht nicht jedem Tipp hinterher. Behalten Sie stets das Gesamtbild im Auge.

(10) Entwickeln Sie Ihre persönliche Anlagestrategie

Jeder Investor hat unterschiedliche Anlageziele. Entwickeln Sie eine Strategie, die am besten zu Ihnen passt. Denken Sie dabei auch an das Risiko, dass Sie maximal bereit sind einzugehen. Handeln Sie konsequent nach Ihrer Strategie. Verfeinern Sie diese im Zeitablauf durch gewonnene Erfahrungen.

15. Beispiele aus der Praxis

In den vorherigen Kapiteln haben wir einen kleinen Einblick in die zahlreichen Methoden der technischen Analyse erhalten. Eine Darstellung aller Möglichkeiten würde den Rahmen dieses Buches bei weitem sprengen.

Welche Vorgehensweise führt zum Erfolg? Es gibt leider kein Patentrezept, wie man den Investmentprozess am besten gestaltet. Je nach Mentalität, Erfahrung und Risikobereitschaft muss jeder Anleger seinen eigenen Weg finden. Es gibt zwar hilfreiche Ratschläge und allgemeine Grundregeln, die beachtet werden sollten, aber letztendlich muss jeder seinen persönlichen Anlagestil selbst entwickeln.

Die Umsetzung der Theorie in die tägliche Praxis ist nicht immer einfach. Intuition und Erfahrung werden zum wichtigen Begleiter und geben dem gesamten Puzzle der Kursprognose den letzten Schliff.

Entwickeln Sie Ihren eigenen Anlagestil, aber bleiben Sie immer offen für neue Erfahrungen und Ideen. Investieren heißt, permanent zu lernen und flexibel zu bleiben. Begleiten Sie mich nun bei einem gedanklichen Spaziergang durch die Börsenwelt – er ist nur ein Beispiel für viele mögliche Wege.

15.1 Renaissance der Aktienmärkte?

Ein lauer Sommerabend im Jahr 2003 ist eine gute Gelegenheit, um die Gedanken mal wieder in Richtung Aktienmärkte schweifen zu lassen. Seit Beginn der Aktienbaisse im Jahr 2000 sind die meisten Märkte nur gefallen. Wahrlich kein erfreuliches Umfeld für Aktienanleger, zumindest wenn man nicht auf fallende Kurse spekuliert.

Schwere Zeiten für optimistische Anleger, die lieber auf steigende Kurse setzen und Leerverkäufe nur zur Absicherung des Depots verwenden. Ist nach drei katastrophalen Jahren die Zeit wieder reif für Aktien? Zwar entwickeln sich Gold und einige Rohstoffe noch recht gut, aber vielleicht gibt es neue Erkenntnisse.

Zunächst gilt es, sich einen Gesamtüberblick über die wichtigsten Sektoren zu verschaffen. Starten wir mit einem langfristigen Wochenchart. Dabei verwenden wir den 200-Tage- und 50-Tage-Durchschnitt, um den mittel- bis langfristigen Trend zu ermitteln.

Der langfristige Zinstrend zeigt nach unten. Analog steigen die Kurse der US-Treasuries und deutschen Rentenpapiere (Abbildung 166). Sie befinden sich deutlich über ihren steigenden 200-Tage-Durchschnitten. Im kurzfristigen Zeitfenster droht eine Korrektur im Aufwärtstrend.

Abb. 166: Kurse der US-Treasuries steigen, d. h. die Kapitalmarktzinsen sinken

Der Rentenindex Rex hat bereits seinen 50-Tage-Durchschnitt nach unten durchkreuzt, die US-Treasuries stehen kurz davor (Abbildung 167). Dieses Aufwärtstempo kann der Rex ohne Verschnaufpause nicht durchhalten.

An den Devisenmärkten hat eine Wachablösung stattgefunden. Der US-Dollar neigt zur Schwäche gegenüber den wichtigsten Währungen. Angesichts der enormen Verschuldung und historisch niedriger US-Zinsen kommt diese Entwicklung nicht überraschend. Zweifel an der Nachhaltigkeit eines Wirtschaftsaufschwunges tragen ihr übriges dazu bei.

Der Chart des Euro zum US-$ belegt eindrucksvoll die Trendwende (Abbildung 168). Nachdem der Euro einen mehrjährigen Boden ausgebildet hat, strebt er seit Mitte 2002 nach oben.

Abb. 167: Rentenindex Rex schneidet seinen 50-Tage-Durchschnitt

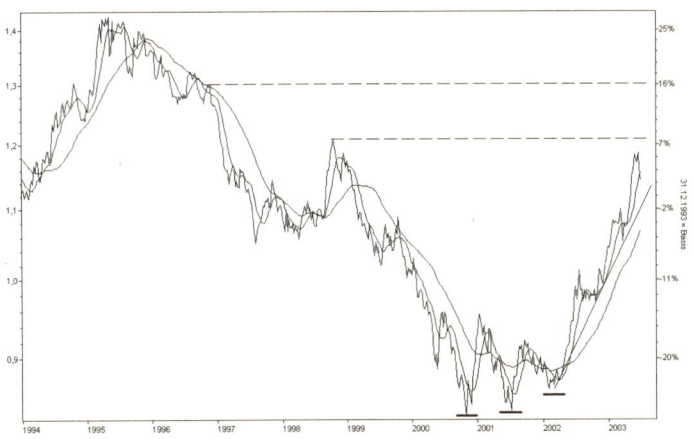

Abb. 168: Euro im Vergleich zum US-Dollar – Trendwende

Die Kreuzung des 50-Tage-Durchschnitts ist ein Hinweis auf eine kurzfristige Konsolidierung in Richtung der eingezeichneten Trendgeraden oder des 200-Tage-Durchschnitts. Als nächstes Kursziel lässt sich die Widerstandszone im Bereich von 1,20 bis 1,30 lokalisieren, wobei die letztgenannte eine größere Signifikanz hat.

An den Rohstoffmärkten hat sich nahezu lehrbuchmäßig eine Bodenformation in Form eines großen „W" entwickelt (Abbildung 169). Hier bietet sich eine gute Investitionsmöglichkeit: Der CRB-Rohstoff-Index hat seinen steigenden 200-Tage-Durchschnitt nach unten durchbrochen. Solange er oberhalb der durchgezogenen Trendgerade bleibt, ist die Wahrscheinlichkeit für eine Fortsetzung des Aufwärtstrends dennoch hoch. Und wie sieht es an den Aktienmärkten aus?

An der Wall Street deutet sich beim Dow Jones eine Trendwende an (Abbildung 170, S. 238). Der Index notiert über seinem steigenden 200-Tage- und 50-Tage-Durchschnitt. Die Advance Decline Linie hat ihren Abwärtstrend durchbrochen und steigt wieder. Sie vergleicht die Anzahl der steigenden Papiere mit der Anzahl der fallenden Papiere. Auch der Moving Average Index stabilisiert sich auf niedrigem Niveau und zeigt eine leicht steigende Tendenz. Ein Test seines Abwärtstrends steht bevor. Die markierten Umsatzspitzen korrespondieren mit markanten Tiefpunkten im Dow Jones.

Jede dieser Umsatzspitzen ist durch ein niedrigeres Niveau gekennzeichnet. Der Abwärtsdruck lässt nach, bis die Käufer schließlich im März 2003 die Oberhand gewinnen. Als übergeordnetes Kursziel dient der langfristige Abwärtstrend bei etwa 10.500 Punkten.

An den anderen Hauptbörsen finden sich ebenfalls ermutigende Anzeichen einer Trendwende. Die US-Technologiebörse Nasdaq hat sogar den langfristigen Abwärtstrend durchbrochen.

Die Nasdaq eilt dem Dow Jones voraus (Abbildung 171, S. 239). Die gleitenden Durchschnitte und die steigende A/D-Line signalisieren weiteres Aufwärtspotenzial.

Bei der Ratio-Analyse schneidet der deutsche Aktienindex Dax im Vergleich zum amerikanischen Dow Jones seit einigen Mo-

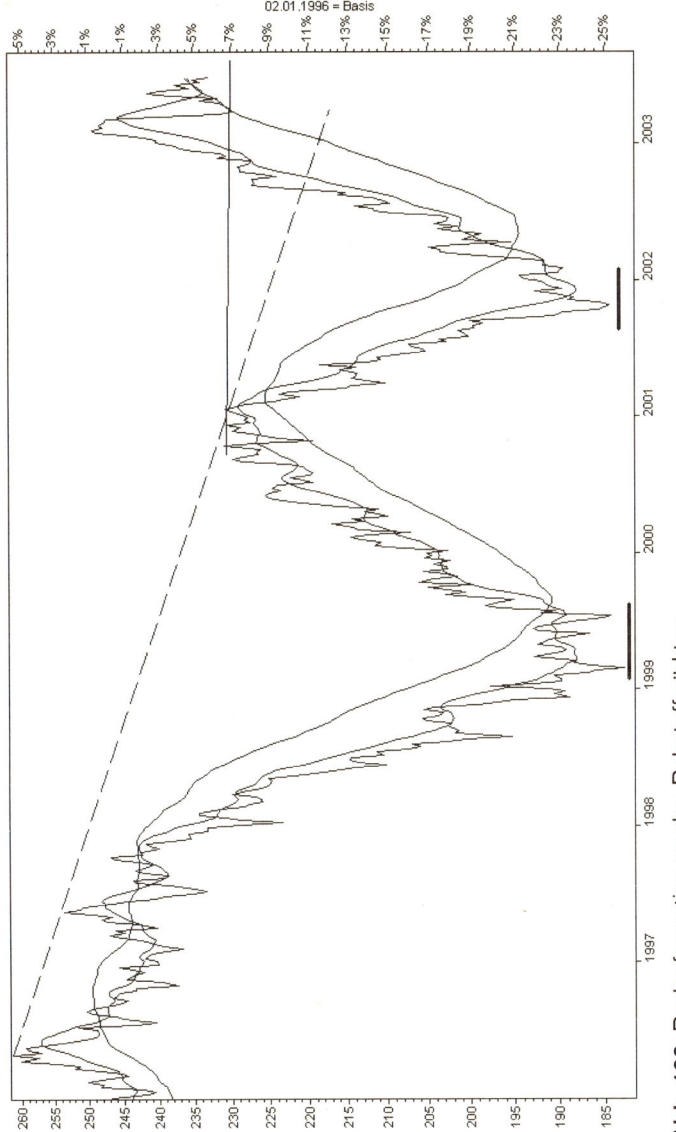

Abb. 169: Bodenformation an den Rohstoffmärkten

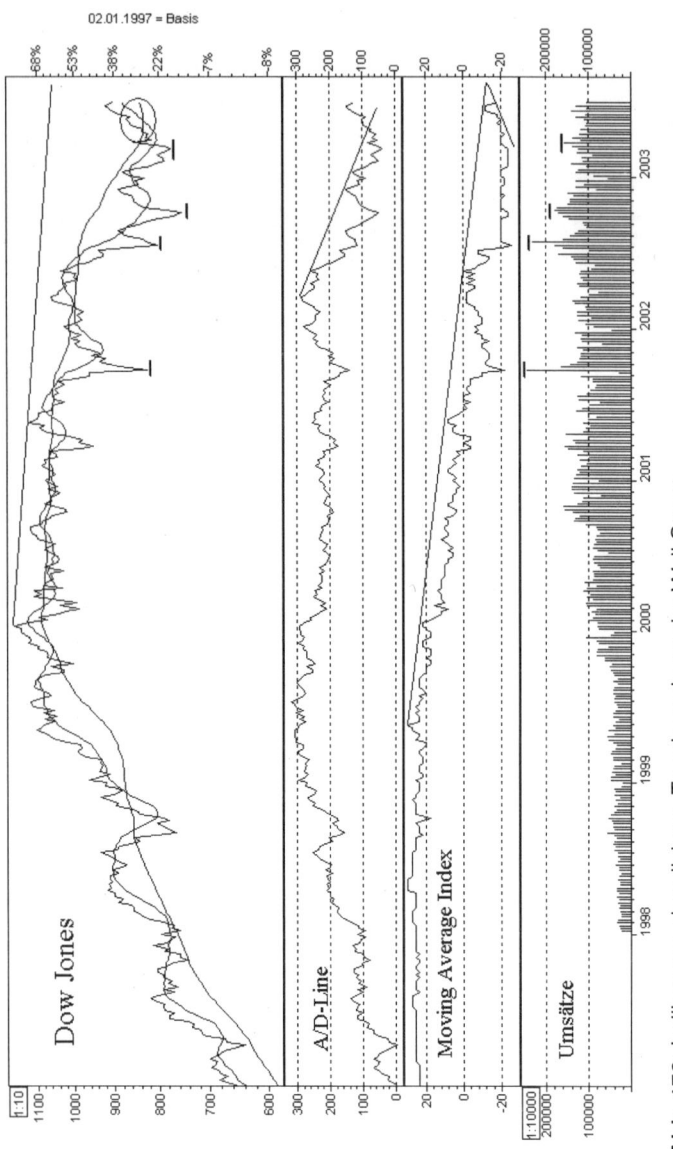

02.01.1997 = Basis

Dow Jones

A/D-Line

Moving Average Index

Umsätze

Abb. 170: Indikatoren signalisieren Trendwende an der Wall Street

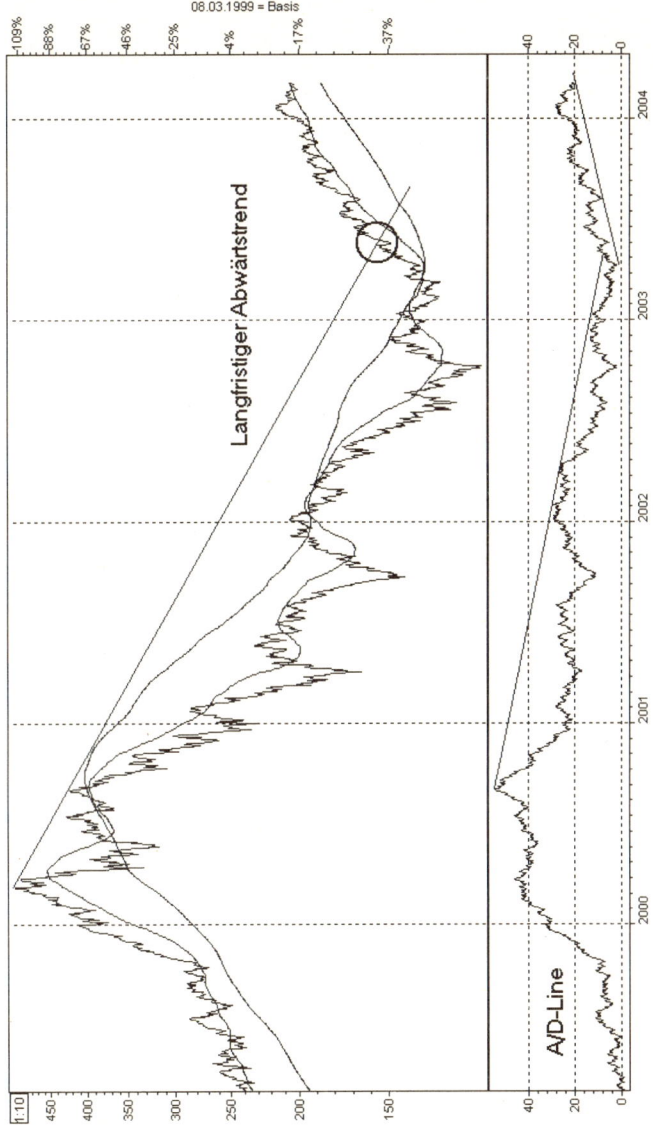

Abb. 171: Nasdaq Index hat den langfristigen Abwärtstrend bereits überwunden

naten deutlich besser ab (Abbildung 172). Mit dem Bruch der Aufwärtstrendlinie und dem anschließenden Fall unter den 200-Tage-Durchschnitt beweist der Dax Stärke (eine fallende Ratio Line bedeutet hier eine zunehmende Outperformance des Dax). Ein klarer Hinweis, deutsche Aktien wieder stärker zu gewichten.

Ein Blick auf die fundamentale Seite bestätigt diese Einschätzung: Deutsche Aktien sind gemessen am KGV deutlich preiswerter als amerikanische Titel. Berücksichtigt man die Dollarschwäche, so erhöht sich deren Attraktivität noch.

Auch im Verhältnis zu den Rohstoffmärkten und Gold gewinnt der Dax seit März 2003 an Stärke. Die Umsatzspitze (Abbildung 173, S. 242) im März 2003 deutet auf einen Ausverkauf im Dax hin.

Einige Monate später kreuzt der mittelfristige 50-Tage-Durchschnitt den 200-Tage-Durchschnitt von unten nach oben. Ein Kaufsignal.

Der Index bewegt sich seit Mitte Juni über seinem 200-Tage- und 50-Tage-Durchschnitt. Die A/D Line vervollständigt den positiven Gesamteindruck. Eine endgültige Bestätigung durch den Moving Average Index steht noch aus. Der MAI zeigt bereits auf niedrigem Niveau eine positive Tendenz. Der Dax hat mit hoher Wahrscheinlichkeit die Trendwende geschafft. Das nächste übergeordnete Kursziel ist der langfristige Abwärtstrend bei rund 4.400 Punkten.

Die Ergebnisse der technischen Analyse lassen den Schluss zu, dass es an der Zeit ist, seit Mitte 2003 wieder verstärkt in Aktien zu investieren. Zwar steht die wirtschaftliche Erholung noch auf wackeligen Beinen, aber die Börse handelt schließlich die Zukunft. Wenn die besseren Wirtschaftsdaten erst einmal feststehen, haben die Aktien ihren Anstieg längst hinter sich.

Es gibt es eine Reihe von fundamentalen Störfaktoren wie die enorme US-Verschuldung oder die ungebremste Neigung auf Kredit zu spekulieren. Diese müssen weiter beobachtet werden (Abbildung 174, S. 243).

Die amerikanischen 3-Monats-Zinssätze sind historisch niedrig (Abbildung 175, S. 243). Auf diesem Niveau ist ein Anstieg

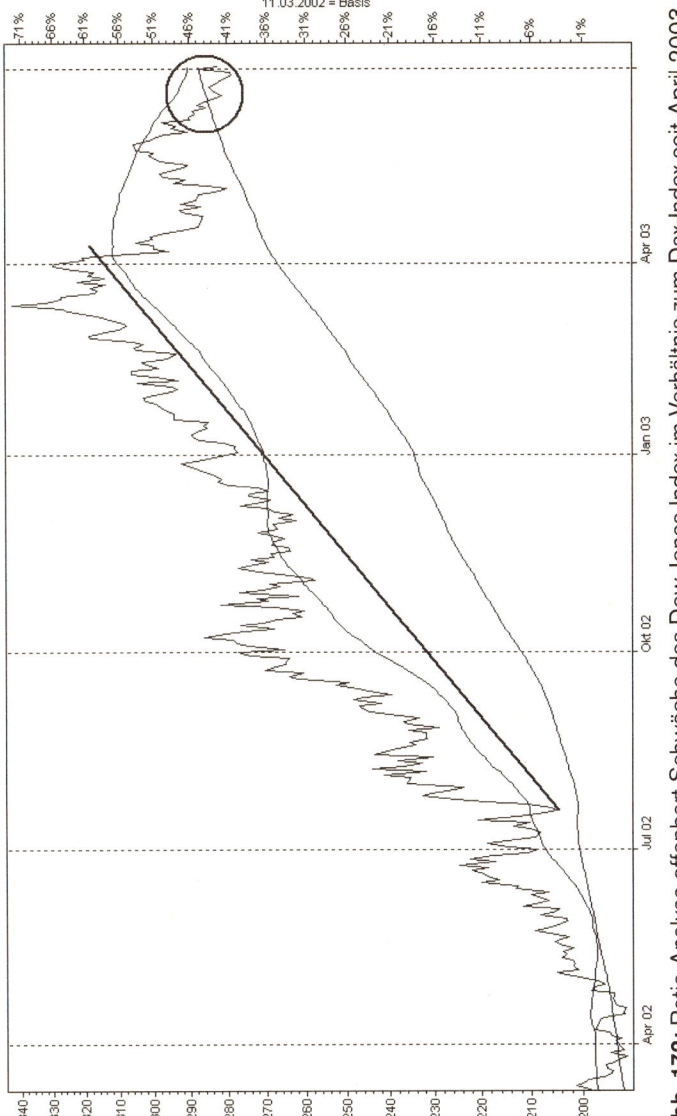

Abb. 172: Ratio-Analyse offenbart Schwäche des Dow Jones Index im Verhältnis zum Dax-Index seit April 2003

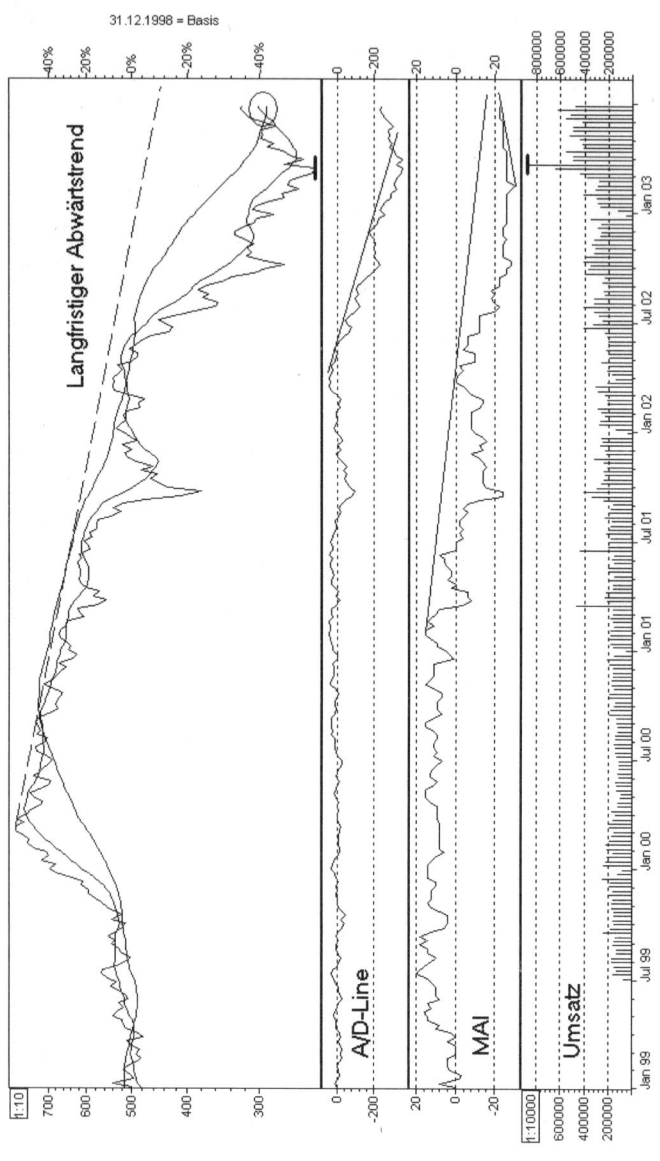

Abb. 173: Trendwende beim Dax-Index im März/April 2003

Abb. 174: Börsenkredite in USA: Trotz Aktiencrash im Jahr 2000 ist die Spekulationslust auf Kredit ungebremst

Abb. 175: US-3-Monats-Zinssätze historisch niedrig

wahrscheinlicher als ein weiterer Rückgang – es sei denn eine Deflation steht vor der Tür.

Die Zahlen von Investors Intelligence zeigen schon wieder eine sehr optimistische Stimmung. Das ist aus antizyklischer Sicht bedenklich, aber der Stimmungsindikator sollte aktuell nicht überbewertet werden. Stimmungsindikatoren können zu Beginn eines jungen Trends sehr lange Extremzustände annehmen. Mit zunehmender Reife der Kursbewegung gewinnen sie an Bedeutung. Bei einem nachhaltigen Stimmungsumschwung wird es dann gefährlich.

Mehr Sorge bereitet der schwache US-Dollar. Aus Sicht der Intermarket-Analyse wirkt sich ein langfristig (stark) fallender Dollar negativ auf die Aktienmärkte aus. Ebenso bedenklich sind die steigenden Rohstoffpreise und Goldnotierungen. Gold gilt als Gradmesser der Angst und Inflationsindikator. Die abnehmenden Volatilitäten deuten eher auf eine entspannte Situation hin. Gehen Goldinvestoren etwa von einem Inflationsszenario aus? Inflationsängste treiben wiederum die Zinsen nach oben. Steigende Zinsen sind Gift für die Aktienmärkte. Ein Teufelskreis.

Abb. 176: Volatilität (oben) fällt – Dax steigt

Die Volatilitäten fallen (Abbildung 176). Der VDAX befindet sich in einem Abwärtstrend. In den letzten Jahren ist der Dax negativ zum VDAX korreliert. Ein fallender VDAX begünstigt einen steigenden Dax. Warum sollte es diesmal anders sein?

Positiv für die Aktienmärkte ist die üppig vorhandene Liquidität, die durch die US-Niedrigzinspolitik forciert wird. Der amerikanische Notenbankpräsident Alan Greenspan flutet die Märkte regelrecht mit US-Dollars.

Die Rentenmärkte dürften für die meisten Investoren aufgrund der extrem niedrigen Zinsen aktuell kaum eine Alternative zu den Aktienmärkten darstellen. Das Zinsniveau ist historisch niedrig und der fallende Dollar sollte noch durch den positiven Effekt der üppigen Liquidität überkompensiert werden. Fazit: Es ist an der Zeit (Sommer 2003), Aktien wieder überzugewichten.

Nachdem wir die grundsätzliche Investitionsrichtung festgelegt haben, folgt eine Branchenanalyse des europäischen Marktes, bevor wir uns mit Einzelaktien des favorisierten deutschen Marktes näher beschäftigen. Da die deutsche Wirtschaft mit Europa eng verflochten ist, erscheint zumindest ein kurzer Blick über die Grenzen in die unmittelbare Nachbarschaft sinnvoll.

Es stellt sich die Frage, ob die noch ermittelnden deutschen Aktien aus den begünstigten europäischen Branchen kommen werden. Dank der Ratio-Analyse wird man schnell in Europa fündig: Grundstoffe, Bauwerte, Banken, Finanzwerte, Zykliker und Industriewerte entwickeln sich überdurchschnittlich oder stehen kurz vor einer positiven Wende.

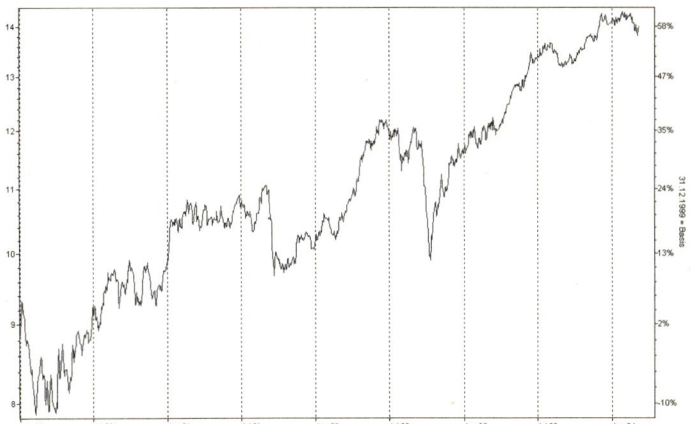

Abb. 177: Steigende Ratio Line zeigt die überdurchschnittliche Entwicklung der europäischen Bankaktien im Vergleich zum Dow Jones Euro Stoxx 50 Index

Die steigende Ratio Line zeigt die überdurchschnittliche Entwicklung der europäischen Bankaktien im Vergleich zum DJ Euro Stoxx 50 Index (Abbildung 177, S. 245).

Nach der gleichen Methode sichten wir die im Dax enthaltenden Aktien. In einer ersten Grobauswahl erscheinen Commerzbank, Continental, Deutsche Bank, Deutsche Post, HypoVereinsbank, MAN, Metro und Thyssen-Krupp besonders interessant. Ist es ein Zufall, dass die selektierten Dax-Aktien überwiegend aus den favorisierten europäischen Branchen stammen?

Die Ratio Line von Continental läuft wie am Schnürchen nach oben und lässt den Dax weit hinter sich (Abbildung 178).

Die Ratio Line der HypoVereinsbank (Abbildung 179) ist nicht so beeindruckend wie bei Continental. Hier sehen wir möglicherweise den Beginn eines neuen längerfristigen Trends. Die Ratio Line ist bereits in einem mittelfristigen Aufwärtstrend und hat gerade den 200-Tage-Durchschnitt erobert. Insgesamt ein attraktives Chance-/Risikoverhältnis.

Der langfristige Monats-Chart von Continental zeigt, dass die Aktie Anfang 2002 aus einem mehrjährigen Abwärtstrend ausgebrochen ist (Abbildung 180, S. 248). Gegen Jahresende kommt es zu einem Pull Back. Nach einer Seitwärtskonsolidierung steigt Continental unter zunehmenden Umsätzen. Ein prozyklischer Kauf ist erst bei erfolgreichem Durchbruch der Widerstandslinie oberhalb von 19 Euro zu empfehlen. Die Analyse des Wochen-Charts bestätigt die Einschätzung.

Der Wochen-Chart offenbart die spannende Situation bei Continental (Abbildung 181, S. 249). Die Aktie befindet in einem langfristigen Aufwärtstrend wie die gleitenden Durchschnitte beweisen. Die Accumulation Distribution Linie steigt kontinuierlich. Es fließt Geld in die Aktie, ein positives Zeichen. Die Bandbreite (Abstand der Bollinger Bänder) ist auf niedrigem Niveau. Darin spiegelt sich die gesunkene Volatilität wider. Nach Phasen niedriger Volatilität folgen immer Phasen hoher Volatilität. Wenn sich das Muster der Vormonate wiederholt, kommt es spätestens in den nächsten Wochen zum Ausbruch aus der aktuellen Seitwärtsbewegung. Eine entsprechend dynamische Bewegung könnte zeitlich gut mit einem Trendsignal des ADX korrespondieren.

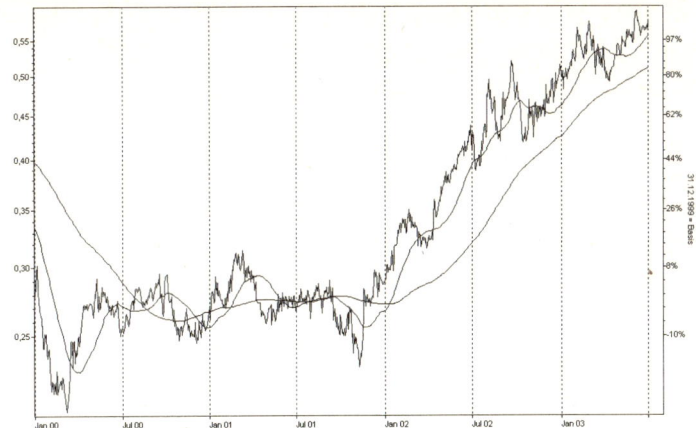

Abb. 178: Steigende Ratio Line der Continental-Aktie seit Anfang 2002

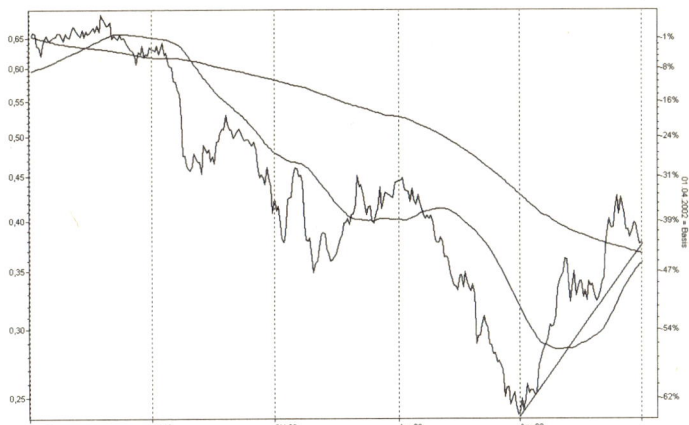

Abb. 179: Steigende Ratio Line der HypoVereinsbank deutet seit April 2003 auf Stärke hin

Ein Anstieg sollte mit einem steigenden RSI einhergehen. Einziger Wermutstropfen ist der relativ große Abstand zum 200-Tage-Durchschnitt.

Continental ist ein würdiger Vertreter für die Favoritenliste. Ein Kauf bietet sich prozyklisch oberhalb der Marke von 19 Euro an

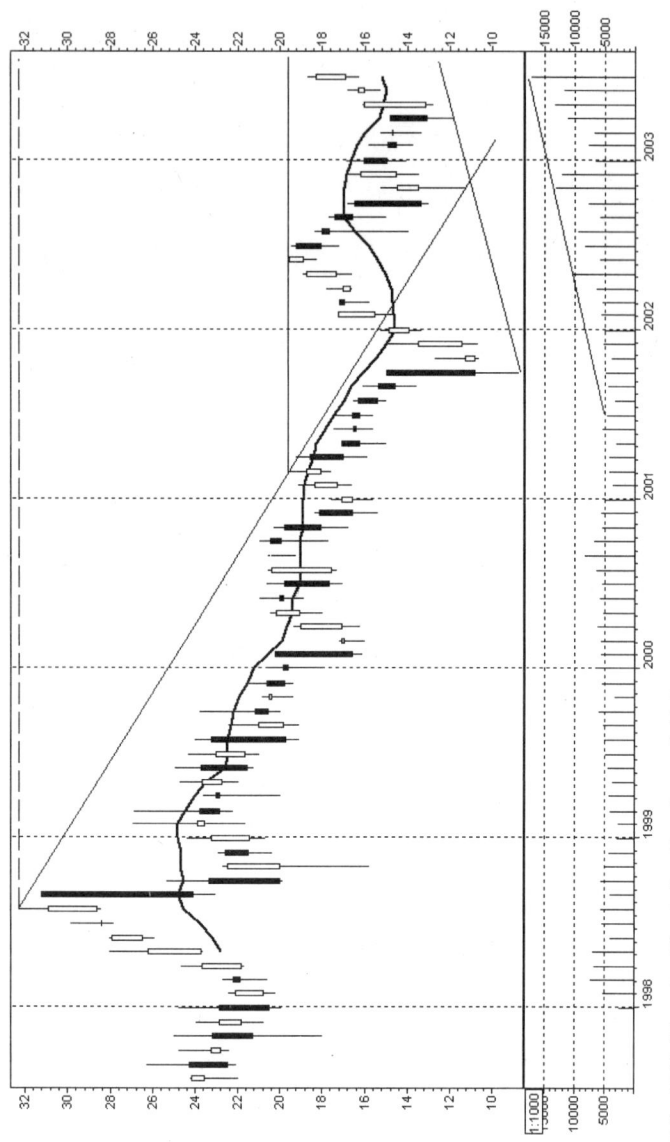

Abb. 180: Monats-Chart der Continental-Aktie

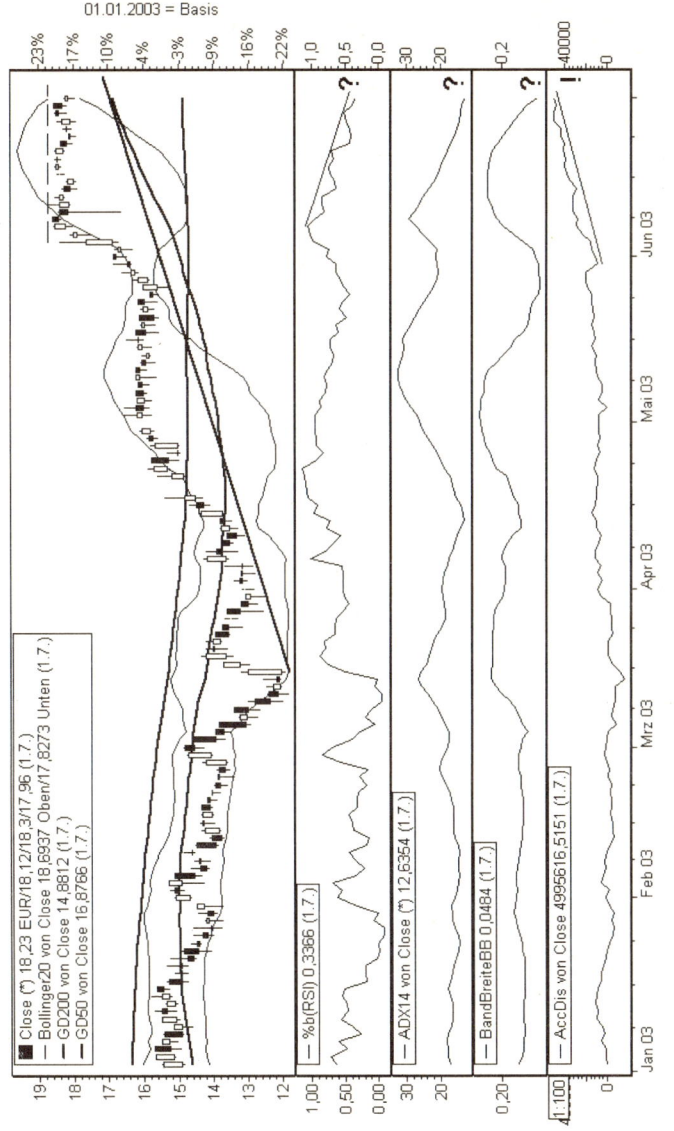

Abb. 181: Wochen-Chart der Continental-Aktie mit Indikatoren

01.01.2003 = Basis

Close (*) 18,23 EUR/18,12/18,3/17,96 (1.7.)
Bollinger20 von Close 18,6937 Oben/17,8273 Unten (1.7.)
GD200 von Close 14,8812 (1.7.)
GD50 von Close 16,8766 (1.7.)

%b(RSI) 0,3366 (1.7.)

ADX14 von Close (*) 12,6354 (1.7.)

BandBreiteBB 0,0484 (1.7.)

AccDis von Close 4995616,5151 (1.7.)

(siehe Analyse des langfristigen Monats-Charts). Die jetzt noch neutralen Indikatoren sollten dann bereits positive Signale generiert haben. Das übergeordnete Kursziel lautet 32 Euro (Sommerhoch im Jahr 1998). Auf zum nächsten Aktienkandidaten.

15.2 Vorsicht Falle!

Im Frühjahr 2004 bildet sich im Dax eine potenzielle Schulter-Kopf-Schulter-Formation (Abbildung 182). Am 24. Februar ist es dann soweit: Die Nackenlinie wird dynamisch nach unten durchbrochen. Dann stagniert der Dax drei Tage unter der Nackenlinie um dann am vierten Tage darüber zu schließen. Am folgenden Tag geht es mit einer Kurslücke bei steigenden Umsätzen weiter nach oben. Damit stellt sich die potenzielle Schulter-Kopf-Schulter-Formation als klassisches Fehlsignal heraus. Wie ist das möglich?

Die Verkäufe in der Nähe des Tiefs unterhalb der Nackenlinie sind in erster Linie technisch bedingt. Trader verkaufen aufgrund der potenziellen Schulter-Kopf-Schulter-Formation. In den Tagen davor wurde in den Medien häufig vor der drohenden Formation gewarnt. Ist es möglich, dass die Charttechnik ein Opfer ihrer zunehmenden Popularität geworden ist?

Immer wenn sich zu viele einig sind, kommt es anders. Jeder, der die S-K-S gesehen hat, verkauft vorher. Als die Nackenlinie schließlich lehrbuchmäßig nach unten durchbrochen wird, gibt es kaum noch Verkäufer. In diesem Moment kommt eine zweite mächtige Käufergruppe ins Spiel: Institutionelle Anleger und Fondgesellschaften, die noch unterinvestiert sind. Sie treiben den Dax wieder über die Nackenlinie und bringen damit die Leerverkäufer in Bedrängnis (Short Squeeze). Der Markt läuft weiter und zieht neue Käufergruppen an. Nach überwinden der Nackenlinie hat sich das Verkaufssignal der S-K-S-Formation umgekehrt in ein Kaufsignal.

Die Charttechnik leistet auch hier gute Dienste, da sich das Fehlsignal schnell als solches herausstellt und der Anleger entsprechend reagieren kann.

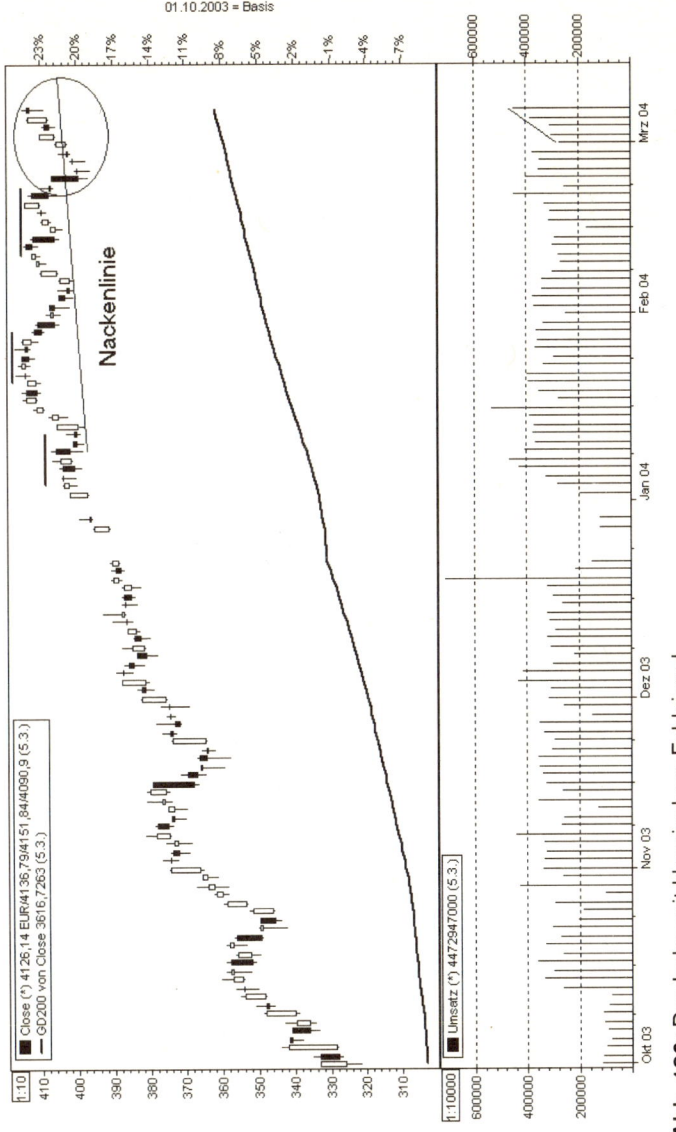

Abb. 182: Dax-Index mit klassischem Fehlsignal

15.3 Goldene Zeiten

Nach einer langen Baisseperiode klettern die Edelmetalle und Rohstoffe beharrlich nach oben. Je höher die Kurse steigen, umso mehr Aufmerksamkeit bekommt der Sektor. Vor der Jahrtausendwende gab es kaum positive Nachrichten und Beiträge. Das hat sich mittlerweile geändert (März 2004).

Wer statt Gold gleich die spekulativere Variante mit Goldminenaktien gewählt hat, ist noch besser dran. Denn Goldminenaktien reagieren überproportional auf Goldpreisänderungen – in beide Richtungen!

Der Turboeffekt der Goldminenaktien ist deutlich zu sehen (Abbildung 183): Speziell der AMEX Gold Bugs Index, der sich primär aus ungesicherten Minenbetreibern zusammensetzt, ist unangefochtener Spitzenreiter.

Auch andere Edelmetalle haben sich gut entwickelt. Die expansive Geldpolitik der amerikanischen Notenbank bereitet den Nährboden für eine höhere Inflationsrate und bietet damit ein günstiges Umfeld für Gold. In den Depots der Anleger befinden sich nur relativ geringe Goldanteile. Eine Erhöhung der durchschnittlichen Quote auf nur 5 % des Depotvolumens bei den großen Investmenthäusern würde bereits einen weiteren Nachfrageschub verursachen.

Neben der Angebotsverknappung spielt die Angst der Anleger vor einem erneuten Börsencrash eine wichtige Rolle. Häufig hört man den Ratschlag – falls man von einem unmittelbar bevorstehenden Einbruch an den Aktienmärkten ausgeht – sich massiv mit Goldaktien einzudecken. Vorsicht! Vor dem Börsencrash 1987 hatten Goldminenaktien bereits deutlich an Wert gewonnen. Als dann im Oktober der Einbruch kommt, verloren auch diese stark an Wert! Wer das nahende Aktiendebakel rechtzeitig erkannte und sich kurz vorher mit Goldminen eindeckte, wurde dennoch erwischt.

Warum? Weil es sich um Minen-Aktien und nicht um physisches Gold handelt. Viele Anleger sahen fassungslos zu, wie ihr Vermögen dahin schmolz. Was lag dann näher, als in der allgemeinen Panik die letzten Gewinne noch zu retten. Wer mit ei-

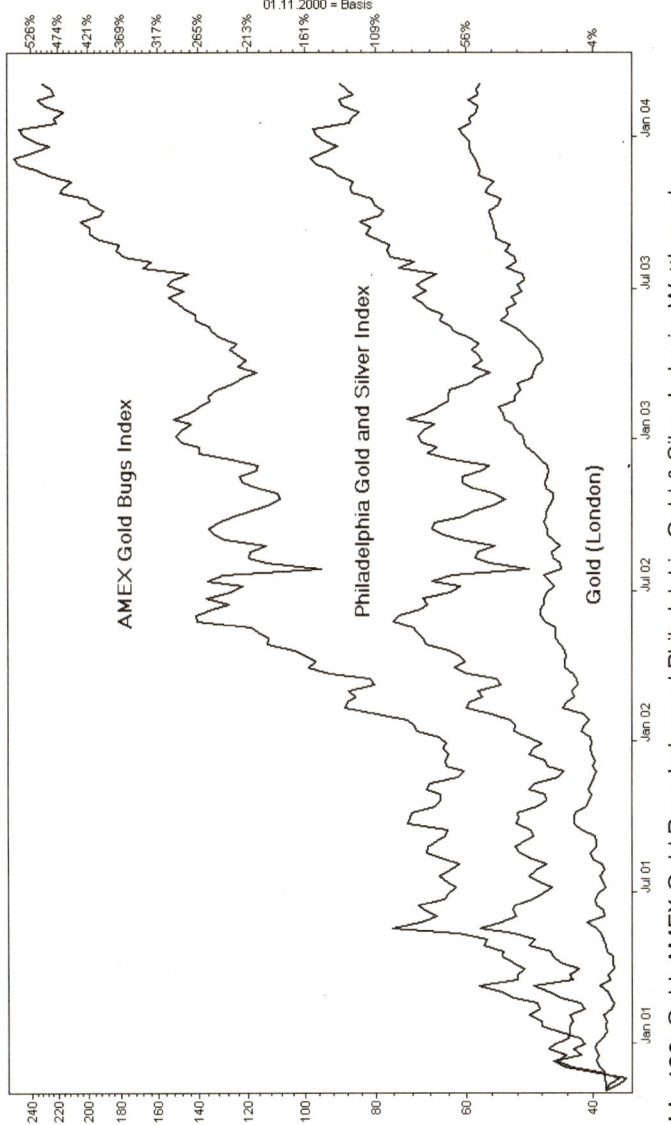

01.11.2000 = Basis

AMEX Gold Bugs Index

Philadelphia Gold and Silver Index

Gold (London)

Abb. 183: Gold, AMEX Gold Bugs Index und Philadelphia Gold & Silver Index im Wettbewerb

nem unmittelbar bevorstehenden Crash rechnet, sollte nicht in Goldminenaktien investieren, sondern physisches Gold oder Bargeld vorziehen.

Welche Argumente sprechen für eine Fortsetzung des langfristigen Aufwärtstrends?

Mit der langsamen Wiederentdeckung der Rohstoffmärkte und Edelmetalle hat der Trend seine Jungfräulichkeit verloren. Dennoch bleibt genügend Zeit, um auch als Späteinsteiger davon zu profitieren.

Der starke Anstieg ruft immer mehr Skeptiker auf den Plan, die ein baldiges Ende der Hausse prophezeien. Tatsächlich sind die Rohstoffpreise und Gold seit einer langen Baisseperiode auf dem Weg nach oben. Trotz der vielen Kritiker (oder gerade wegen der noch weit verbreiteten Skepsis) klettern die Kurse weiter.

Viele Anleger trauen der Aufwärtsbewegung immer noch nicht. Zu tief sitzen die Erinnerungen an die Vergangenheit. Gold hat immerhin eine 20jährige Abwärtsbewegung hinter sich. So ist es verständlich, dass die Depots der Anleger noch dünn bestückt sind mit Rohstofftiteln und dem edlen Metall.

Der weltweite Konjunkturaufschwung rechtfertigt den Preisanstieg nur bedingt. Dafür ist die Weltwirtschaft noch zu schwach und wackelig auf den Beinen, um starke Nachfrageimpulse auszusenden. Die mäßige Nachfrage führt wegen der niedrigen Lagerbestände bereits zu Preissteigerungen auf den Rohstoffmärkten. Bei vielen Rohstoffen besteht seit Jahren eine reale Angebotsverknappung.

Der wirtschaftliche Hunger Chinas nach Rohstoffen sorgt für eine Sonderkonjunktur. Das Reich der Mitte ist in vielen Fällen der weltweit größte Abnehmer. China produziert mehr Stahl als Amerika und Japan zusammen und stellt fünfmal mehr Zement her wie die USA.

Die Stärke im Rohstoffsektor während des letzten Quartals im Jahr 2003 ist beachtlich. Normalerweise tendieren Rohstoffe zum Jahresende eher schwächer aufgrund zyklischer Gesichtspunkte.

Die Intermarket-Analyse liefert Argumente für weiter steigende Kurse (Abbildung 184): Der zur Schwäche neigende US-Dol-

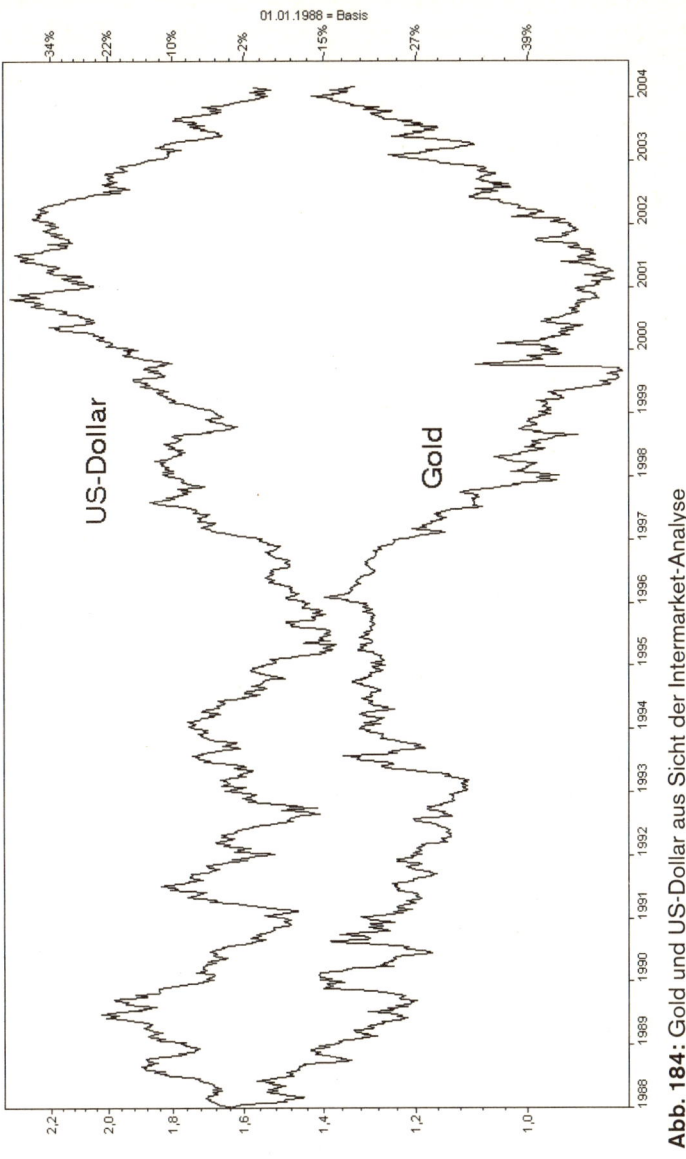

Abb. 184: Gold und US-Dollar aus Sicht der Intermarket-Analyse

lar wird bestätigt durch den steigenden Goldpreis. Gold hat eine zeitliche Vorläuferfunktion für die Rohstoffpreise. Goldminenaktien laufen wiederum Gold voraus.

Gibt es Gefahrenpotenziale? Der weltweite Konjunkturaufschwung setzt sich fort, aber die schwache Dynamik rechtfertigt die Preissteigerungen im Rohstoffsektor nur bedingt.

Kritiker verweisen auf die relativ niedrige internationale Konsumentenpreisinflation. Einige warnen sogar vor deflationären Einflüssen. Sie sehen in den anziehenden Kursen spekulative Übertreibungen, die fundamental nicht begründet sind.

Die abgeschwächte Intensität der Geldmenge M3 könnte sich negativ auf die US-Konjunktur auswirken und damit dämpfend auf die Inflation.

Die größte Gefahr geht jedoch von China aus. Die chinesische Wirtschaft ist heute bereits so groß, dass sie die anderen asiatischen Länder beeinflusst. Die Nachfrage aus dem Reich der Mitte hat auf die Rohstoffpreise enorme Auswirkungen.

Mittlerweile droht die chinesische Konjunktur heiß zu laufen. Gelingt der Regierung nicht eine Drosselung, dann könnte es zu einem herben Rückschlag kommen. Mit negativen Konsequenzen für die umliegenden Staaten und Rohstoffmärkte.

Technisch gesehen besteht Konsolidierungsbedarf. Bei der Betrachtung der Ratio Line (zum Dow Jones) fällt auf, dass sowohl die Rohstoffmärkte als auch der Goldpreis in eine knifflige Situation hineinlaufen (Abbildung 185). Die „Pattsituation" seit Mitte 2003 könnte sich nun ändern. Eine steigende Ratio Line zeigt die Outperformance gegenüber dem Dow Jones an. Eine fallende Ratio Line des Goldes signalisiert eine aktuelle Schwäche gegenüber dem Aktienmarkt. Nach dem starken Anstieg ist eine Konsolidierung überfällig.

Für strategische Investoren bieten sich bald wieder gute Chancen. Betrachten sie bitte den folgenden Goldchart (Abbildung 186, S. 258). Er zeigt sehr schön den Aufwärtstrend des Goldes. Der Kurs befindet sich über dem steigenden 200-Tage-Durchschnitt. Vor kurzem hat er den 20-Tage- und 50-Tage-Durchschnitt nach unten durchbrochen. Die Bollinger Bänder weiten sich als Folge der zunehmenden Volatilität. Die Ratio der glei-

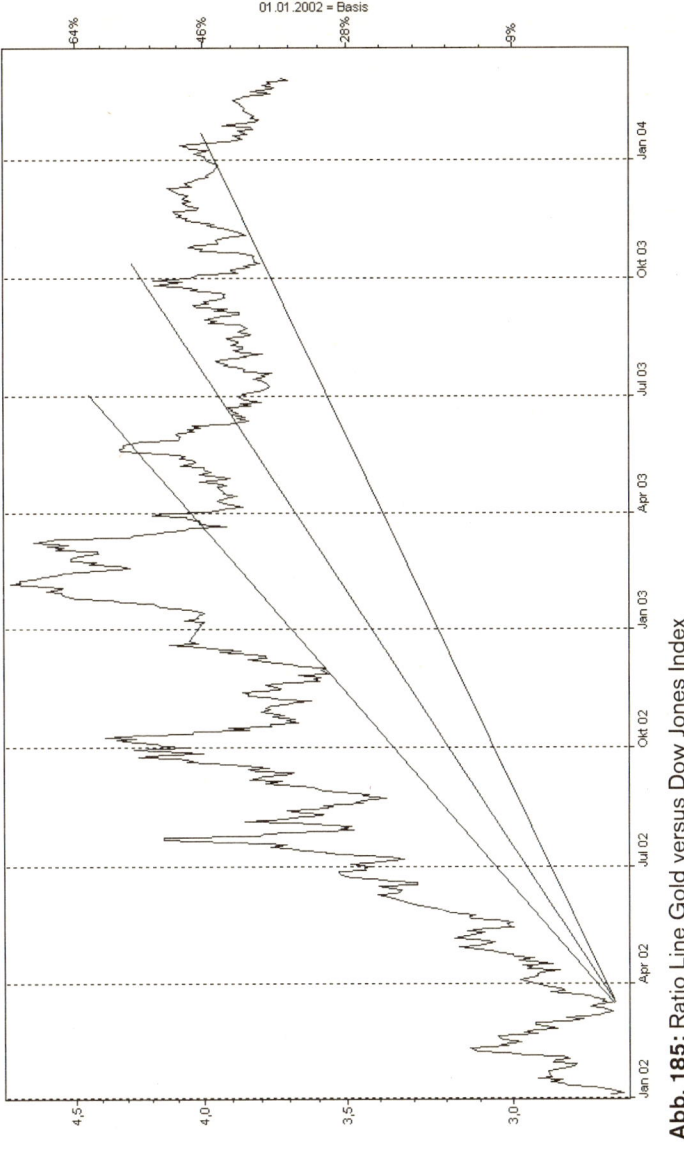

01.01.2002 = Basis

Abb. 185: Ratio Line Gold versus Dow Jones Index

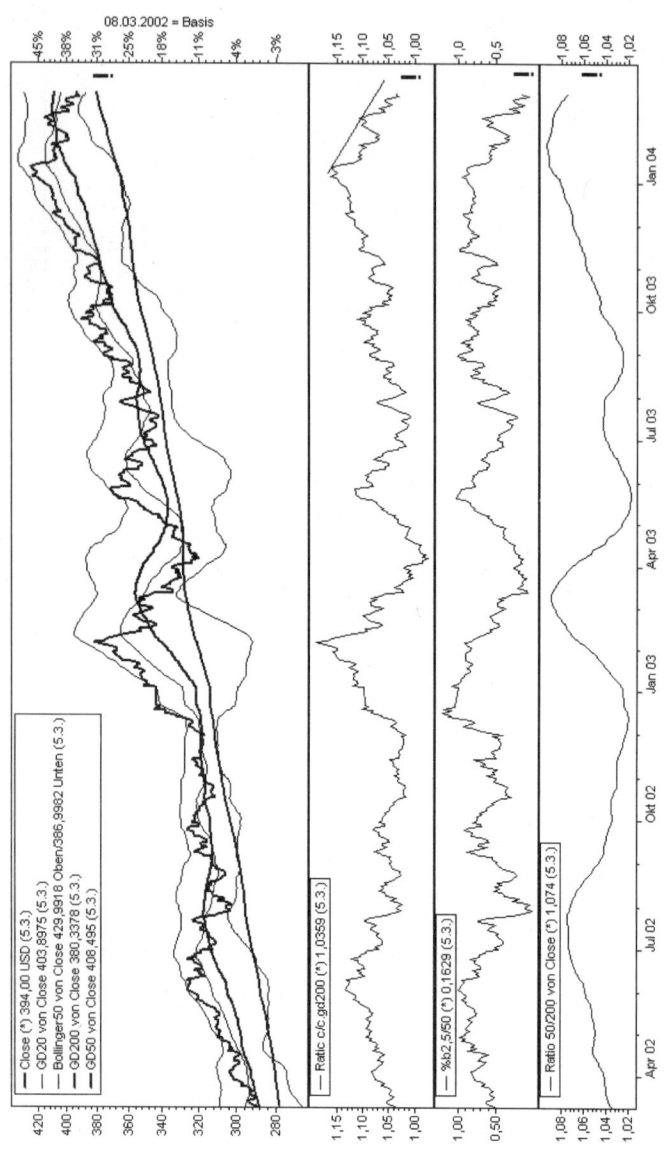

Abb. 186: Gold befindet sich in einer mittelfristigen Korrektur im Bullenmarkt

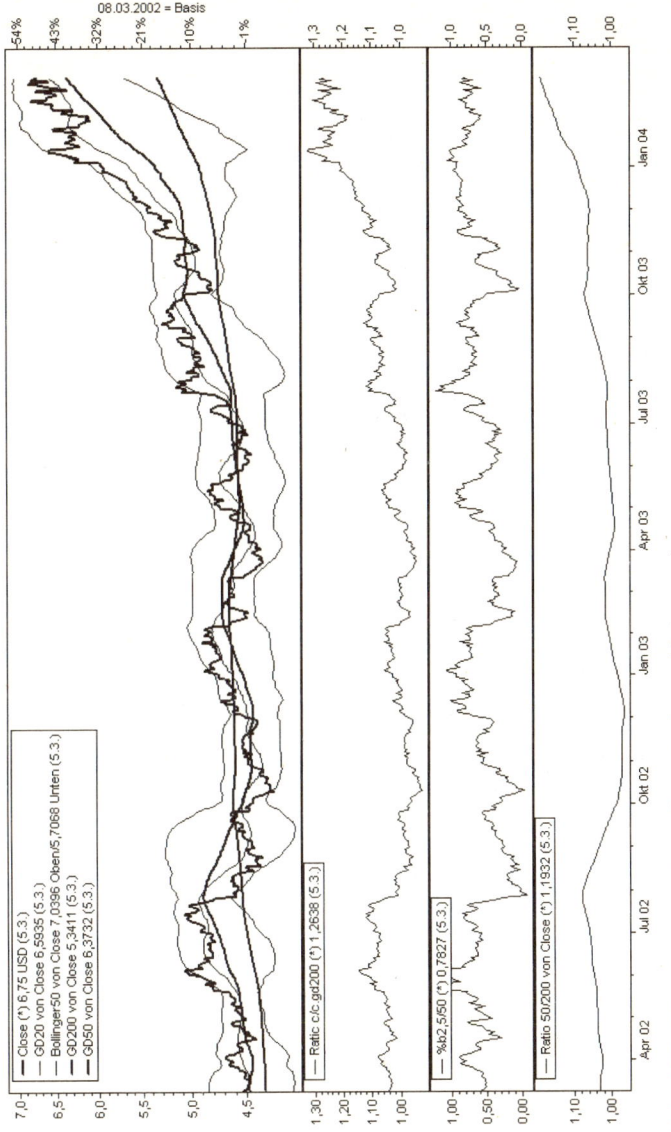

Abb. 187: Silber ist aus seinem Dornröschenschlaf erwacht

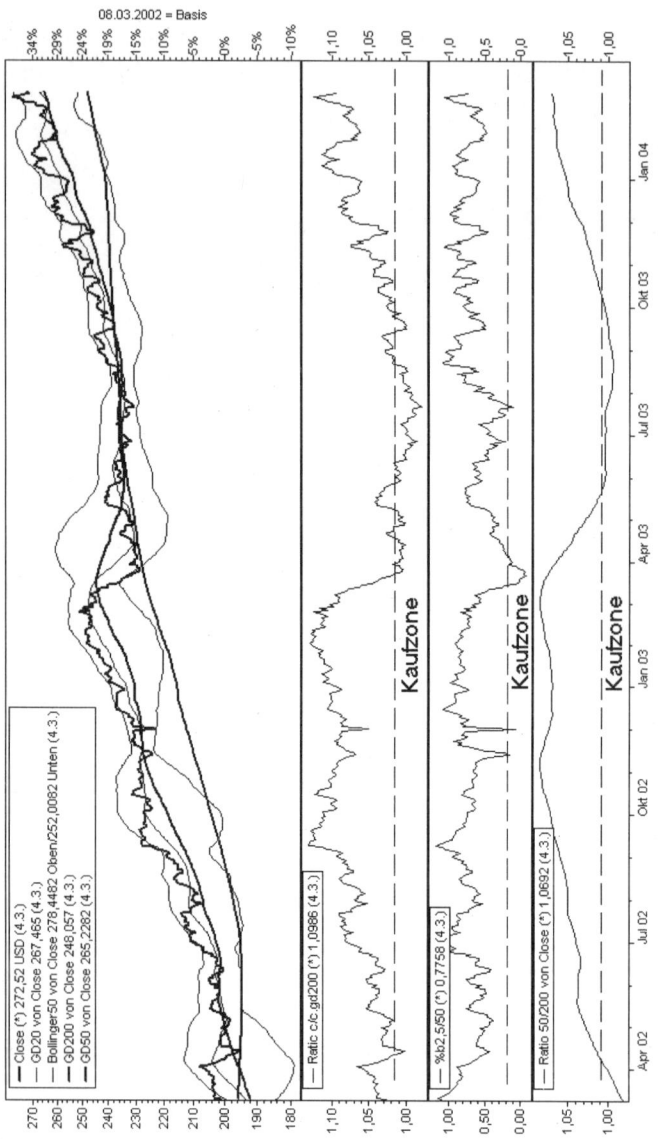

Abb. 188: CRB-Rohstoff-Index mit bewährter Indikatorkombination

tenden Durchschnitte 50/200-Tage (unterer Indikator im Chart) bewegt sich aus dem Extrembereich wieder in die neutrale Region. Der Indikator hat vor der Konsolidierung gewarnt. Ebenso die beiden Indikatoren %b und Ratio c/c.

Wenn der Indikator Ratio c/c sich bei eins oder knapp darunter befindet, ist ein guter Einstiegszeitpunkt für strategische Investoren gekommen. Das könnte schon bald der Fall sein. Im Idealfall befindet sich der Indikator %b bei Null und die Ratio 50/200 mindestens im neutralen Bereich.

Das Zusammenspiel der erläuterten Trendindikatoren und Oszillatoren leistet nicht nur wertvolle Dienste bei der Goldspekulation, sondern auch bei anderen Edelmetallen und Rohstoffen wie die anderen Charts belegen. Nicht nur Gold glänzt, sondern auch Silber (Abbildung 187, S. 259). Die Indikatoren haben mehrmals auf diese interessante Situation hingewiesen. Aktuell ist der Silberpreis überhitzt. Engagements sollten mit Trailing Stops abgesichert werden. Auch beim CRB-Rohstoff-Index funktioniert die Indikatorkombination sehr zuverlässig (Abbildung 188). Für den Aufbau weiterer strategischer Positionen sollte eine Konsolidierung abgewartet werden.

15.4 Warnsignale

Februar 2004 – mittlerweile haben sich die Aktienmärkte seit März 2003 in einem atemberaubenden Tempo erholt (Abbildung 189, S. 262). In der Spitze hat der Dow Jones gut 40 % zugelegt, die Nasdaq rund 70 % und unser Dax fast 90 %!

Da stellt sich jeder Anleger die berechtigte Frage, ob es mit diesem Tempo ohne kräftige Korrektur weiter gehen kann. Fundamental sind die Märkte nicht preiswert, trotz der dreijährigen Kursverluste seit 2000.

Bedenklich ist auch, dass die amerikanischen Technologiewerte stärker steigen als die konservativen Blue Chips im Dow Jones Index. Normalerweise ist es am Ende einer Baisse genau umgekehrt. Zunächst sammeln die erfahrenen Investoren die Value-Aktien ein, bis dann in einem späteren Stadium die spekulativeren Aktiensegmente erfasst werden.

Abb. 189: Eine rekordverdächtige Aktienrallye

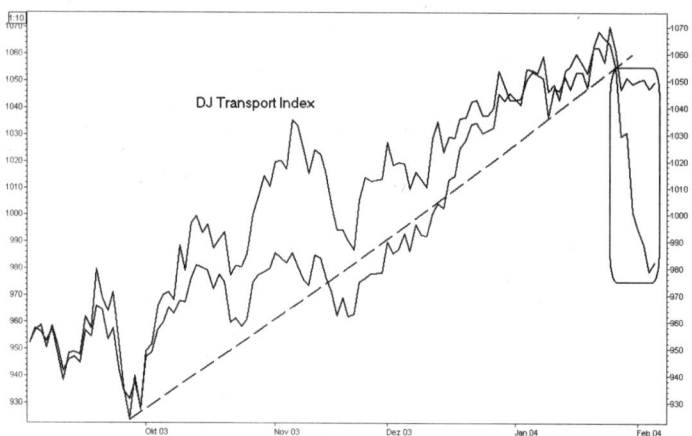

Abb. 190: Eine Divergenz zwischen dem Dow Jones Industrial und Dow Jones Transport Index gilt als Warnhinweis

Welche Empfehlung gibt die technische Analyse? Die Dow-Theorie liefert erste Warnsignale. Nach der Dow-Theorie müssen sich die Indizes in ihrer Entwicklung gegenseitig bestätigen. So sollte ein Hoch im Dow Jones Industrial Index durch ein Hoch im Dow Jones Transport Index bestätigt werden. Divergenzen

Abb. 191: Dow Jones Transport Index in spannender Situation

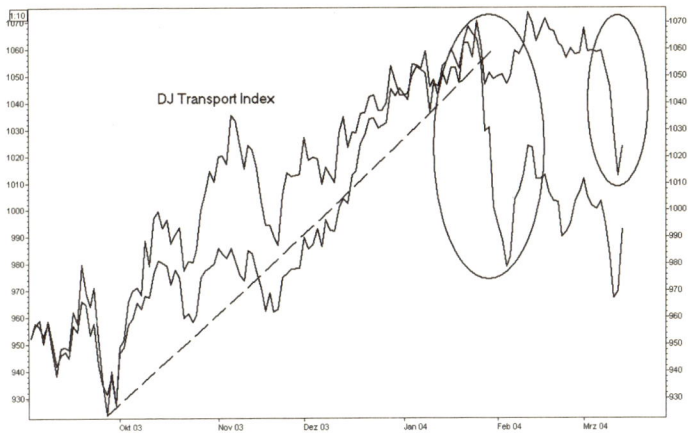

Abb. 192: Einige Wochen später folgt der Dow Jones Industrial Index dem Dow Jones Transport Index

sind als Warnsignale für einen möglichen Trendwechsel zu interpretieren.

Bei näherer Betrachtung der beiden Indizes erkennt man eine bedenkliche Entwicklung: Der DJ Transport Index bestätigt das letzte Zwischenhoch des DJ Industrial nicht! Setzt sich diese Di-

263

vergenz fort, so ist auch mit einer Korrektur im DJ Industrial zu rechnen (Abbildung 190, S. 262).

Der DJ Transport Index befindet sich unterhalb seines langfristigen Aufwärtstrends, der gleichzeitig mit einem Abwärtstrend konkurriert (Abbildung 191, S. 263). Diese Zone muss erst überwunden werden, bevor das alte Hoch in Angriff genommen werden kann.

Bereits einen Monat später bestätigt der Dow Jones Industrial mit einem Kursrückgang die Divergenz (Abbildung 192, S. 263). Gemäß der Dow-Theorie liegt damit ein mittelfristiges Verkaufssignal vor.

Die Dow-Theorie mahnt zur Vorsicht. Es ist jetzt nicht die Zeit, um aggressive Aktienwetten einzugehen. Erst wenn sich die Aktienmärkte entschieden haben, sollte die Positionierung prozyklisch angepasst werden. Bis dahin ist eine defensive Anlagestrategie ratsam.

16. Anhang

16.1 Der richtige Vermögensverwalter

Wie findet man einen guten Vermögensverwalter? Nur auf die Performance zu schauen, wäre zu einfach und wird der Bedeutung eines umfassenden Beratungsansatzes nicht gerecht. Gibt es noch andere Kriterien, die bei der Auswahl des richtigen Beraters helfen können? Ja, es gibt sie.

Die folgenden Eigenschaften sollen bei der Auswahl helfen. Sie sind eine Zusammenstellung der wesentlichen Gemeinsamkeiten erfolgreicher Investoren. Ein Verständnis dieser Charakteristika hilft, den eigenen Anlagestil zu hinterfragen.

In jedem Fall sollte ein Berater ohne Provisionsinteressen aus einem unabhängigen Pool von Produkten auswählen können. Leider sind in Deutschland echte Honorarberater die absolute Ausnahme. Banker und Versicherungsvertreter neigen dazu, erst die hauseigenen Produkte in den Vordergrund zu stellen.

Die in die Produkte eingearbeiteten (versteckten) Provisionen sind keine gute Voraussetzung für eine ehrliche kundenorientierte Beratung. Ein seriöser Anlagevermittler wird deshalb seine Einkunftsquellen offen darlegen und Auskunft über seine Produktpalette geben. Vergessen Sie nicht, sich nach Referenzen und beruflichen Qualifikationen des Beraters zu erkundigen.

Förderliche Eigenschaften eines guten Vermögensverwalters:

- **Unternehmerdenken:** Betrachten Sie den Aktienkauf wie einen Unternehmenserwerb? Unternehmerisches Denken hilft die Funktionsweise der Wirtschaft zu verstehen und Geschäftschancen zu erkennen.

- **Sicherheitspolster:** Marktchancen nutzen und Aktien im Ausverkauf einsammeln.

- **Konzentration:** Außergewöhnliche Börsensituationen erkennen und dann gezielt investieren. Übertriebene Diversifikation führt nur zu durchschnittlichen Ergebnissen.

- **Flexibilität ist Trumpf:** Beschränkungen auf eine bestimmte Branche oder Kategorie limitieren unnötigerweise die Investitionsmöglichkeiten.
- **Risikokontrolle:** Verluste vermeiden, dann erst an die Rendite denken.
- **Keine Gemeinschaftsentscheidungen:** Anlageausschüsse führen zur Mittelmäßigkeit. Kompromisse, fehlende Sachkenntnis und unklare Verantwortlichkeiten sind ein schlechter Ratgeber.
- **Marktgebrüll:** Nicht von Stimmungen hinreißen lassen, sondern emotionslos und nüchtern die Chancen und Risiken abwägen.
- **Makroanalyse:** Nicht zu viel Zeit in die Vorhersage volkswirtschaftlicher Daten verwenden. Die Prognosen liegen meistens daneben, die Analysten leider ebenso. Besser ist es, die groben Trends zu identifizieren und die richtigen Schlüsse daraus zu ziehen.
- **Zahlenverständnis:** Die wesentlichen Zusammenhänge schnell erfassen können.
- **Unabhängigkeit:** Den Mut haben, unpopuläre Meinungen zu vertreten gegen den allgemeinen Marktkonsens. Freiheit im Denken und der Entscheidungsfindung.
- **Geduld:** Es bedarf oft einer gehörigen Portion Ausdauer und Selbstbewusstsein, bis die Früchte der Arbeit geerntet werden können.
- **Bescheidenheit:** Keine unseriösen Versprechungen, sondern nachprüfbare Referenzen und Erfolge.
- **Intellekt:** Kann nicht schaden.
- **Auffassungsgabe:** Das Wesentliche aus der Informationsflut herausfiltern und verarbeiten können.
- **Berufung:** Sie gehen in ihrer Arbeit auf und können sich nichts Schöneres vorstellen.

16.2 Populäre Anlageinstrumente

Keine Frage, das Anlegerverhalten ist in den letzten Jahren durch die stürmischen Entwicklungen an den Kapitalmärkten einem extremen Spannungsfeld ausgesetzt. Nachdem Omas Spar-buch im Aktien-Neuemissionsboom zum Ladenhüter verküm-merte, erlebt es nach der Bruchlandung des Neuen Marktes eine Renaissance. Den Neuen Markt gibt es nicht mehr, das Spar-buch hat überlebt.

Auch die Produktentwickler der Investmenthäuser sind nicht untätig gewesen. Ihrer Kreativität verdanken wir Mini-Futures, Turbos, Power Warrants und viele andere exotische Kreationen. Ein Blick hinter die Kulissen lohnt sich für den versierten Anle-ger, um die Spreu vom Weizen zu trennen. Leider erkennt man dabei sehr häufig, dass wieder einmal alter Wein in neuen Schläu-chen verkauft werden soll. Dennoch, bei genauem Hinsehen blei-ben einige überlegenswerte Produkte übrig.

Investmentfonds

Ein offener Investmentfonds investiert in verschiedene Anla-geobjekte und streut damit das Risiko. Je nach Schwerpunkt ent-hält er Aktien, Rentenpapiere oder Immobilien. Eine Mischung aus den verschiedenen Anlagekategorien ist möglich. Bei einer kurzfristigen Geldanlage empfiehlt sich ein Geldmarkt- oder Rentenfonds.

Eine Alternative zum „Geld parken" sind auch sichere Tages- und Festgelder. Bei einem langfristigen Anlagehorizont ist ein Mix aus Aktien-, Immobilien- und Rentenfonds sinnvoll.

In Deutschland zugelassene offene Investmentfonds können börsentäglich gehandelt werden. Der Fondsmanager berechnet eine laufende Managementgebühr für die Verwaltung. Dazu kom-men weitere Nebenkosten. Zusätzlich wird bei Kauf ein Aus-gabeaufschlag fällig. Im Gegensatz dazu entfällt diese Eintritts-gebühr bei Trading- bzw. No Load-Fonds. Dafür ist bei Fonds ohne Ausgabeaufschlag die jährliche Gebühr höher. Nachrech-nen lohnt sich.

Thesaurierende Fonds reinvestieren Dividenden und Ausschüt-tungen, die dem Anteilswert gut geschrieben werden. Ausschüt-tende Fonds überweisen den Betrag. Indexfonds orientieren sich an Aktienindizes. Da ein Investmentfonds nach deutschem Recht als Kapitalsammelstelle fungiert, besteht kein Emittentenrisiko wie bei Zertifikaten. Geht die herausgebende Bank eines Zertifikates (etwa auf die Daimler Aktie) in Konkurs, so wird das Zertifikat wertlos. Bei einem Investmentfonds sind die Aktien (im Beispiel Daimler) als Sicherheit hinterlegt. Nur wenn das Unternehmen Daimler in Konkurs geht, erleidet der Anleger einen Totalverlust.

Die Idee des Investmentsparens hat sich bewährt, aber nur wenn ein Fond mit überdurchschnittlichen Ergebnissen ausgewählt wird. Bei der Analyse der zahlreichen Rankinglisten fallen immer wieder die unterschiedlichen Auswertungsergebnisse auf. Es gibt nur sehr wenige Fonds, die in verschiedenen Listen ganz oben auf der Siegertreppe stehen. Je nach Betrachtungszeitraum und Bewertungskriterien fallen die Ergebnisse wieder anders aus. Es ist eben auch eine Frage der Perspektive.

Die einzige Gemeinsamkeit der meisten Fonds besteht leider darin, dass sie es nicht schaffen, die gesetzte Benchmark (positiv) zu übertreffen. Die Benchmark ist eine vereinbarte Größe, die sich der Fondsmanager zum Ziel gesetzt hat. Das kann ein Aktienindex wie der deutsche Dax sein oder ein Renditeziel von mindestens 8,5 % pro Jahr.

Nun stellt sich für den Anleger die berechtigte Frage, warum er dann überhaupt in Investmentfonds investieren soll? Ist es nicht sinnvoller, gleich in einen Index zu investieren? Durchaus. Nur wenn es dauerhaft gelingt, die wenigen Fonds mit überdurchschnittlichen Ergebnissen herauszufischen, sind Investmentfonds die bessere Alternative. So ist es nicht weiter verwunderlich, dass Indexfonds, ETFs, Indexaktien und Indexzertifikate sich wachsender Beliebtheit erfreuen.

Was ist die Ursache für die unbefriedigende Leistung der meisten Fondsmanager? Sie sind zahlreichen Zwängen ausgesetzt, die ihren Anlageerfolg beeinträchtigen: Liquiditätsquoten, Vorgaben der Anlageausschüsse, Marktenge, kurzfristiges Gewinnstreben, Herdentrieb, Performancedruck statt klugem Investieren.

Es gibt nur sehr wenige Investmentfonds, die über viele Jahre ihren Vergleichsindex übertreffen. Genau wie für Aktien ist auch bei Investmentfonds eine sorgfältige Auswahl erforderlich. Hat man eine Auswahl getroffen, so ist eine permanente Erfolgskontrolle notwendig. „Kaufen und einfach liegen lassen" ist nur selten ein guter Ratschlag, wenn das Management die Versprechungen nicht halten kann oder die Märkte eine andere Strategie erfordern. Permanente Umschichtungen sind sicherlich auch keine Lösung. Es muss das richtige Mittelmaß aus Markterfordernis und individueller Zielsetzung abgewogen werden.

Keine Frage, das Motto kaufen und liegen lassen gilt nicht mehr. Selbst renommierte Fonds mit nachweislich guter langjähriger Performance haben es schwer, den MSCI-Welt-Index und internationale Blue Chips wie General Electric zu schlagen. Die Mehrzahl der Investmentfonds schneidet leider schlechter ab als die relevante Benchmark (Abbildung 193).

Abb. 193: Gute Aktien sind von Investmentfonds kaum zu schlagen

Wer sich für Investmentfonds entscheidet, muss streng selektieren. Eine permanente Kontrolle der Anlageergebnisse im Vergleich zu den relevanten Märkten (Benchmark) ist dringend erforderlich. Vergessen Sie die anfallenden Kosten nicht. Diese müssen erst erwirtschaftet werden, bevor ein Gewinn für Sie anfällt.

Worauf Sie noch achten sollten

Cost Average-Effekt und Markt-Timing: Durch regelmäßige Einzahlungen erzielen Sie einen günstigen Durchschnittspreis. Bei Kursrückgängen erwerben Sie für den gleichen Anlagebetrag mehr Fondsanteile, bei Kurssteigerungen weniger. Verteilen Sie grundsätzlich einen größeren Anlagebetrag auf verschiedene Zahlungszeitpunkte. Die Gefahr des richtigen Markt-Timings kann so entschärft werden. Der Cost Average-Effekt ist kein Allheilmittel für Gewinne! Dieser Eindruck wird gerne seitens der Investmentbranche erweckt. Das gilt nur, wenn die Richtung der Kurse langfristig stimmt (nach oben!).

Niedrige Kosten: Schauen Sie in die Verkaufsprospekte und berücksichtigen Sie auch anfallende Nebenkosten wie Depotgebühren oder Maklercourtage. Hohe Kosten muss ein Fondsmanager erst wieder durch eine gute Anlagepolitik ausgleichen. Erst dann wird es für den Anleger interessant. Es muss genügend übrig bleiben, damit sich das Risiko lohnt.

Das Phänomen der Underperformance: Die meisten Fonds erzielen langfristig schlechtere Ergebnisse als der Marktdurchschnitt! Wem es zu mühsam ist, immer wieder die besten Fonds herauszufischen, sucht den Rat eines unabhängigen und kompetenten Beraters. Indexprodukte (Zertifikate, Indexaktien) sollten bei der Auswahl berücksichtigt werden. Diese sind nicht nur preiswerter, sondern haben auch ein auch klar definiertes Anlageuniversum.

Unabhängige Beratung: Die Berater der Banken und Versicherungsgesellschaften neigen dazu, bevorzugt die hauseigenen Produkte zu verkaufen. Holen Sie bei unterschiedlichen Instituten und unabhängigen Beratern Angebote ein. Auch die Fondsgesellschaften schicken gerne auf Anfrage Informationsmaterial zu. Leider ist in Deutschland das Berufsbild des qualifizierten Anlageberaters auf Honorarbasis (noch) nicht üblich. Nur wer unabhängig ist und ohne Provisionsinteressen aus einer breiten Produktpalette wählen kann, hat erst die Voraussetzung für eine kundenorientierte Beratung. Es ist gängige Praxis, in den vermittelten Produkten unterschiedlich hohe Provisionen zu verstecken, um den Verkäufer (Berater) darüber zu steuern und zu entlohnen. Ein aus Kundensicht äußerst fragwürdiges System.

Exchange Traded Funds: Exchange Traded Funds (ETFs) sind eine Spezialform der beschriebenen klassischen Investmentfonds. Dabei handelt es sich um an der Börse täglich fortlaufend gehandelte Fonds. Es wird zwischen aktiv und passiv gemanagten Fonds unterschieden. Die passiv gemanagten Indexfonds dominieren den Handel.

Neben dem Vorteil des fortlaufenden Börsenhandels wird kein Ausgabeaufschlag erhoben. Die jährliche Verwaltungsgebühr sollte unter 0,5 % pro Jahr liegen. Neben den üblichen Transaktionskosten der Bank ist ein Spread zwischen An- und Verkaufskurs zu berücksichtigen.

Die Idee der ETFs kommt aus Amerika. Dort haben sie bereits einen erheblichen Anteil am Gesamtumsatz. Die Indexfonds sind eine sinnvolle Ergänzung der deutschen Fondslandschaft und werden noch erheblich an Bedeutung gewinnen.

Hedgefonds

Auf dem Finanzplatz Deutschland weht ein frischer Wind. Seit dem Jahr 2004 gilt ein neues Investmentgesetz. Hedgefonds waren bis dato in Deutschland als Kapitalsammelstelle nicht zugelassen. Banken und Investmenthäuser haben das Verbot durch rechtlich umstrittene Finanzprodukte umgangen. So wurden bereits nach wenigen Jahren über 5 Milliarden Euro in Deutschland eingesammelt. Die Anlageergebnisse fallen eher bescheiden aus.

Aus rechtlicher wie auch struktureller Sicht sind Hedgefonds keine Investmentfonds. Sie können als Mini-Investmentbanken beschrieben werden. Ziel ist die Erwirtschaftung eines positiven Ertrages (Schlagwort: „Absolute Return"). In der traditionellen Investmentfonds-Branche ist der Benchmark-Gedanke (Indexorientierung etc.) noch vorherrschend. In Zeiten steigender Kurse wurde das Benchmark-Konzept kaum hinterfragt. Kein Wunder, wer beschwerte sich schon bei +30 % Gewinn, obwohl die

Benchmark mit +40 % besser war? Ein Fehler, der sich besonders bei fallenden Kursen bemerkbar macht.

Hedgefonds verwenden unterschiedliche Anlagestile. Ein Blick
in das Kleingedruckte ist noch wichtiger als bei traditionellen
Fonds. Einige sehr erfolgreiche Fondsmanager lassen sich gar
nicht erst in die Karten schauen, um ihr „Geheimrezept" nicht
für Nachahmer offen zu legen. Leider werden auch so schlechte
und teure Anlagekonzepte unter die Anleger gebracht. Um dem
Vorwurf der Intransparenz entgegenzutreten, bieten einige Banken Managed Accounts mit Kontroll- und Überwachungsme-
chanismen an.

Hedgefonds werden oft nur mit dem Kauf und Leerverkauf
von Aktien (Long/Short Equity) in Verbindung gebracht. Diese
Strategie deckt nur einen Teilbereich ab. Managed Futures und
Global Macro setzen auf Trends bei Agrarprodukten, Rohstoffen,
Zinsen, Währungen und Aktien. Event driven zielt auf bestimmte Ereignisse wie Sanierungen (Distressed Securities), Übernah-
men (Merger Arbitrage) oder Sondersituationen (Special Situa-
tions) ab. Arbitragestrategien nutzen Fehlbewertungen bei Aktien
(Equity Market Neutral), Anleihen (Fixed Income) oder Wandel-
anleihen (Convertible) aus.

Hedgefonds sind ohne Zweifel eine Bereicherung für den Finanzplatz Deutschland. Auch hier gilt es, die richtige Auswahl
zu treffen. Nur mit ausgezeichneten Hedgefondsmanagern besteht überhaupt die Chance auf überdurchschnittliche Erträge.
Es gelten die gleichen Auswahlkriterien wie bei traditionellen
Investmentfonds.

Der Anleger muss sich zusätzlich Klarheit über die verfolgte
Stilrichtung verschaffen und prüfen, ob sie zu seinem Risikoprofil
passt. Die Vielzahl der möglichen Anlagestile bietet jedem Anleger ein Instrumentarium, sowohl bei fallenden als auch bei steigenden Märkten Gewinne erzielen zu können.

Optionsscheine

Optionsscheine sind derivative Finanzinstrumente. Generell
unterscheidet man bei Optionsscheinen zwischen Kauf-Options-

scheinen (Calls) und Verkaufs-Optionsscheinen (Puts). Mit Calls spekulieren Sie auf steigende Kurse des Basiswertes, mit Puts dagegen auf fallende Kurse. Als Basiswert sind viele Varianten möglich, etwa Aktien, Indizes, Zinsen, Währungen oder Rohstoffe.

Optionsscheine entstanden ursprünglich aus Optionsanleihen. Die Investmenthäuser sind später dazu übergegangen, Optionsscheine ohne Optionsanleihen (Covered Warrants) zu begeben. Es existieren nicht nur herkömmliche Optionsscheine, sondern viele exotische Formen. Die Emissionshäuser können die Bedingungen individuell festlegen. Ein Studium der zugrunde liegenden Bedingungen ist deshalb dringend zu empfehlen.

Durch einen Call erwerben Sie das Recht, den Basiswert (Underlying) zu einem vorher festgelegten Kurs (Basispreis) zu kaufen. Mit einem Put erwerben Sie das Recht, den Basiswert zum Basispreis zu verkaufen. Das Verlustrisiko ist auf den Kapitaleinsatz begrenzt, die Gewinnchance ist unbegrenzt. Das Bezugsverhältnis gibt an, wie viele Stücke des Basiswertes Sie kaufen beziehungsweise verkaufen können.

Das Verhältnis zwischen dem Kurs des Basiswertes und dem Basispreis ist wichtig für die Einschätzung der Gewinnchancen. Notiert bei einem Call der Kurs des Basiswertes über dem Basispreis, so liegt der Call „im Geld". Sind beide wertmäßig fast gleich, lautet die Bezeichnung „am Geld". Die riskanteste Variante heißt „aus dem Geld". Dann liegt der Kurs des Basiswertes unter dem Basispreis – der Optionsschein hat also keinen inneren Wert. Der Bezug des Basiswertes über den Call wäre teurer, als der direkte Kauf über die Börse.

Ein Beispiel dazu (Abbildung 194, S. 274): Ein Call verbrieft das Recht, eine Siemens Aktie innerhalb einer bestimmten Laufzeit zum Kurs von 90 Euro zu beziehen. Wenn Siemens aktuell bei 100 Euro steht, hat der Optionsschein mindestens einen inneren Wert von 10 Euro (100–90 = 10). Da noch weitere Faktoren wie Zeitwert und Risikoprämie den Preis des Calls bestimmen, nehmen wir an, dass dieser dann 12 Euro kostet. Verdoppelt sich nun Siemens im Kurs auf 200 Euro, so verbucht der Aktionär einen Gewinn von 100 %. Was passiert mit dem Call? Er explodiert förmlich! Sein innerer Wert beläuft sich auf 110 Euro (200–

90). Soviel ist der Call mindestens wert. Der Optionsschein wird bei rund 122 Euro notieren. Der Besitzer des Calls hat 1.000 % Gewinn erzielt, der Aktionär „nur" 100 %. Der Hebeleffekt sorgt im Verhältnis zum eingesetzten Kapital für hohe Gewinnchancen (und Verlustrisiken!). Der Hebeleffekt macht den Reiz dieser derivativen Finanzinstrumente aus. Je weiter ein Schein aus dem Geld notiert, desto höher ist der Hebel und damit das Risiko.

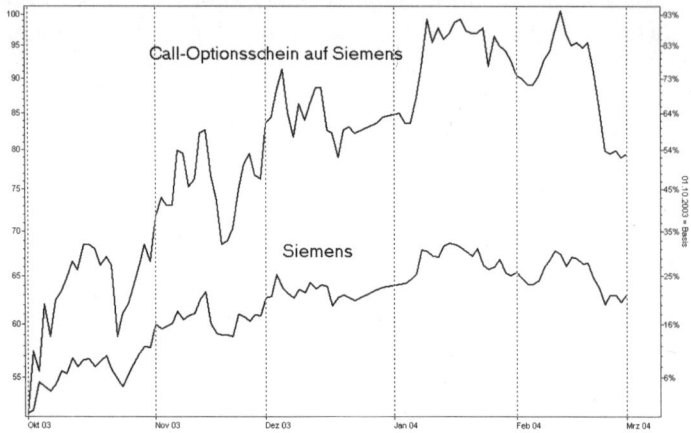

Abb. 194: Obwohl sich die Siemens-Aktie nur moderat nach oben bewegt, fährt der Siemens-Optionsschein Achterbahn

Ein Optionsschein kostet gewöhnlich mehr, als er theoretisch wert ist. Das Aufgeld ist der Zeitwert für die Gewinnchancen des Optionsscheines. Beschäftigen Sie sich mit den Kennzahlen für Optionsscheine, um deren Kosten- und Chance-/Risikoprofil zu analysieren. Optionspreismodelle wie das von Black/Scholes liefern gute Anhaltspunkte.

Ein Wort noch zu der Volatilitätsfalle: Die Volatilität misst die Schwankungsbreite des Basiswertes. Tendenziell gilt: Je wilder die Kursschwankungen, desto höher die Volatilität. Dadurch wird der Optionsschein überproportional teuer. Selbst wenn sich der Basiswert in die richtige Richtung bewegt, kann durch eine Abnahme der Volatilität der Preis des Optionsscheines sinken! Viele Anleger tappen immer wieder in diese Falle und erleiden trotz korrekter Markteinschätzung herbe Verluste. In Phasen hoher Volatilitäten sind Zertifikate die bessere Wahl.

Das Timing muss stimmen, da Optionsscheine eine begrenzte Laufzeit haben. Optionsscheine sind komplex und sollten nur von erfahrenen und risikobereiten Anlegern gehandelt werden. Vor dem Kauf ist unbedingt eine klar definierte Ein- und Austrittsstrategie zu formulieren. Vor dem Hintergrund einer eingehenden Analyse des Marktes und des Basiswertes sind dann anhand der Kennzahlen geeignete Optionsscheine auszuwählen. Eine Stop Loss-Technik ist zwingend erforderlich. Verwenden Sie nur „Spielgeld" und rechnen Sie immer mit einem Totalverlust!

Zertifikate & Mini-Futures

Zertifikate sind den Optionsscheinen sehr ähnlich. Der wesentliche Unterschied zu Optionsscheinen besteht darin, dass praktisch keine Volatilität eingepreist ist. Auch der Zeitwert ist zu vernachlässigen. Zertifikate entwickeln sich entsprechend des Hebels linear zur Entwicklung des Basiswertes. Der Anleger kann sich ganz auf die Einschätzung der Entwicklung des Basiswertes konzentrieren.

Gerade in turbulenten Börsenzeiten sind die Volatilitäten sehr hoch und Optionsscheine extrem teuer. In solchen Phasen sind Zertifikate die bessere Alternative. Zudem sind sie in der Preisfindung einfacher.

Angenommen der Anleger erwirbt ein Indexzertifikat auf den Dax. Der Preis hängt vom aktuellen Indexstand ab. Bei einem Dax-Stand von 3000 Punkten erwirbt er ein Zertifikat für einen Hundertstel des Index. Demnach kostet das Zertifikat 30 Euro. Am Ende der Laufzeit zahlt der Emittent dann den Anteil des aktuellen Index aus. Notiert das deutsche Börsenbarometer bei 4500 Punkten, verbucht der Anleger einen Gewinn von 50 %. Das Zertifikat kann auch während der Laufzeit zum aktuellen Marktpreis verkauft werden.

Das Beispiel ist eine konservative Variante. Es gibt zahlreiche Ausgestaltungen, da die Emittenten in der Vertragsgestaltung weitestgehend frei sind. Deutlich riskanter sind so genannte Mini-Futures und Turbo-Zertifikate. Sie ähneln Futures, ohne aber deren Nachschussverpflichtung zu haben. Der maximale Verlust ist auf den Kapitaleinsatz beschränkt. Bei Erreichen einer Stop Loss-Marke („Knock-out-Schwelle") verfallen die Mini-Futures bzw. Turbos wertlos. Ein weiterer wesentlicher Unterschied zu Optionsscheinen besteht darin, dass es Zertifikate ohne Laufzeitbeschränkung („Open End") gibt.

Gehebelte Zertifikate eignen sich für versierte Anleger, die den Effekt einschätzen können und das Verlustrisiko eingehen wollen. Bei klassischen Indexzertifikaten, die einen Index 1:1 abbilden, ist das Risiko überschaubar. Insgesamt bieten Zertifikate viele Vorteile und geben einem erfahrenen Investor ein geeignetes Instrumentarium an die Hand, um von jeder Marktlage profitieren zu können.

Anleihen

Erkundigen Sie sich vor dem Kauf von Anleihen über deren Bonität. Rating-Agenturen wie Moody's, Standard & Poor's oder Fitch vergeben eine Bewertung. Eine Buchstabenfolge gibt an, mit welcher Wahrscheinlichkeit die Zinszahlungen geleistet werden und das Geld am Ende der Laufzeit wieder zurückgezahlt wird. Bei Standard & Poor's lautet die beste Bewertung AAA. Eine sehr niedrige Bonität wird mit D gekennzeichnet. Im Zeitablauf können sich die Bewertungen und das Zinsniveau ändern. Die Anleihen reagieren mit entsprechenden Kursschwankungen. Hier gilt die Faustformel: Je näher der Rückzahlungszeitpunkt, desto geringer die Schwankungen.

Anleihen haben einen Nennwert und einen Kurswert. Der Kurswert richtet sich nach Angebot und Nachfrage. Wenn die Kapitalmarktzinsen fallen, steigt der Kurs der Anleihe. Der Investor kann bei Verkauf Kursgewinne einstreichen. Die Nominalverzinsung einer Anleihe ist nicht gleich ihrer effektiven Verzinsung. Um die effektive Verzinsung zu berechnen, gibt es unterschiedliche Verfahren. Bei Vergleichen sollten Sie darauf achten, dass immer dieselbe Formel verwendet wird. Wenn eine Anleihe mit einem Nennwert von eintausend Euro und einem Kupon

(Zins) von sechs Prozent gekauft wurde, werden jährlich sechzig Euro an Zinsen ausgeschüttet. Am Ende der Laufzeit wird der ursprüngliche Betrag zurückgezahlt, sofern der Emittent nicht in Zahlungsschwierigkeiten gerät.

Grundsätzlich gilt: Je höher der Zins, desto größer das Risiko. Je besser das Rating, desto geringer die Verzinsung. Deutsche Staatsanleihen oder Pfandbriefe haben ein geringes Risiko. Industrieanleihen solider Konzerne bieten mehr Zinsen bei erhöhtem Risiko. Junk Bonds („Schrott-Anleihen") haben eine hohe Verzinsung. Die Bonität ist entsprechend schlecht. Bei Fremdwährungsanleihen besteht zusätzlich die Gefahr des Währungsrisikos. Fällt der Wert der Fremdwährung, so können durch die Umrechnung schnell schmerzhafte Verluste entstehen.

Die Duration ist eine wichtige Kennzahl, die die Empfindlichkeit des Kurses einer Anleihe auf Zinsschwankungen verdeutlicht. Sie bemisst die Zeitdauer, in der die Rückflüsse aus den Zinsen das investierte Kapital amortisieren. Anleihen mit niedriger Duration haben ein geringes Kursrisiko bei Änderung des Marktzinses. Analog reagieren Anleihen mit hoher Duration stark auf Zinsänderungen.

Stichwortverzeichnis

Buchanzeigen

Finanzen, Vermögen, Altersvorsorge

GELD GEZIELT EINSETZEN

Mein Recht als Verbraucher

Geschäfts-bedingungen von A–Z

Neues Schuldrecht · Neue AGB
Von Jürgen Niebling
5. Auflage

Niebling
Geschäftsbedingungen von A–Z

Neues Schuldrecht –
Neue AGB.
Architektenverträge,
Banken-AGB, Einkaufs-
bedingungen, Gewähr-
leistung, Kreditkarten,
Leasing, Maklerverträge,
Reiseverträge, Verbraucher-
verbände, Wertstellungs-
klausel.
Arten, Gestaltung, Geltung,
Nachprüfung.
5.A. 2002. 474 S.
€ 13,50. dtv 5066 §

Sangenstedt/Metzler
Meine Rechte als Verbraucher

Warenkauf, Haustür-
geschäfte, Verbraucher-
kredite, Kleingedrucktes.
3.A. 2005. Rd. 270 S.
Ca. € 13,–. dtv 5220 §
In Vorbereitung für
Dezember 2004

Das Recht des Schuldners von A–Z

Verbraucher- und Schuldnerschutz
Von Walter Zimmermann
2. Auflage

Zimmermann
Das Recht des Schuldners von A–Z

Verbraucher- und
Schuldnerschutz.
2.A. 2003. 313 S.
€ 12,–. dtv 5657 §

Messner/Hofmeister
Endlich schuldenfrei

Ratgeber für Selbständige
und Verbraucher. Mit Hin-
weisen, Tipps, Beispielen
und Formularmustern.
3.A. 2005. Rd. 380 S.
Ca. € 12,–. dtv 5667 §
In Vorbereitung für
Frühjahr 2005

Geldanlage und Banken

Bankrecht
KreditwesenG
GeldwäscheG
BörsenG
WertpapierhandelsG
AGB-Banken/Sparkassen
FinDAG
Investmentgesetz

32. Auflage
2004

Toptitel

Beck-Texte im dtv

BankR · Bankrecht

KreditwesenG, GeldwäscheG,
BörsenG, BörsenzulassungsV,
WertpapierhandelsG, AGB-
Banken/Sparkassen, Fin-
DAG, InvestmentG, Bedin-
gungen für Wertpapier- und
Termingeschäfte sowie für
den Überweisungsverkehr.
Textausgabe.
32.A. 2004. 837 S.
€ 10,–. dtv 5021

Geldanlage und Banken

Anleihen

Geld verdienen mit
festverzinslichen Wertpapieren
Von Jutta M. D. Siebers und
Alfred B. J. Siebers
2. Auflage

Beck-Wirtschaftsberater im dtv

Investment-fonds

Klug und sinnvoll anlegen
Von Martin Aehling

Beck-Wirtschaftsberater im dtv

Alles über Bankgeschäfte

Mehr Kompetenz
im Umgang mit Kreditinstituten
Von Wolfgang Gerke und Kathrin Kölbl
3. Auflage

Beck-Wirtschaftsberater im dtv

Gerke/Kölbl
Alles über Bankgeschäfte

Mehr Kompetenz im Umgang mit Kreditinstituten. Ein schneller und sachkundiger Einblick in die Grundlagen des Bankgeschäfts.

3. A. 2004. 399 S.
€ 12,50. dtv 5825 $\hat{€}$

Siebers/Siebers
Anleihen

Geld verdienen mit festverzinslichen Wertpapieren.
Das Buch gibt einen Überblick über die Vielfalt der festverzinslichen Wertpapiere, erklärt Zusammenhänge und zeigt, wie eine möglichst hohe und sichere Rendite erzielt werden kann.

2. A. 2004. 229 S.
€ 11,–. dtv 5824 $\hat{€}$

Aehling
Investmentfonds

Klug und sinnvoll anlegen. Anleger, die selbständig in Fonds investieren wollen, finden hier neben einem Überblick auch konkrete Hilfestellung für eine sinnvolle und individuell passende Investmentanlage.

1. A. 2004. 334 S.
€ 13,–. dtv 50865 $\hat{€}$

Wimmer
So rechnen Banken

Entscheidungshilfen für Geldanlage und Kreditaufnahme.

1. A. 2000. 343 S.
€ 12,53. dtv 50822 $\hat{€}$

Aehling
Investmentclubs

Gemeinsam den Schritt an die Börse gehen.

1. A. 1998. 209 S.
€ 8,64. dtv 50817 $\hat{€}$

Optionen und Futures verstehen

Grundlagen und
neue Entwicklungen
Von Igor Uszczapowski
4. Auflage 1999

Beck-Wirtschaftsberater im dtv

Eller/Riechert
Geld verdienen mit kalkuliertem Risiko

Alles über innovative Geldanlagen.
Optionen, Futures, Equivity-Linked-Bonds, Index-Zertifikate. Wie funktionieren diese Anlageprodukte und wann ist ihr Einsatz sinnvoll?

2. A. 2000. 344 S.
€ 10,99. dtv 5874 $\hat{€}$

Uszczapowski
Optionen und Futures verstehen

Grundlagen und neuere Entwicklungen.

4. A. 1999. 362 S.
€ 10,–. dtv 5808 $\hat{€}$

Geldanlage und Banken

Beike/Potthoff
Optionsscheine

Grundlagen für den gezielten Einsatz an der Börse.

3.A. 2000. 281 S.
€ 9,97. dtv 50812

Schäfer
Financial Dictionary

Fachwörterbuch Finanzen, Banken, Börse.
Englisch-Deutsch/Deutsch-Englisch.
Das bewährte Nachschlagewerk für Studium, Ausbildung und Praxis – jetzt mit 30 000 Stichwörtern in einem Band.

4.A. 2004. 895 S.
€ 22,–. dtv 50886

Aschoff
Aktienanalyse für jedermann

Praktische Tipps für Ihre Anlageentscheidungen. Ein Streifzug durch die Welt der technischen Analyse mit konkreten Beispielen aus der Praxis.

1.A. 2005. 296 S.
€ 12,50. dtv 50880

Neu im Januar 2005

Bestmann
Finanz- und Börsenlexikon

Über 3500 Begriffe für Studium und Praxis.

4.A. 2000. 1001 S.
€ 17,64. dtv 5803

Kiehling
Kursstürze am Aktienmarkt

Crashs in der Vergangenheit und was wir daraus lernen können.

2.A. 2000. 304 S.
€ 12,53. dtv 5826

Bergdolt
Meine Rechte als Aktionär

Praktisches Know-how für Neu- und Kleinaktionäre. Das Buch erläutert leicht verständlich alle Vorgänge vom Aktienkauf bis zum Verkauf, z.B. Dividendenzahlung, Kapitalerhöhung, Kapitalschnitt, Hauptversammlung u.v.a.m.

1.A. 2002. 252 S.
€ 9,50. dtv 5619

Sozialversicherung, sonstige Versicherungen und Altersvorsorge

SGB · Sozialgesetzbuch

U.a. mit SGB I, III, IV, V, VI, VII, VIII, IX, X und XI sowie SGB III-Leistungs-entgeltVO, Renten-ÜberleitungsG (Auszug) und Anspruchs- und AnwartschaftsüberführungsG.

Textausgabe.
31.A.2004. 1468 S.
€ 14,50. dtv 5024

Winkler
Sozialrecht von A–Z

Über 800 Stichworterläuterungen zum aktuellen Recht.
Dieser gut verständliche Ratgeber berücksichtigt die vielfältigen Fragen des Sozialrechts in ihrer ganzen Bandbreite.

1.A. 2001. 430 S.
€ 11,50. dtv 5671   §

SGB V · Gesetzliche Krankenversicherung

mit SGB I und IV und EntgeltfortzahlungsG.
Berücksichtigt: Gesetz zur Modernisierung der gesetzlichen Krankenversicherung.

Textausgabe.
12.A.2004. 456 S.
€ 8,50. dtv 5559

Jürgensen
Ratgeber Künstlersozialversicherung

Vorteile, Voraussetzungen, Verfahren.
Umfassende Information über alle Aspekte der Künstlersozialversicherung, z.B. Versicherungspflicht, Voraussetzungen und Gang des Verfahrens.

1.A. 2002. 218 S.
€ 10,–. dtv 5683   §

SGB VI · Gesetzliche Rentenversicherung

U.a. mit VersorgungsruhensG, FremdrentenG, Fremdrenten- und Auslandsrenten-Neuregelungsg.

Textausgabe.
7.A. 2004. 451 S.
€ 10,–. dtv 5561

VersR · Privatversicherungsrecht

mit VersicherungsaufsichtsG, AltersvorsorgezertifizierungsG, VersicherungsvertragsG, EinführungsG zum VVG, PflichtversicherungsG, Kraftfahrzeug-PflichtversicherungsVO, Wettbewerbsrichtlinien der Versicherungswirtschaft und Auszügen aus BGB, HGB.

Textausgabe.
9.A. 2004. 317 S.
€ 7,–. dtv 5579

Neu im Oktober 2004

Sozialversicherung, sonstige Versicherungen und Altersvorsorge

Die neue Altersvorsorge

Staatlich geförderte Anlageformen auf dem Prüfstand
Von Bernhard Köstler
1. Auflage

Beck-Wirtschaftsberater im dtv

Köstler
Die neue Altersvorsorge

Staatlich geförderte Anlageformen auf dem Prüfstand.
Mit zahlreichen Grafiken und Tabellen zu allen Möglichkeiten der staatlichen Förderung und der geförderten Geldanlagen zur privaten Vorsorge.

1.A. 2005. Rd. 190 S.
Ca. € 9,50. dtv 50862

In Vorbereitung für 2005

Birk
Altersvorsorge

Arbeitnehmer - Beamte - Rentenreform 2001/2002 - Private Altersvorsorge.
Der Rechtsberater beantwortet anhand praxisnaher Beispiele alle wichtigen Fragen der betrieblichen und privaten Altersversorgung.

2.A. 2002. 510 S.
€ 14,–. dtv 5646

SGB XI
Soziale Pflegeversicherung
Soz. Pflegevers. – SGB XI
Allgemeiner Teil – SGB I
Gem. Vorschriften – SGB IV
Pflege-VersicherungsG

6. Auflage
2004

Beck-Texte im dtv

SGB XI · Soziale Pflegeversicherung

mit SGB I, SGB IV, Pflege-VersicherungsG (Auszug).
Textausgabe.
6.A. 2004. 511 S.
€ 11,50. dtv 5581

Schmidt
Guter Rat zur Pflegeversicherung

Alle wichtigen Rechtsfragen zu Versicherungspflicht, Beitragsbemessung, Pflegeleistungen.
Mit einem umfangreichen Adressteil im Anhang.

3.A. 2000. 223 S.
€ 7,41. dtv 50619

Neuhaus/Schwane
Berufs- und Erwerbsunfähigkeitsversicherungen

Ratgeber für Verbraucher, der dabei hilft, Lücken in der privaten Risikovorsorge zu erkennen und die richtige Versicherungslösung auszuwählen.

1.A. 2003. 188 S.
€ 9,50. dtv 5698

SGB VII · Gesetzliche Unfallversicherung

mit Nebenbestimmungen, Berufskrankheiten-VO, LeistungsR und FremdrentenR.
Textausgabe.
4.A. 2005. 370 S.
€ 9,50. dtv 5578

Neu im Dezember 2004

Becker
Gesetzliche Unfallversicherung

Arbeits- und Wegeunfälle, Berufskrankheiten.
Versicherter Personenkreis, Aufgaben und Leistungen, Organisation, Zuständigkeit, Beiträge, Verwaltungsverfahren. Service-Teil mit Adressen.

1.A. 2004. 279 S.
€ 13,–. dtv 50628

Neu im November 2004

Wagener
Produkthaftung Deutschland · USA von A–Z

Deutsches und US-Produkthaftpflichtrecht.
Eine Orientierungshilfe für Praktiker: Die wichtigsten Rechtstermini der deutschen und englischen Fachsprache zum Produkthaftpflichtrecht sind in diesem Lexikon erläutert.

1.A. 2005. 169 S.
€ 10,–. dtv 50632

Neu im Januar 2005

P135575-S33.4